Mais Elogios à Linguagem da Liderança

"Embora usemos a linguagem para nos expressar, ela também nos usa, criando padrões de pensamento e ação. Baseado em uma ampla variedade de exemplos de todos os tipos de organizações, David Marquet escreveu um livro impressionante e envolvente que não é apenas instigante, mas oferece maneiras simples e acionáveis de escapar das armadilhas que nossas palavras preparam para nós."
— Stephen Bungay, autor de *The Art of Action*

"Este é o guia definitivo para aqueles que buscam ser verdadeiros líderes em tempos de transformação. David mostra não apenas como os negócios e a liderança mudaram drasticamente e por que as estruturas de ontem estão prejudicando nossa capacidade de negócios, mas também como reinventar nosso estilo de liderança para atender às crescentes demandas do novo mercado."
— Tamara Ghandour, criadora da Innovation Quotient Edge, apresentadora do *Inside LaunchStreet*, e autora de *Innovation is Everybody's Business*

"Este livro é brilhante. Sério."
— John Konrad, autor de *Fire on the Horizon* e fundador e CEO do gCaptain

"Muitos líderes pensam que a liderança foca apenas os resultados. David Marquet nos desafia a ver a liderança como um relacionamento construído com base na linguagem e no diálogo. Isso, ele demonstra, aprimora a colaboração e o engajamento. Com uma escrita brilhante, ele explica o que os líderes precisam saber: que a liderança é sobre linguagem. Vi David em ação usando palavras para realmente inspirar e empoderar. Esta é uma leitura obrigatória para todo líder!"
— George Kohlrieser, autor of *Hostage at the Table* e *Care to Dare*, e diretor do aclamado programa de Liderança de Alto Desempenho do *International Institute for Management Development* (IMD)

A Linguagem da Liderança

O Poder Oculto do que Você Fala — e do que Não

L. DAVID MARQUET
ex-capitão da Marinha Americana

A Linguagem da Liderança

Copyright © 2021 da Starlin Alta Editora e Consultoria Eireli.
ISBN: 978-65-5520-213-7

Translated from original Leadership is language : the hidden power of what you say, and what you don't / L. Copyright © 2020 by Louis David Marquet. ISBN 9780735217539. This translation is published and sold by permission of Penguin Random House LLC, the owner of all rights to publish and sell the same. PORTUGUESE language edition published by Starlin Alta Editora e Consultoria Eireli, Copyright © 2021 by Starlin Alta Editora e Consultoria Eireli.

Todos os direitos estão reservados e protegidos por Lei. Nenhuma parte deste livro, sem autorização prévia por escrito da editora, poderá ser reproduzida ou transmitida. A violação dos Direitos Autorais é crime estabelecido na Lei nº 9.610/98 e com punição de acordo com o artigo 184 do Código Penal.

A editora não se responsabiliza pelo conteúdo da obra, formulada exclusivamente pelo(s) autor(es).

Marcas Registradas: Todos os termos mencionados e reconhecidos como Marca Registrada e/ou Comercial são de responsabilidade de seus proprietários. A editora informa não estar associada a nenhum produto e/ou fornecedor apresentado no livro.

Impresso no Brasil — 1ª Edição, 2021 — Edição revisada conforme o Acordo Ortográfico da Língua Portuguesa de 2009.

Erratas e arquivos de apoio: No site da editora relatamos, com a devida correção, qualquer erro encontrado em nossos livros, bem como disponibilizamos arquivos de apoio se aplicáveis à obra em questão.

Acesse o site **www.altabooks.com.br** e procure pelo título do livro desejado para ter acesso às erratas, aos arquivos de apoio e/ou a outros conteúdos aplicáveis à obra.

Suporte Técnico: A obra é comercializada na forma em que está, sem direito a suporte técnico ou orientação pessoal/exclusiva ao leitor.

A editora não se responsabiliza pela manutenção, atualização e idioma dos sites referidos pelos autores nesta obra.

Dados Internacionais de Catalogação na Publicação (CIP) de acordo com ISBD

M357l	Marquet, L. David
	A linguagem da liderança: O Poder Oculto do que Você Fala — e do que Não / L. David Marquet. - Rio de Janeiro, RJ : Alta Books, 2021.
	336 p. : il. ; 16cm x 23cm.
	Inclui índice.
	ISBN: 978-65-5520-213-7
	1. Administração. 2. Liderança. I. Teixeira, Beatriz Ribeiro. II. Título.
2021-2912	CDD 658.4092
	CDU 65.012.41

Elaborado por Vagner Rodolfo da Silva - CRB-8/9410

Rua Viúva Cláudio, 291 — Bairro Industrial do Jacaré
CEP: 20.970-031 — Rio de Janeiro (RJ)
Tels.: (21) 3278-8069 / 3278-8419
www.altabooks.com.br — altabooks@altabooks.com.br

Produção Editorial	**Diretor Editorial**
Editora Alta Books	Anderson Vieira

Gerência Comercial	**Coordenação Financeira**
Daniele Fonseca	Solange Souza

Editor de Aquisição
José Rugeri
acquisition@altabooks.com.br

Produtores Editoriais	**Produtor da Obra**
Illysabelle Trajano	Thales Silva
Maria de Lourdes Borges	
Thiê Alves	

Marketing Editorial	**Equipe Ass. Editorial**
Livia Carvalho	Brenda Rodrigues
Gabriela Carvalho	Caroline David
Thiago Brito	Luana Rodrigues
marketing@altabooks.com.br	Mariana Portugal
	Raquel Porto

Equipe de Design	**Equipe Comercial**
Larissa Lima	Adriana Baricelli
Marcelli Ferreira	Daiana Costa
Paulo Gomes	Fillipe Amorim
	Kaique Luiz
	Victor Hugo Morais
	Viviane Paiva

Atuaram na edição desta obra:

Tradução	**Revisão Gramatical**
Daniel Cavalcante Perissé	Gabriella Araújo
	Fernanda Lutfi

Copidesque
Isis Rezende

	Diagramação
	Luisa Maria

Capa
Joyce Matos

Ouvidoria: ouvidoria@altabooks.com.br

Editora afiliada à:

Dedicado à tripulação do El Faro, com a crença de que seu exemplo convidará à autorreflexão sobre nossa própria língua, e a esperança de que eles nos ajudem a sermos melhores líderes.

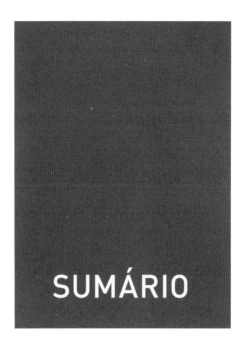

AGRADECIMENTOS	IX
PREFÁCIO	XI
INTRODUÇÃO	1
CAPÍTULO 1	
A Perda do *El Faro*	17
CAPÍTULO 2	
O Novo Manual	37
CAPÍTULO 3	
Saindo do Redwork: Controlando o Relógio	72
CAPÍTULO 4	
Para o Bluework: Colaboração	98
CAPÍTULO 5	
Deixando o Bluework para Trás: Compromisso	130

CAPÍTULO 6
O Fim do Redwork: Concluir 152

CAPÍTULO 7
Completando o Ciclo: Melhorar 178

CAPÍTULO 8
A Jogada da Habilitação: Conexão 204

CAPÍTULO 9
Aplicando os Princípios de Redwork-
Bluework em Situações no Local de Trabalho 236

CAPÍTULO 10
O Sistema Operacional Red-Blue 265

CAPÍTULO 11
Salvando o El Faro 285

LEITURAS ADICIONAIS 297

GLOSSÁRIO 299

NOTAS 305

ÍNDICE 315

AGRADECIMENTOS

Eu sempre disse que nenhuma das *minhas* boas ideias eram minhas boas ideias, e este é um desses casos.

Havia várias correntes de pensamento intelectual que se alimentavam dessas ideias. Primeiro, havia a ideia de que a linguagem tinha importância — desde o primeiro "grande discurso" registrado nas palavras que Tucídides atribui a Péricles até as poderosas palavras de Winston Churchill e Martin Luther King Jr. Um livro brilhante sobre o assunto, porém inusitado, é *Como falar para seu filho ouvir e como ouvir para seu filho falar,* de Adele Faber e Elaine Mazlish. Em seguida, houve o quadro de ação e descanso, fazer e pensar, foco e reflexão, que se tornou redwork/bluework, e o enquadramento geral das nossas vidas como uma jornada de aprendizado — preparada para mim pelo trabalho de Viktor Frankl.

Tenho que agradecer a todos os líderes que tentaram seguir as ideias de *Turn the Ship Around!*, esforçando-se para melhorar o mundo do trabalho e fornecendo comentários inestimáveis sobre o que funciona e o que não funciona, além de histórias inspiradoras de transformação.

A equipe na Portfolio/Penguin foi sensacional em me incentivar e me apoiar quando precisei. Em particular, gostaria de agradecer ao meu editor, Kaushik Viswanath.

Gostaria de agradecer à minha equipe em *Turn the Ship Around!*, que serviram como parceiros de debates, caixas de ressonância e relatores da verdade, incluindo Chuck Dunphy, Cathy Kostelansky, Jayme Welch, Jeff Leap, Peter Russian, Andy Worshek e o Dr. Mike Gillespie. Todos serviram para o progresso do manuscrito de várias maneiras, ouviram minhas frustrações e queixas e mantiveram a empresa funcionando enquanto eu estava imerso neste projeto.

Um agradecimento especial vai para Jayme, que analisou a transcrição de *El Faro* detalhadamente. A análise foi um trabalho crítico, fornecendo informações sobre como as equipes realmente se comunicam. Nada disso teria acontecido se não fossem as gravações de voz das tripulações de navios e aeronaves que se tornaram públicas nas transcrições de investigação pelo Conselho Nacional de Segurança nos Transportes (*National Transportation Safety Board* ou NTSB, em inglês).

Um grande destaque para o meu parceiro de escrita, o "arquiteto de livros" Dave Moldawer. Ele forneceu estrutura, engenharia de palavras e uma caixa de ressonância durante um período crítico em que senti que havia chegado a um beco sem saída.

Gostaria de agradecer à minha esposa, Jane, que sofreu com as "férias" dedicadas a escrever este livro, minhas queixas de frustrações e, durante os períodos de escrita, quando acordava às 5h para escrever por algumas horas antes de começar a jornada de trabalho.

PREFÁCIO

Deixe-me poupá-lo de algum tempo e desgosto: ouça o que David diz. Só queria tê-lo feito antes. Teria me poupado muita dor e milhões de dólares.

Como muitas pessoas que você conhece (ou talvez até você mesmo!), passei minha vida tentando fazer parecer que tinha todas as respostas. Precisava que todos pensassem que eu era inteligente. Não importa a causa, fui criado para acreditar que estava certo e que ter as respostas era uma marca da liderança. Foi só na minha última empresa que percebi que algo estava errado.

Depois de angariar mais de US$30 milhões, recrutar algumas das melhores pessoas com quem trabalhei e ter a oportunidade de liderar e criar produtos em uma das melhores companhias do Vale do Silício, não conseguia escapar de um medo enigmático e persistente. Tínhamos capital suficiente, as pessoas certas e, mesmo assim, todos estavam infelizes.

Levei muito tempo para ver e admitir, mas o problema era eu. Quando não sabia as respostas, fiquei inseguro e não queria que as pessoas se dessem conta disso. Então, eu supercompensava pressionando. Convencia as pessoas a embarcarem, seguirem meu caminho ou caírem fora. Tinha me convencido de que era a abordagem correta porque sabia as respostas, é claro.

Todos foram embora. A empresa foi recapitalizada e todos os investidores perderam seu dinheiro. Ninguém mais ganhou um dólar. E entrei em depressão.

Alguns anos antes desses eventos, vi uma palestra de David Marquet. Tudo o que ele disse era o oposto da abordagem que mais tarde adotei, naquele negócio falido. Em momentos de lucidez durante esse período, conseguia me lembrar das palavras de David e desejava encontrar uma maneira de aplicá-las em nosso trabalho.

A experiência vergonhosa desse fracasso me levou a voltar ao desenvolvimento das minhas habilidades de liderança. Em minha empresa seguinte, a Assist, mudei minha abordagem desde o início, tendo as orientações de David como base. Com meu cofundador — Robert Stephens, fundador da Geek Squad —, a Assist se tornou líder no segmento de Inteligência Artificial, impulsionando marcas em novas plataformas como Google Assistant, Alexa e aplicativos de mensagens. Não há dúvida de que a visão e a orientação de David contribuíram de forma gigantesca ao nosso sucesso.

Desde a primeira palavra que escrevi para iniciar a empresa, tudo foi pelas lentes do que trata este livro. A curiosidade era nosso valor principal. Nós celebrávamos o que não sabíamos e os "sabe-tudo" não eram bem-vindos. A forma como usávamos as nossas palavras se tornou como respeitávamos as pessoas e operávamos de maneira eficaz. Praticávamos uns com os outros o uso da linguagem que forçava as pessoas a tomar decisões. Lembrávamos às pessoas que está tudo bem em dizer "eu não sei". Contratei pessoas e pedi a elas que me ensinassem. Nós ajudamos as pessoas a deixarem de dizer "acho que deveríamos" para "já terminei". Não havia necessidade de pedir permissão.

Hoje, a minha prioridade número um é a parceria para criar uma cultura no local de trabalho que amplie o alcance do empoderamento, para que mais pessoas tenham as habilidades e o comportamento necessários para atuarem a serviço do bem maior. Inversamente, quanto mais permis-

PREFÁCIO

são for necessária, menos pessoas terão poder para pensar e liderar, e pior será o local para trabalhar. Isso nem sempre foi fácil; muitas pessoas não acreditam que podem ou devem agir desse modo.

Por fim, vi meu trabalho como CEO evoluir para um lugar no qual meu objetivo era tomar o mínimo de decisões possível. É uma grande distância do cara que se escondia atrás da máscara do Conhecimento Total.

Tudo neste livro é a maneira exata como lutei para liderar a Assist, que acabou adquirida por milhões em 2019. Enquanto via meus colegas se mudarem para ótimos cargos em empresas de prestígio, me senti incrivelmente sortudo por ter tido a oportunidade de aprender e crescer ao lado de alguns dos melhores líderes com quem já trabalhei.

David não promete um caminho mais fácil e mais curto. Mas, pela minha experiência, é aquele que deixa todos se sentindo plenos, empoderados e ansiosos para voltar no dia seguinte. Isso funciona para mim.

Shane Mac
Nashville, junho de 2019
Sinta-se à vontade para dizer "Oi" no Twitter: @shanemac

INTRODUÇÃO

Eu costumava pensar que era especial.

Tudo começou no ensino médio, quando tirava notas mais altas do que quase todos os meus colegas. Essa tendência continuou durante meus anos na Academia Naval dos Estados Unidos. Na verdade, era apenas um aluno perceptivo e habilidoso na hora de fazer provas, mas depois de me formar e subir para o posto de capitão na Força Submarina da Marinha, cheguei à conclusão errônea de que havia subido tão rapidamente porque era mais observador, disciplinado, comprometido e atencioso do que as pessoas ao meu redor. É difícil de admitir, mas naquela época tinha a certeza de que era melhor em fazer as coisas — e simplesmente melhor — do que as pessoas com quem trabalhei.

Seguro em meu senso de superioridade, me tornei o primeiro a identificar os problemas e o primeiro a ver as soluções para eles também. Eu dizia às pessoas o que elas deviam fazer e, por conta da minha posição, influência e pura retórica, os coagia a cumprir minhas instruções. Na minha pressa de fazer as coisas, não deixava tempo para os outros darem sua própria contribuição. A minha divisão ou departamento era uma linha de montagem, que entregava rapidamente ações no lugar de carros ou cortadores de grama. Eu era o chefe da fábrica de ações porque sabia mais do que todos os outros.

Havia muitos sinais de que a minha visão estava distorcida — se eu estivesse disposto a vê-los. As pessoas, hesitantemente, ofereciam uma boa ideia de vez em quando. Ocasionalmente, tomavam ações inteligentes e decisivas sem a minha orientação. Às vezes eu cometia um erro, guiando minha equipe de uma forma que não era a ideal ou, simplesmente, estava errada. Nestes casos, meus subordinados cumpriam as ordens ruins, apesar de minhas instruções para eles falarem se vissem algum problema. Depois, quando as coisas saíam do rumo, eles davam de ombros e diziam que estavam apenas seguindo o que foram orientados a fazer. Em resposta, reforçava a comunicação de ordens claras, concisas e corretas.

Passei 28 anos sendo avaliado e classificado. A Marinha é altamente competitiva; os postos principais são escassos. Nesse ambiente de julgamento e avaliação contínuos, vivi uma pressão constante para me provar. Cada teste, cada relatório mensal, cada inspeção, cada reunião, cada *dia* era outro julgamento, outra oportunidade para me provar e desempenhar. Um único resultado ruim podia afetar uma promoção, um aumento salarial, minha posição social e até o meu senso de valor próprio.

Conforme encarava minhas realizações com orgulho, ficava irritado com a sensação de que os outros não me deram o reconhecimento adequado por minhas contribuições. Adotei uma personalidade fechada, invulnerável, fortemente enraizada em uma mentalidade de desempenho. Se a vida fosse uma competição desenfreada, você poderia apostar tudo que eu venceria, por mais difícil que fosse.

Operar desta maneira — em conformidade com papéis hierárquicos, mantendo distância emocional dos outros e evitando a vulnerabilidade a todo custo — é solitário e insatisfatório. Embora estivesse orgulhoso de minhas promoções e honrarias, faltava algo profundamente importante.

VIRANDO O NAVIO

Minha jornada teve um desvio inesperado quando o capitão do submarino nuclear USS *Santa Fe* se demitiu inesperadamente e eu, de repente, fui ao comando. O *Santa Fe* era motivo de piada na frota. Na época, brinquei que tinha somente dois problemas: a moral mais baixa da frota e seu péssimo desempenho. Todo mês, a Marinha publicava a taxa de realistamento e retenção dos últimos 12 meses para todos os 50 submarinos e, inevitavelmente, o *Santa Fe* estava no final da lista. Não perto do final. Realmente no fim, por uma larga margem, com 90% de sua tripulação saindo da Marinha ao final de seu tempo embarcado.

Esse foi o problema moral que tive que resolver. O outro problema foi a má performance. O *Santa Fe* estava obtendo resultados insatisfatórios em todas as operações, do serviço de alimentação ao disparo de torpedos, da navegação ao reator nuclear, além de incidentes de segurança acima da média.

Normalmente, a minha abordagem de liderança de provar e executar teria sido exatamente o que era necessário — se conhecesse o navio. Mas, como se viu, passei 12 meses me preparando para assumir um submarino diferente. Eu estava entregue à minha própria sorte.

Quando embarquei em meu novo submarino, comecei a fazer perguntas. No passado, sempre pratiquei fazer perguntas, mas estas eram mais como as de um teste: eu já sabia as respostas. Eles sabiam? Agora, estava fazendo perguntas porque precisava saber como a embarcação funcionava. Isso significa que tinha de admitir para a minha tripulação que não sabia das respostas em relação a muitos detalhes. Isso foi assustador.

No nosso primeiro dia no mar, a tripulação e eu estávamos nos avaliando. Instintivamente, me conformei com o posto de capitão como programado: eu daria as ordens e eles as seguiriam. Então, desde o início, pedi algo tecnicamente impossível para o *Santa Fe*: segunda marcha em um motor que tinha apenas uma. A ordem foi imediatamente repetida por um oficial, embora ele soubesse que não fazia sentido. O marinheiro mandou executá-lo, apenas dando de ombros, impotente, e meu erro foi revelado a todos.

Foi um momento de mudança para minha vida. Sempre conheci 99 de cada 100 partes do meu trabalho. Quando havia uma lacuna ocasional em minha tomada de decisão, simplesmente resolvia "dar ordens melhores" no futuro. Aqui no *Santa Fe*, senti como se soubesse apenas uma dentre cem partes do que precisava fazer. Se não pudesse contar com meus próprios oficiais para me mostrarem um engano óbvio como aquele, acabaríamos matando a pessoa errada. Talvez até nós mesmos. Algo precisava mudar.

Todo o meu treino de liderança até aquele momento tinha sido sobre tomar decisões e levar a equipe a implementá-las. Jamais questionei esse paradigma até aquele momento a bordo do *Santa Fe*. Não dava para melhorar minhas decisões rápido o suficiente para fazer a diferença. Precisava de uma solução completamente diferente. Percebi que o problema não estava no fato de ter dado uma ordem ruim, mas que estava dando ordens em primeiro lugar. Ao tomar decisões táticas e operacionais pela tripulação, os estava absolvendo da responsabilidade pelos resultados. Além disso, eu estava dando a eles um passe para pensar em si. Foi um passe que tive que revogar para sobreviver.

Como em muitas organizações, o USS *Santa Fe* orgulhava-se de sua cultura de poder executar as ações. Mas esta cultura é frágil. Desde que esteja certa e tudo esteja bem, mas com um entusiasmo implacável, podemos propagar facilmente os erros em toda a organização. Precisávamos igualar o nosso gosto pelo que "podemos fazer" com o zelo pelo "poder pensar".

Os oficiais do *Santa Fe* e eu fizemos um acordo naquele dia. Concordei em jamais dar outra ordem. Em vez disso, daria intenções, o objetivo do que estávamos tentando alcançar. Eles concordaram em jamais esperar a ordem do que fazer. Em vez disso, eles forneceriam suas intenções para mim sobre como eles alcançariam minha intenção. Essa mudança foi refletida em uma simples mudança de linguagem, trocando o "solicitar permissão para" por "pretendo".

Apertamos as mãos para selar o acordo e, então, voltamos ao trabalho.

Nos 12 meses seguintes, o *Santa Fe* estabeleceu um recorde quando todos os 33 marinheiros elegíveis para a reinscrição no ano seguinte se inscreveram para permanecer na Marinha. O navio também teve um desempenho brilhante em todas as tarefas que a marinha solicitou. *Santa Fe* recebeu a pontuação recorde de inspeção de todos os tempos por operar o submarino. Tudo sem demitir ninguém. Tanto na performance quanto na moral, o *Santa Fe* saiu do último para o primeiro lugar.

Isso não aconteceu porque eu me apoiei mais nos oficiais e tripulantes. Aconteceu porque tirei a pressão e os convidei a se apoiarem em mim. Como resultado, saímos de uma situação de um líder e 134 seguidores para 135 líderes com um viés de ação e pensamento.

O que aconteceu nos dez anos seguintes foi ainda mais memorável. A tripulação do *Santa Fe* continuou a superar seus colegas depois que eu saí. Dez dos oficiais daquela época foram selecionados para comandar submarinos, cinco se tornaram comandantes de esquadra ou equivalente e dois (até agora) foram promovidos a almirante. Na Marinha, este histórico é, no mínimo, extraordinário.

A LINGUAGEM DA LIDERANÇA

Nada disso aconteceu porque nos tornamos mais qualificados, experientes ou dedicados ao trabalho. Ajustamos alguns regulamentos da Marinha, mas só pudemos fazer pequenas modificações. Este era um sistema sobre o qual tínhamos pouco controle. Não pudemos mudar nosso cronograma, principais atribuições, promoções, requisitos técnicos, obrigações legais, a maioria dos procedimentos e políticas ou mesmo quem estava designado para a embarcação.

O que pudemos controlar era como falávamos um com o outro, as palavras que usávamos. A começar por mim. Afinal, o que é a liderança senão linguagem? Conforme mudei a forma de me comunicar com o resto da tripulação, isso afetou a forma como eles se falavam comigo e entre si.

Ao mudar a forma como nos comunicamos, mudamos a cultura. Mudar a cultura transformou nossos resultados.

Mudar nossas palavras mudou nosso mundo.

A linguagem mudou em três formas:

- Substituímos uma linguagem reativa de convencimento, coerção, obediência e conformidade por uma linguagem proativa de intenção e compromisso com a ação.
- Substituímos uma linguagem de "provar e executar" por uma de "melhorar e aprender".
- Substituímos uma linguagem de invulnerabilidade e certeza por uma linguagem de vulnerabilidade e curiosidade.

É claro que ainda falávamos inglês, mas, de várias maneiras, realmente parecia que tínhamos aprendido um novo idioma por completo.

A linguagem foi o ponto de partida para todas as outras mudanças positivas que aconteceram a bordo do *Santa Fe*. As palavras fluíram nos dois sentidos — nossa linguagem revelou e mudou o nosso pensamento. A linguagem foi a maneira pela qual pudemos medir o empoderamento e a colaboração, além de melhorá-los.

Como capitão, a forma como falava as coisas fazia toda a diferença. A linguagem era a minha alavanca. Tudo começava comigo. Sempre acreditei que não podia ficar quieto porque as pessoas não falavam. Mas, por fim, percebi que as pessoas não estavam se manifestando porque eu não conseguia ficar quieto.

Outra coisa que aprendi foi que esperar que as pessoas se provassem para que confiasse nelas era um retrocesso. Precisava confiar autoridade e autonomia às pessoas, para lhes dar a chance de provar a si mesmas.

Quando vim para o *Santa Fe*, pensava que melhoraria o desempenho da tripulação. Um melhor desempenho levaria a uma moral mais elevada. Mas acabou não funcionando desse jeito. Em vez disso, uma vez que as pessoas obtiveram mais autonomia sobre seu trabalho, se conectaram a um propósito que importava, se sentiram parte de uma equipe, elas se tornaram mais felizes. A moral disparou. E *só aí* o desempenho melhorou.

Isso começou a acontecer dentro de uma semana.

ESPALHANDO A PALAVRA SOBRE A LINGUAGEM

Se você ficou curioso acerca de todos os detalhes sobre a transformação do *Santa Fe*, pode ler meu primeiro livro, *Turn the Ship Around!*. Foi uma lição de humildade. Ensinou que eu não era especial da maneira como pensava ser. Ainda assim, sou tremendamente grato por ter enfrentado esse acerto de contas. Aprendi que, se puder manter minha boca fechada por pouco tempo, fazer as perguntas que estimulem as pessoas a compartilharem seus pensamentos e, realmente, prestar atenção ao que os outros dizem, suas ideias, pontos de vista e sugestões são, geralmente, tão bons quanto — muitas vezes até melhores! — do que o que eu tinha em mente.

Na minha pressa de levar as pessoas a fazerem o que eu queria, acabava suprimindo seu engajamento, abertura e criatividade. Embora tenha sentido um impulso psicológico de curto prazo ao fazer as coisas acontecerem, esse comportamento minou as possíveis contribuições das pessoas ao meu redor. Enquanto isso, à medida que as organizações que liderei cresciam em escala, minha capacidade de saber e gerenciar tudo diminuía em relação às possíveis contribuições de todos que estavam ao meu redor. Eu sempre fui meu pior inimigo.

Desde que deixei a Marinha, tenho trabalhado para usar minha experiência para ajudar os outros a se tornarem líderes melhores. Mostro a eles como criar o ambiente ideal para o seu pessoal e liberar toda a paixão, intelecto e iniciativa, apenas esperando para serem explorados dentro da organização. Fazemos isso por meio da linguagem, abordando a maneira como nos comunicamos com os outros. Funciona.

Em meu novo cargo como coach e mentor de outros líderes, fiquei convencido de que as lições que aprendi no *Santa Fe* são eficazes em todas as organizações:

- O call center que reduziu o atrito trimestral de oito pessoas para zero.

- A empresa de tecnologia que dobrou de receita e tamanho.
- O centro de pesquisas que começou a fabricar produtos premiados.
- A usina nuclear que alcançou desempenho de nível superior.
- A empresa nomeada como "Melhor Lugar para Trabalhar".
- A mãe que diz que a hora de dormir dos filhos não é mais uma batalha.
- O distrito policial que reduziu os índices de criminalidade em 3%.
- A gerente de operações que perdeu 20 quilos porque tem muito menos estresse em sua vida.

Tudo isso ocorreu por meio da linguagem. Tudo isso veio por meio da mudança das palavras que usamos para nos comunicar e colaborar com as pessoas.[*]

Durante anos, tenho trabalhado para mudar a forma como falo com as pessoas, mas ainda estou em uma jornada. É preciso autoconsciência e reprogramação contínuas para evitar o modo imperativo de comunicação, que é o padrão em nossa sociedade. Hoje, tento fazer uma pausa antes de responder ou reagir, a fim de me dar ampla oportunidade de expressar as coisas de uma maneira mais efetiva. Percebi o quão poderosas as palavras certas podem ser para atingir resultados.

O NOVO MANUAL DA LIDERANÇA

Conforme desenvolvi meu pensamento em torno da linguagem da liderança, formulei respostas para líderes em várias situações no trabalho. Comecei pensando sobre essas respostas pré-planejadas e pré-programadas que temos — padrões de ação (e, no nosso caso, linguagem) em resposta a, e desencadeados por, certos eventos ou cenários. Assim como em uma

---

[*] Chamamos essa abordagem de Liderança Intencional (*Intent-Based Leadership*®, em inglês), porque os líderes declaram suas intenções — e não suas instruções — para a equipe. Em seguida, os integrantes da equipe dizem como pretendem atingir essa intenção em vez de pedirem permissão.

INTRODUÇÃO

partida, você escolhe a jogada lendo o campo e, em seguida, toma uma decisão deliberada sobre como agir. Mas não tinha a certeza dessa metáfora e ainda estava lutando com a estrutura geral do livro.

Enquanto isso acontecia, embarquei no voo 1139 da United, o voo noturno de São Francisco para Tampa. Estava indo para casa. Após apertar o cinto de segurança, um homem sentou ao meu lado com uma grande mochila, que ele empurrou para baixo do assento em frente. Ele tirou um fichário de três argolas e uns sete centímetros, e consegui ver outros dentro da mochila. Era um manual, um manual de jogadas de futebol americano! Eu não o reconheci na hora, mas era Jon Gruden, que tinha acabado de assinar contrato para treinar o Oakland Raiders (de novo). Ele atuou como treinador de 1998 a 2001. Aqueles eram os manuais de jogadas do Oakland Raiders.

Perguntei a ele sobre os manuais. Ele posicionou o fichário e o abriu. As primeiras "jogadas" não tinham nada a ver com futebol. Eram sobre como os jogadores, treinadores e comissão técnica deveriam agir fora do campo, no vestiário, em eventos do time e nos treinos. Somente nos volumes dois e três apareciam os tradicionais lances de passe e corrida.

Quando começamos a falar sobre a organização dos fichários, as primeiras palavras que ele disse foram "bom, é tudo sobre a linguagem". Tomei isso como um sinal dos céus e decidi sobre a metáfora do manual.

É por causa da forma como cheguei lá que, quando digo "jogar", costumo imaginar o jogo de futebol americano, porque há uma pausa entre cada ação. O campo é redefinido e o time que ataca tem tempo para, deliberadamente, decidir sua próxima ação: correr, passar ou outra coisa. O mesmo ocorre com a equipe que está defendendo. E ambos os lados tentam ler o outro, para determinar seu plano.

Esse padrão de executar jogadas ou respostas pré-planejadas já existe no comportamento humano, liderança nos negócios e linguagem. O problema é que a maioria de nós está trabalhando com um manual ultrapassado: lances programados para funcionar a partir de um antigo paradigma de liderança: a Revolução Industrial. Nos primeiros capítulos deste livro, explicarei como herdamos nossa linguagem de liderança da Era Industrial e por que ela é tão inadequada para o ambiente atual de trabalho.

Acima de tudo, a premissa deste livro é revelar não só as novas jogadas apropriadas para os desafios atuais, mas também sua estrutura subjacente, a lógica por trás delas e como usá-las com sua equipe. Depois de entender não apenas o que dizer, mas por que e como, você poderá encontrar a linguagem certa para qualquer situação. Isso ajudará a criar um ambiente de trabalho mais eficaz, levando a melhores resultados gerais e a uma experiência mais satisfatória e significativa para todos na organização.

Ao longo deste livro, irei apresentar seis novas jogadas de liderança, contrapondo cada uma com as antigas. Também irei mostrar como essas novas jogadas trabalham juntas, revelando uma abordagem subjacente que oscila entre ação e reflexão, fazer e decidir. Elas são, na ordem:

1. Controlar o relógio em vez de obedecê-lo.
2. Colaborar em vez de coagir.
3. Compromisso em vez de conformidade.
4. Concluir metas definidas em vez de continuar o trabalho indefinidamente.
5. Melhorar os resultados em vez de provar sua capacidade.
6. Conectar-se com as pessoas em vez de se adequar ao seu papel.

Cada uma dessas jogadas depende do uso específico da linguagem. E explicarei em detalhes como executá-las nos próximos capítulos.

EQUILIBRANDO A DELIBERAÇÃO E A AÇÃO

Fred é um executivo dedicado de uma empresa de manufatura. Todos os dias ele encara uma lista de problemas para resolver, que vai de melhorar o funcionamento das máquinas a contratar novos trabalhadores; de melhorar a produção geral a lidar com tarifas comerciais. Ele sente a pressão implacável do relógio e, na pressa de fazer as coisas, tende a atropelar outras pessoas. Fred passa o dia coagindo sua equipe a fazer o que ele pensa ser o melhor, depois vai para casa sentindo-se esgotado e acreditando não ter feito qualquer progresso. Ele mantém uma distância profissional de seus funcionários, em conformidade com o papel de chefe.

Fred não está feliz, nem os membros de sua equipe. Eles sentem que Fred não confia neles. Constantemente, ele diz o que eles devem fazer e controla de perto seu trabalho. Eles sentem como se tivessem que deixar sua humanidade à porta: criatividade, empatia e senso de propósito. Também há pouco senso de progresso para eles. Todo dia parece com o anterior. Todos cumprem o que lhes é pedido, mas há pouca paixão nisso. Eles fazem o suficiente para sobreviverem e preservarem o máximo de si, conforme possível, para o final do turno.

Sue é uma executiva dedicada de uma empresa de tecnologia do outro lado da rua. Propensa à contemplação, ruminação e até a depressão, ela luta para tomar decisões. Tudo parece um grande compromisso. Isso é avassalador. Sue tem uma boa noção de como ela quer que cada projeto pareça no final, mas muitas vezes fica paralisada, sem saber por onde começar. Enquanto o fundador da empresa lhe pede para "falhar logo" e "quebrar as coisas", ela não tem muita certeza do que essas coisas significam para ela. Quando ela toma decisões, sente que é muito questionada.

Sue está frustrada, assim como os membros de sua equipe. Eles veem projetos que precisam acontecer e maneiras de melhorar os produtos existentes, mas não conseguem fazer com que ela aceite mudanças significativas. Quando eles apresentam sugestões, ela faz perguntas após perguntas, até que ninguém mais saiba responder — neste momento, eles são mandados de volta, para mais pesquisa. Há pouco senso de progresso e todo dia é parecido com o anterior. A falta de progresso e conclusão desgasta a moral. A rotatividade é alta e pessoas são desligadas.

Pode parecer que Fred e Sue tenham problemas opostos. Na verdade, trata-se do mesmo: um desequilíbrio no ritmo entre fazer e pensar.

Fazer e pensar são os elementos básicos de toda atividade humana. O balanço correto destas duas atividades nos ajuda a alcançar nossas metas. Infelizmente, muitas organizações lutam para manter um equilíbrio saudável, inclinando-se mais para a ação (como na empresa de Fred), ou muito para a deliberação (como na empresa de Sue). Em vez de ser deliberadamente projetado, o ritmo de pensar e fazer na maioria das empresas surge acidentalmente, a partir das muitas pequenas decisões que tomamos todos os dias.

O equilíbrio correto entre fazer e pensar mantém uma organização adaptável, ágil, inovadora e empreendedora. Ele dá às pessoas na organização um senso de propósito e progresso, que ajuda a manter uma melhora constante. Em resumo, o equilíbrio certo entre fazer e pensar impulsiona o aprendizado. Ele mantém a empresa relevante e solvente; os funcionários, felizes; e também leva a clientes satisfeitos.

Por *fazer*, refiro-me a uma interação física com o mundo, seja ao dirigir uma empilhadeira ou fazer uma apresentação a investidores. Fazer algo não significa que você não está pensando, mas o cérebro opera muito mais de forma automática. Para comportamentos familiares, como hábitos profundamente arraigados — como se vestir ou ir para casa —, nosso cérebro pode agir no modo automático em sua quase totalidade, vagando livremente mesmo quando nos barbeamos com uma navalha ou dirigimos a 120 quilômetros por hora em uma estrada. Como resultado, o fazer não sobrecarrega a mente da mesma forma que o pensar. O fazer é o nosso modo padrão, porque é mais rápido e eficiente. E o nosso cérebro não é nada, senão eficiente.

INTRODUÇÃO

Por *pensar*, me refiro à exploração deliberada, curiosa e aberta de informações, crenças, histórias e suposições para interpretar o mundo ao nosso redor. Em nosso modelo, pensar ocorre antes e após do fazer. Antes de uma ação, os resultados de um pensamento são decisões e hipóteses: O que vamos fazer e o que vamos aprender? Após uma ação, a saída do pensamento é uma reflexão sobre o que aprendemos. Em flagrante contraste com o fazer, o processo de pensar é cognitivamente taxativo e leva à fadiga mental.

A diferença entre fazer e pensar pode ser descrita de diversas formas:

Nossa interação com o mundo é fazer.

Melhorar nossa interação com o mundo é pensar.

Provar e executar é fazer.

Crescer e melhorar é pensar.

Uma mentalidade focada, exclusiva, motriz e comprovada é melhor para o fazer.

Uma mentalidade aberta, curiosa, movida a busca e melhora, é melhor para o pensar.

O "eu" que faz está totalmente presente no momento, agindo sobre o mundo e reagindo a estímulos dinamicamente.

O "eu" pensante observa e reflete sobre o que o "eu" que faz, a partir de uma perspectiva desapegada e equilibrada.

Vamos manter Fred e Sue conosco porque temos um pouco de cada um deles em todos nós. Algumas vezes somos como Fred, andando com pouca reflexão. Algumas vezes somos como Sue, impressionados com a magnitude da tarefa que temos diante de nós e achando difícil avançar.

COMO CHEGAMOS AQUI?

A chave para entender o manual de jogadas que herdamos e o que precisamos fazer para mudá-lo vem do entendimento das organizações da Era Industrial. As pessoas foram divididas em líderes e seguidores, quem decide e quem executa. Você pode ver o legado dessa divisão nos títulos e uniformes que as pessoas usam no trabalho.

Uma vez que os que decidem e os que executam estão em dois grupos diferentes de pessoas, os líderes precisam convencer os seguidores a realizarem um trabalho do qual não tomaram parte na concepção, uma tarefa que não "compraram". A liderança era, por necessidade, coercitiva. Era tudo sobre fazer as pessoas obedecerem às instruções externas.

Para os executores, a variação era tratada como o grande inimigo. Trabalhadores de fábricas precisam ser o mais consistentes possível para alcançarem resultados consistentes. Portanto, os padrões de linguagem se desenvolveram de maneira a reduzir naturalmente a variabilidade.

Por fim, como estávamos tentando fabricar mais peças por unidade de tempo, sempre havia uma sensação de "obedecer ao relógio", resultando em uma mentalidade de desempenho.

Agora, tudo isso mudou. Para a sobrevivência das organizações, os executores também devem ser os decisores. Precisamos que as mesmas pessoas que viam a variabilidade apenas como um inimigo a percebam, periodicamente, como um aliado. Precisamos que os mesmos que costumavam ter apenas uma mentalidade de desempenho apresentem, ocasionalmente, uma mentalidade de melhoria.

O livro é apresentado no seguinte formato:

No início, descrevo as razões por trás das mudanças que estamos vendo no trabalho. Explico como pensar sobre o aprendizado e esclareço a interação adequada entre pensar e fazer.

A parte principal do livro é organizada nas seis jogadas de liderança que estamos programados para fazer e nas seis novas jogadas pelas quais queremos substituí-las.

INTRODUÇÃO

Então, trarei alguns exemplos de como você pode aplicar estas novas jogadas na sua vida e no seu trabalho. Também explico como é um ritmo operacional baseado nessa abordagem nos níveis tático, operacional e estratégico.

Para dar crédito a esse argumento, começaremos com a emocionante história de uma equipe de verdade, em uma situação da vida real, tentando e fracassando ao cumprir uma missão diante de probabilidades difíceis. Nosso objetivo é entender completamente como as equipes de hoje realmente falam — e, portanto, tomam decisões — mesmo em cenários de alto risco, de vida ou morte. Não como os ensinamos a falar, como desejamos que eles falem ou como dizemos a eles para falar, mas como eles realmente falam.

O caso é de um incidente em 2015, em que um navio cargueiro, equipado com rádio e equipamentos de navegação modernos, navegou diretamente para dentro de um furacão e naufragou. Todas as 33 pessoas a bordo morreram. Para entender como isso aconteceu, não precisamos confiar na memória instável de uma conversa específica de ninguém. Temos a sorte de contar com a transcrição completa das 25 horas de conversa na ponte de comando daquela embarcação.

O nome daquele navio era *El Faro* e este livro será concluído apresentando um cenário imaginário, no qual a tripulação poderia se salvar ao seguir um manual de liderança diferente. Mas, primeiro, temos que entender o que realmente aconteceu a bordo do *El Faro* durante o que seria sua última viagem...

A Perda do *El Faro*

TERÇA-FEIRA

1.600 QUILÔMETROS DO CENTRO DA TEMPESTADE

O dia 29 de setembro de 2015, uma terça-feira, foi agitado a bordo do navio cargueiro *El Faro*, à medida que a tripulação de 33 marinheiros terminava os preparativos para se lançar ao mar. Como ocorre com a maioria das embarcações, o tempo no porto era bastante movimentado, com o navio chegando de sua última viagem no dia anterior. A carga tinha de ser descarregada, e os novos contêineres e cargas carregados e amarrados. Eles estariam correndo para cumprir o horário normal das 19h. Assim como a tripulação do *Santa Fe*, a do *El Faro* era do tipo "podemos fazer".

Era o auge da temporada dos furacões, mas o mar estava calmo em Jacksonville, na Flórida. Naquele momento, o navio, do comprimento de dois campos de futebol americano, atravessaria o familiar trecho de 2100 quilômetros diretamente entre o canto nordeste da Flórida e San Juan, em Porto Rico. Na verdade, a embarcação de 40 anos de idade foi batizada originalmente de *Puerto Rico,* quando começou seu trabalho percorrendo a Costa Leste norte-americana e a pequena ilha pertencente aos Estados Unidos.

Às 20h06, o *El Faro* zarpou. Diretamente em seu caminho, no lado atlântico das Bahamas, a tempestade tropical Joaquin ganhava força. Na manhã seguinte, enquanto o *El Faro* seguia para o sudeste, os meteorologistas elevaram o Joaquin para furacão de categoria 1 e emitiram um alerta de furacão para as Bahamas Centrais. No final do dia, o Joaquin seria classificado como categoria 3, capaz de causar danos devastadores, com ventos de mais de 200 quilômetros por hora ou mais. O furacão Joaquin acabaria sendo o furacão mais forte a atingir as Bahamas desde 1866.

Antes de zarpar rumo ao oceano, um oficial do *El Faro* fora de serviço mandou uma mensagem para o capitão, a fim de se certificar de que ele estivesse ciente da tempestade e perguntar sobre a rota pretendida. O capitão respondeu que tinha planejado seguir a rota normal, direta, até Porto Rico. Sendo a mais direta, a rota escolhida pelo *El Faro* era a mais rápida, mas também mais exposta a furacões. Uma rota alternativa, passando pelo Velho Canal das Bahamas, era quase 260 quilômetros mais longa e levaria a oito horas a mais de viagem. Mas esta rota colocaria as Bahamas entre o navio e a tempestade, protegendo a embarcação do vento e das ondas.

Não é necessário ter experiência em navegação marítima para entender a escolha que se apresentava ao capitão e a tripulação do *El Faro*. Ao partir de Jacksonville na rota sul para Porto Rico, você tem somente duas oportunidades de passar para o canal protegido: no extremo norte das Bahamas, onde virará à direita e seguirá a costa da Flórida, ou mais abaixo, no lado atlântico das Bahamas, no meio do caminho e perto de uma ilha chamada Rum Cay. Neste ponto, existe um amplo canal que atravessa as Bahamas. Depois de passar a segunda curva em Rum Cay, você está se comprometendo a passar pelo caminho direto e a enfrentar toda a carga de qualquer coisa que sopre do leste. Mas o capitão parecia já ter tomado sua decisão, por conta própria, sem discutir com sua tripulação, antes de começar a viagem.

Naquela velocidade, o *El Faro* alcançaria o primeiro ponto de mudança às 7h de quarta-feira, e o segundo, à 1h de quinta.

Este capítulo é sobre o poder da nossa linguagem programada, enraizada no manual da Revolução Industrial. Ele usa o exemplo de uma embarcação oceânica que enfrenta um furacão, mas pode ser sobre qualquer equipe trabalhando em um grande projeto. O que faz valer a pena discutir o caso do *El Faro* é que temos o registro das palavras que foram ditas e das ações reais tomadas pelo capitão e pela tripulação. Isso nos dá uma visão incomparável da linguagem que uma equipe realmente usou quando confrontada com decisões de vida ou morte.

Essa era uma rota familiar para o capitão e a tripulação do *El Faro*. Eles faziam essa viagem regularmente, nos dois sentidos, e conheciam-na como a palma de suas mãos. Em outras palavras, a navegação de Jacksonville para San Juan era uma tarefa clássica e árdua para todos a bordo. Em uma situação como essa, cada membro da tripulação sabia exatamente o que fazer e quando fazer.

E, então, a situação mudou.

Quando *El Faro* deixou o porto, Joaquin era classificado como tempestade tropical. Ele se aproximava do Atlântico central, e a expectativa era a de que ele mudasse de direção para a direita, em algum lugar próximo às Bahamas. A rota atlântica do *El Faro* o levaria para trás da tempestade, a parte mais tranquila. Se o Joaquin demorasse a virar, no entanto, a embarcação atravessaria a parte frontal da tempestade, onde o movimento à frente do furacão traria ventos mais fortes e ondas maiores.

Uma vez que o *El Faro* seguisse a rota atlântica, seria impossível atravessar o protegido Velho Canal das Bahamas até Rum Cay. Marinheiros experientes sabem disso, e aqueles marinheiros eram marinheiros experientes. O capitão era comandante há dez anos e os oficiais e tripulação haviam cumprido todos os requisitos e regulamentos da Guarda Costeira e da Organização Marítima Internacional. Competência técnica não foi um problema.

QUARTA-FEIRA

965 QUILÔMETROS DO CENTRO DA TEMPESTADE

Às 7h02 de quarta-feira, quando a embarcação se aproximava do norte das Bahamas, o capitão decidiu tomar a rota atlântica, comprometendo a embarcação a uma rota ao lado da tempestade nas Bahamas.

Como essa decisão foi tomada?

Você poderia dizer que não foi deliberadamente. Houve uma discussão a bordo do *El Faro,* entre o capitão e sua segunda oficial. Ninguém mais foi envolvido ou sequer informado. Parece que sequer foi registrado completamente *como* decisão. Em certo nível, o capitão já havia decidido pela rota atlântica padrão antes de deixar o porto. No início da discussão, o capitão disse para sua segunda oficial: "Então, temos que resolver apenas isso." Decisão tomada. Feito.

A única coisa a se fazer era continuar com o plano. O resto da conversa era sobre o que eles precisavam para tornar a embarcação o mais navegável possível. A discussão não foi *se* eles deveriam seguir a rota atlântica, mas *como* seguir a rota. Esta é a jogada do manual da Revolução Industrial conhecida como *continuar*. Continuar é o que a maioria de nós faz, correndo atrás do próprio rabo em ação contínua e inefetiva, sem reflexão.

Olhando para a transcrição, está claro que não houve discussão sobre as suposições que sustentaram a decisão, nem um plano para reunir evidências para apoiar essas suposições. Mais tarde, quando ficou evidente que foi uma decisão ruim, o capitão caiu na armadilha de uma escalada de comprometimento — seguindo um curso de ação em falha simplesmente porque a decisão já havia sido tomada.

Por que eles decidiram seguir a rota exposta? Porque era a mais rápida. Navios cargueiros não ganham dinheiro navegando pelos mares — eles o fazem somente quando chegam ao destino e descarregam a carga. Por essa razão, os navegadores da marinha mercante tendem a obedecer ao relógio. Esta é a jogada da Revolução Industrial chamada de *obedecer ao relógio*. Sob as ordens do relógio, sentimos o estresse da pressão do tempo e somos motivados a realizar nosso trabalho dentro do prazo estipulado.

Na melhor das hipóteses, obedecer ao relógio cria foco. Isso nos coloca em uma mentalidade de desempenho. Também nos ajuda a fazer as coisas, o que é bom, desde que elas sejam as que precisam ser feitas. Como estressor, porém, cria todos os efeitos que qualquer estressor: recuamos para um modo de autopreservação, com uma redução resultante da atividade cognitiva e um estreitamento da perspectiva.

A LINGUAGEM DA INVULNERABILIDADE

Mais tarde naquele dia, enquanto a embarcação rumava para a parte exposta das Bahamas, eis algumas das coisas que o capitão disse a vários membros da tripulação:

"Estamos bem."

"Tudo deve ficar bem. Nós vamos ficar bem — não devemos — nós vamos ficar bem."

Ele zombou dos marinheiros novatos dispostos a desviar de "todos os padrões climáticos".

"Ah, não, não, não! Nós não vamos dar meia volta, não vamos dar meia volta!"

Sua linguagem era a de "fazer a todo custo", a linguagem da invulnerabilidade e invencibilidade, a linguagem que desencoraja qualquer expressão de preocupação. Passava a mensagem de que as decisões não poderiam ser questionadas, nosso caminho está definido, não me desafie nem me faça explicar novamente.

Qual foi a motivação do capitão ao dizer esse tipo de coisa? Qual é a motivação de qualquer líder? Inspirar confiança? Fazer com que as pessoas foquem as tarefas? Fazer com que elas as cumpram? É a linguagem que vemos repetidas vezes e faz parte do jogo de coerção da Revolução Industrial. Somos muito educados para usar esta palavra, então a chamamos de "inspiração" ou "motivação", mas a questão fundamental é que o capitão precisava levar as pessoas que não fizeram parte do processo decisório a cumprirem a resolução de seguir a rota mais exposta, pelo Atlântico. Ele só precisava que a tripulação o seguisse.

Seria fácil culpar o capitão, mas vejamos mais de perto suas condições operacionais. A companhia planejava substituir o *El Faro* e seus navios irmãos por um par de embarcações mais novas. Três navios logo se tornariam dois. Um capitão já havia sido escolhido, deixando apenas um cargo vago para os dois outros. O capitão do *El Faro* precisava provar a si mesmo.

No decorrer do dia, o capitão do *El Faro* enviou um e-mail para seus supervisores operacionais. Começando a sentir alguma preocupação com a meteorologia, ele perguntou sobre a viagem de volta, sugerindo a possibilidade de pegar o Velho Canal das Bahamas ao retornar. Somente a possibilidade; ele acrescentou que aguardaria a aprovação de seus supervisores.

A resposta o autorizou a pegar a rota mais longa, se necessário. Essa troca deixa claro que o capitão operava sob um contexto de permissão. Tecnicamente, capitães têm a autoridade para tomar decisões operacionais sobre seus navios enquanto estão no mar. Mas o comandante do *El Faro*, aparentemente, não se sentia assim. Em vez disso, se conformou com a função de um burocrata obediente. *Conformidade* é outra jogada, frequentemente contraproducente, da Revolução Industrial.

Como ainda não haviam alcançado o limite de Rum Cay para a parte sul e o furacão ainda estava na frente deles, por que não propor o atalho de Rum Cay neste momento? O motivo é que a decisão de seguir a rota atlântica foi vista pelo capitão como um compromisso único e inflexível, uma decisão única, que abrange todo o trecho do oceano até Porto Rico. Como ele havia zombado dos marinheiros que desviavam de "todos os padrões climáticos", como ele poderia fazer isso agora? Suas próprias palavras o fizeram continuar o curso de ação condenado.

Somente a viagem de volta, que ele via como uma decisão separada exigindo um compromisso separado, o dava chance de propor um curso de ação alternativo.

Durante a noite de quarta-feira e manhã de quinta, discussões a bordo indicavam que vários membros da tripulação estavam desconfortáveis em levar o navio para o caminho da tempestade. A julgar pela transcrição, não há dúvida de que eles sabiam que o *El Faro* se encaminhava direto para o olho do furacão.

Enquanto isso, Joaquin continuava a rumar lentamente para o sudoeste, aparentemente recusando-se a virar para a direita, como esperado. Lembre-se de que, quanto mais longe antes de virar, maior era a chance do *El Faro* acabar na perigosa frente da tempestade. A segunda oficial reclamou pouco depois da meia-noite: "… não podemos vencer. Toda vez que chegamos (viramos) mais para o sul, a tempestade continua tentando nos seguir."

321 QUILÔMETROS DO CENTRO DA TEMPESTADE

O terceiro oficial veio para a vigília da noite, entre 20h e 24h. O capitão deixou a ponte imediatamente e não retornaria nas oito horas seguintes. Suas palavras finais para o oficial, pouco antes das 20h, foram:

"Definitivamente ficarei acordado a maior parte de sua vigília. Então, se vir alguma coisa de que não goste, não hesite em mudar de curso e me chame."

A situação piorou constantemente, mas o *El Faro* se comprometeu a passar pelo lado exposto das Bahamas, pelo Atlântico, dezoito horas antes. Haveria somente mais uma chance de se abrigar no outro lado das Bahamas, à 1h de quinta-feira. Era uma aproximação rápida. Cerca de duas horas antes de alcançar aquele ponto, o terceiro oficial, na vigília, chamou o capitão com um relato da localização da tempestade e uma sugestão: mudar o rumo para o sul. Eis as palavras do terceiro oficial ao capitão, pelo interfone, às 23h05:

> É, bem, esta é a... a... a previsão atual é... ventos máximos a 160 quilômetros por hora. No centro. Hum e se eu estou vendo certo... hum... e está se movendo para... para dois-três-zero a cinco nós. Então, suponho que ele continue na mesma... mova-se na mesma direção, digamos, pelas próximas cinco horas. E, bem, então está avançando para o nosso caminho... e, bem... nos coloca bem perto dele. Hum, você sabe como... eu poderia ser mais específico... eu poderia, bem... traçar isso. Mas ficará como se estivesse realmente próximo (e). E, hum, não sei. Hum, bem, eu poderia te trazer um número melhor e te ligar de volta. Nós estamos vendo um encontro, tipo, às 4h horas da manhã (você sabe).

Imediatamente após isso, ele disse "ok". O capitão havia dito para manter a rota. Quando ele deu a ordem para continuar como planejado, houve uma curta pausa e, então, o oficial a cumpriu.

A linguagem é hesitante, autodepreciativa, deferente e nervosa. Ficou fácil para o capitão rejeitar a informação indesejada. Seus comentários anteriores tiveram o efeito pretendido: suprimiram discussão; mas, é claro, eles não faziam nada para eliminar as dúvidas ou alterar a força dos ventos e dos mares.

O que aconteceu com o conselho do capitão de quatro horas antes, de não hesitar em mudar a rota ou chamá-lo? Entender por que este conselho é ineficaz é fundamental para entender a liderança. Tendemos a focar o que os outros devem fazer, por exemplo, encorajá-los a falar, mesmo que demonstremos relutância em ouvir. Em vez de fazer o trabalho duro e gastar tempo para mudar nosso próprio comportamento, é mais fácil e cognitivamente conveniente empurrar a ação para os outros. Encorajar as pessoas a falar, ou mesmo "empoderá-las" com frases como "não hesite em mudar a rota" em um ambiente de tomada de decisão de cima para baixo simplesmente não funciona.

Líderes dizem essas coisas para aliviar sua consciência. Quando as coisas dão errado, eles culpam os outros por não se manifestarem, apesar do incentivo do líder a fazê-lo. Mas o escopo da liderança é fazer a vida dos outros mais fácil, não culpá-los. Liderança diz respeito ao trabalho duro de assumir a responsabilidade de como nossas ações e palavras afetam a vida dos outros.

QUINTA-FEIRA

À meia-noite, o relógio mudou, indicando que era hora da troca de turno, do terceiro oficial para a segunda oficial. Eles discutiram sua situação abertamente. O terceiro oficial apontou que o plano atual os levaria a quarenta quilômetros do olho do furacão em quatro horas. Eles riram e falaram a respeito de pegar o desvio para Rum Cay, rumando na direção sul para se juntar ao Velho Canal das Bahamas, no lado protegido das Bahamas. A segunda oficial disse: "Ele (o capitão) não gostará disso."

Os marinheiros mudaram de ideia ao mesmo tempo. Eles brincaram sobre terem um emissor de socorro pessoal pronto para ser ativado em contato com a água do mar. Eles invocaram um humor mórbido. "Nós somos os únicos idiotas aqui", disse o marinheiro de fora.

A transcrição não diz para onde o terceiro oficial foi após deixar o posto, mas acho que para a cama. A bordo do USS *Santa Fe,* os oficiais fora de serviço faziam um relatório pessoal para o capitão. Estes relatórios permitiam ao oficial do convés ter um quadro melhor da situação e comunicar sobre um perigo iminente. Suspeito que isso não ocorreu no *El Faro,* já que não há evidências.

À 1h de quinta-feira a tempestade atingiu o cargueiro, de mais de 240 metros de comprimento. O vento varria o convés e o pessoal precisava se proteger antes de sair. As ondas balançavam o navio para cima e para baixo e de um lado para o outro. A tripulação sabia que a tempestade estava à sua frente, mas não sua forma precisa. O olho do furacão estava a, aproximadamente, 160 quilômetros a leste da embarcação, movendo-se lentamente a oeste, enquanto o *El Faro* ia em velocidade máxima diretamente para ele.

Na torre de comando, a segunda oficial falou ao timoneiro sobre a opção de tomar o rumo sul, em direção à Rum Cay: "... e poderíamos ficar longe disso. Rumar ao sul, afastando-se dele e, então, nos conectamos com o Velho Canal das Bahamas. Temos mais um ponto de passagem e isso vai direto para o Velho Canal das Bahamas. Direto até San Juan (Porto Rico)."

Ela sabia que havia uma saída. Havia alívio em sua voz com a possibilidade de escapar. Mas repare em sua linguagem: "e *poderíamos...*". Não "e vamos" ou "e deveríamos", mas "*poderíamos*". É como se ela falasse de uma tripulação em um universo paralelo, que tinha opções que a sua não tinha.

Criticamente, *ela não ordenou a mudança de rota para o sul*. A segunda oficial foi impedida por uma estrutura organizacional onde precisava da autorização do capitão, que não queria se desviar do plano original. Ela se conformou com esta cultura.

A segunda oficial e o timoneiro sabiam que a situação era terrível. Eles brincaram sobre terem seus trajes de sobrevivência prontos. Conversaram nervosamente sobre o tamanho de suas xícaras de café. Riram sobre todos os navios estarem "longe daqui", com somente o *El Faro* nesta parte do oceano. Discutiram a mudança da tempestade para um furacão de categoria 3, com ventos de mais de 200 quilômetros por hora.

O timoneiro perguntou: "... está certa de que mudaremos de rota às duas horas?"

A segunda oficial hesitou, então disse: "Não sei. Meu Deus. Talvez eu ligue para o capitão daqui a pouco, se ele não aparecer (na cabine de comando)." Ela falou sobre a mudança de curso, por segurança, repetidas vezes, fortalecendo sua coragem. Vinte minutos depois, ligou para o capitão. Ela sabia que teria uma árdua missão: a de convencê-lo a mudar de ideia.

A transcrição da torre de comando fornece somente o lado dela do relatório (os asteriscos indicam pontos ininteligíveis da gravação):

> (É...) eu só queria *** (rumar para o) sul (da ilha) *** (velho canal/clima) das Bahamas *** estaremos enfrentando a tempestade. Hum, a Fox News acaba de noticiar que subiu para a categoria ***. Sim... sim (isso é o que ouvi) ***. Não está bom agora... Agora, meu, é... monitoramento... eu tenho zero-duzentos... alterar o curso direto para o sul e depois (vamos) * passar por todas essas * áreas rasas. Hum... (e a próxima), mudança de curso (será) (pelas Bahamas) e, então, (iremos apenas) virar ***.

Tal qual a ligação do terceiro oficial, a linguagem era hesitante e deferente, com "é..." e "hum...". E está enfraquecida com evasões "isso é o que ouvi...", ao contrário de "é assim". Comunicar-se desta maneira permite uma fuga mental da realidade da situação. É vago "não está bom agora" em vez de ser claro e direto: "estamos navegando para o perigo".

A gravação não pega as palavras do capitão do outro lado do telefone, mas ele deve ter dito à segunda oficial para continuar. Nenhum convite ao debate, nenhuma curiosidade, nenhuma correção de curso, somente um compromisso escalado para manter a rota. A segunda oficial, por sua vez, nada fez para persuadir o capitão. Cada um se conformou com seu papel. Quatro segundos após ela falar ao capitão, tudo o que ouvimos foi um "ok". Então, ela relata um pequeno ajuste ao capitão e diz ao timoneiro que o capitão quer continuar.

Acredito que a equipe de vigilância percebeu que estava em um momento crítico de decisão, que teria um impacto importante no futuro, mas não tinha palavras para expressá-lo. Eles estavam presos a um conjunto de antigas jogadas: continuar e cumprir as ordens. Siga o plano e não o questione.

Quando o relatório do Conselho Nacional de Segurança nos Transportes (*National Transportation Safety Board*) foi publicado, o resultado 81 de 81 foi: "Se os oficiais do convés declarassem de maneira mais assertiva suas preocupações, de acordo com os princípios eficazes de gerenciamento de recursos da central de comando, a consciência situacional do capitão poderia ter sido melhorada." Embora verdadeira, a afirmativa aborda um sintoma da doença, não a própria doença. É responsabilidade do capitão e da liderança da companhia criar uma estrutura que facilite aos oficiais do convés afirmarem de maneira assertiva as suas preocupações, não criar uma cultura em que questionar o plano seja uma tarefa árdua.

Em 30 minutos, a equipe na torre de comando falava sobre ver flashes de luz e ouvir batidas e barulhos, enquanto o navio era jogado nas ondas. As ondas estavam tirando-o da rota. É necessário uma onda enorme para fazer isso com um navio de 240 metros. Então, logicamente, já era tarde demais. Eles haviam passado pelo segundo ponto de virada e agora só restava água rasa ao sul deles. Eles não poderiam mais fugir da tempestade. O humor mórbido sucedeu.

Eles falaram sobre o quão difícil era para se levantar. A certa altura, a segunda oficial proferiu alguns palavrões, seguido de: "esse foi ruim". Às 3h30, a equipe na torre de comando discutia a direção do vento variável, que atingia o *El Faro* na frente e no lado direito. Ninguém falou em voz alta, mas todos sabiam o que significava: eles estavam do lado errado da tempestade. A movimentação da tempestade, agora, aumentava a velocidade do vento. Alguns minutos depois, o imediato, segundo no comando, veio para a ponte, para seu turno de vigília. A segunda oficial teve a chance de contar sobre sua recomendação rejeitada pelo capitão, mas não o fez. Por que se importar? Nada mudaria agora. Melhor mesmo era economizar energia.

160 QUILÔMETROS DO CENTRO DA TEMPESTADE

O capitão finalmente retornou à ponte, às 4h10, oito horas e dez minutos após sair. Como a divisão é por quarto de hora, ele havia perdido 17 minutos do turno do terceiro oficial e todo o da segunda oficial.

Ao retornar, o capitão fez vários comentários, como "não há nada de ruim nesta viagem", "dormindo como um bebê" e "um típico dia de inverno no Alasca".

Se ele tentava tranquilizar a tripulação ou justificar sua decisão com esses comentários, isso não mudou o resultado. A embarcação afundaria em três horas e meia, com a perda de todas as vidas. A essa altura, o *El Faro* estava a menos de 50 quilômetros do olho do furacão.

O PERIGO DO PENSAMENTO ULTRAPASSADO EM NOVAS SITUAÇÕES

Pouco antes de afundar, o *El Faro* disparou o alarme. Os grupos de resgate encontrariam apenas destroços onde esperavam achar o enorme navio. Ao realizar a busca nas águas, as pessoas achavam difícil compreender como uma embarcação tão grande e moderna podia afundar, mesmo com uma tempestade intensa. Mas, de fato, ela afundou. As tecnologias avançadas não eram páreo para o pensamento ultrapassado.

Felizmente, o Conselho Nacional de Segurança nos Transportes achou o local do naufrágio e recuperou o gravador de voz. E é por isso que temos todo o conjunto de conversas que ocorreu na ponte de comando. Foi um tesouro deixado para trás nesta tragédia.

Em 511 páginas de transcrição, o capitão faz 1203 declarações e 165 perguntas em 25 horas. No entanto, muitas delas não eram, realmente, perguntas:

- "Você sabe o que eu estou falando?" (afirmação binária)
- "Como você quer chamar esse ponto de passagem? Que tal Alfa?" (respondendo à própria pergunta)
- "Tudo bem, curso 140 agora?" (respondendo à própria pergunta, afirmação)

- "Vai ficar entre esses dois, certo?" (afirmação binária)
- "Faz sentido?" (afirmação binária)
- "Está tudo bem com relação à rotação (velocidade)?" (implora pela resposta certa, afirmação binária)

As palavras são um falso conforto, projetado para manter as pessoas em suas tarefas, de acordo com seus papéis, e continuar no curso.

Na manhã da fatídica decisão em seguir a rota atlântica, o capitão disse o seguinte a vários membros da tripulação:

- "Então, temos que resolver apenas isso."
- "Estamos entrando na tempestade. Eu não faria isso de outra maneira."
- "(Tudo) deve ficar ok."

Este é o capitão justificando as decisões para si e para os outros. Após deixar a ponte de comando, a tripulação zombou das palavras do capitão:

Ele está dizendo para todos lá embaixo... "Ah, não é uma tempestade forte. Não é tão ruim. * * "nem está ventando tanto * * já vi piores."

A atitude do capitão teve um efeito nesses oficiais. Você pode notar na linguagem hesitante, ambígua e ineficaz que eles usaram posteriormente. O que começou como um compromisso crescente na mente de uma pessoa agora se espalhou por toda a organização.

Não precisava ser assim. Como veremos nos capítulos a seguir, é possível criar um ambiente seguro para que cada membro da equipe expresse suas opiniões, convide à divergência e colabore nas decisões, resultando em um compromisso de executar e pensar em termos de pequenos pedaços de conclusão; esse processo nos leva ao aumento do compromisso. A tripulação tem muito da aflição de Fred e seu vício em ação: uma atitude de "poder fazer" acima de tudo. Mas eles também têm um pouco de Sue, presos em discussões e incapazes de mudar o navio para a rota segura.

A PERDA DO *EL FARO* 31

Na ponte de comando do *El Faro*, uma mudança relativamente pequena na linguagem do capitão poderia ter salvado o navio:

- "Nós poderíamos enfrentar essa, mas, cara, eu não sei sobre essas condições. As chances não são boas."
- "Tudo vai ficar bem, mas devemos ficar atentos às condições — talvez seja necessário mudar a rota."
- "Como todos estão se sentindo sobre isso? Não segurem suas línguas agora."
- "Temos certeza de que devemos continuar no curso?"

Se o capitão tivesse demonstrado vulnerabilidade, os outros membros da tripulação teriam se sentido seguros o suficiente para intervir. As emoções são necessárias para a tomada de decisão. A ideia de que o local de trabalho é uma zona livre de emoções reflete a predominância do trabalho em processo e nossa imersão na mentalidade de desempenho. É um modelo em que a tomada de decisão, simplesmente, não faz parte do trabalho. Somente quando começamos a trazer trabalho de pensamento, trabalho de decisão, precisamos nos preocupar com a saúde emocional dos funcionários. Mas com a nossa jogada programada de conformidade, da Revolução Industrial, evitamos a conexão que permite nosso envolvimento emocional na tomada de decisão.

FATIA DE VOZ

Também vale a pena notar a "fatia de voz" na ponte de comando. A fatia de voz é a proporção de palavras atribuídas a cada pessoa em uma conversa e é um excelente indicador do grau de poder dentro de uma organização. Se houver quatro pessoas em uma conversa e cada uma delas falar exatamente 25% das palavras ditas, você terá uma fatia de voz perfeitamente equilibrada. Se o líder diz 100% das palavras e ninguém mais fala, isso fica completamente distorcido. Quando trabalhamos com uma organização, observamos atentamente a fatia de voz, o quão equilibrada ou distorcida ela é.

Usamos uma metodologia para converter as várias fatias de voz em um único número. Isso foi inspirado na maneira como a desigualdade de renda é calculada pelos países*. O número mede o desvio de uma parcela da voz perfeitamente equilibrada. Chamamos isso de Coeficiente de Linguagem de Equipe (*Team Language Coefficient* ou TLC, em inglês). Uma fatia de voz perfeitamente equilibrada resulta em um TLC de 0,0, porque não há desvio no equilíbrio perfeito. Em uma situação onde uma pessoa fala todas as palavras e o resto se mantém em silêncio, o TLC é de 1,0. Para se calibrar, se uma equipe tem três pessoas, duas delas falam todas as palavras de forma igual e uma não fala nada, o TLC é de 0,5.

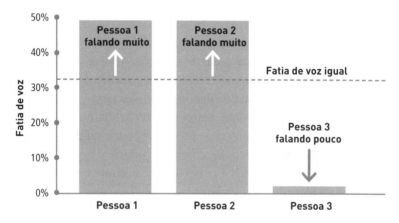

O Coeficiente de Linguagem de Equipe (TLC, na sigla em inglês) é um número entre 0 e 1, que representa a desigualdade em falar entre as pessoas em uma conversa. Em uma conversa entre três pessoas em que duas falam igualmente e uma terceira fica em silêncio, o TLC é 0,5.

Baseado no que vimos até agora, você pode suspeitar que uma parte da voz mais equilibrada e um coeficiente mais baixo levariam a uma equipe pensando mais e melhores resultados de decisão. Isso não é apenas verdade na prática, mas também observável e mensurável.

---

* O cálculo da desigualdade de renda é chamado de "coeficiente de Gini", em homenagem ao estatístico italiano que o inventou.

Em seu livro *Superminds*, o professor do MIT Thomas Malone comprova o que torna os grupos mais inteligentes do que indivíduos. Ele descobriu que um dos fatores é o grau em que as palavras são distribuídas entre os participantes.

Os outros dois fatores atribuídos pelo professor Malone para a inteligência superior do grupo são a inteligência social dos membros do grupo e a proporção de mulheres no mesmo.

Depois de começar a entender os fatores que levam à má tomada de decisão, você não consegue deixar de ver esses fatores em jogo nas organizações mais disfuncionais.

A bordo do *El Faro*, a fatia de voz é altamente inclinada para os membros mais graduados. Quando há três pessoas na ponte de comando, basicamente os dois mais graduados falam e o terceiro se mantém em silêncio. Quando o mais graduado sai de cena, os outros dois têm uma conversa.

Por exemplo, de 5h36 às 7h25 de quarta-feira, há três pessoas na ponte de comando: o capitão, o segundo oficial e o marinheiro. Por uma hora, os únicos a falar são o capitão e o oficial. Então, às 6h40, o marinheiro fala "um-quatro-dois", em resposta a uma pergunta do capitão sobre a rota que estão seguindo. E só. O marinheiro não diz mais nada pelos próximos 52 minutos. Ele não fala novamente até o capitão deixar a ponte de comando, e restarem apenas dois: o segundo oficial e o marinheiro.

Esse desvio na fatia de voz é mensurável. Eis a porcentagem de palavras e o TLC do horário em que o capitão estava na ponte de comando com os três diferentes integrantes da tripulação:

Porcentagem de palavras	CAPITÃO	OFICIAL	MARINHEIRO	TLC
Equipe 1	57%	39%	3%	0,55
Equipe 2	50%	45%	5%	0,45
Equipe 3	54%	43%	2%	0,53

Pense nisso. Imagine que você sabe somente o número de palavras que cada um diz: o capitão, o oficial e o marinheiro, durante cada um dos períodos em que o capitão está na ponte de comando. Sabendo somente isso — nada sobre o que disseram, para quem ou como — você saberia prever perfeitamente o grau hierárquico de cada um, com 100% de precisão.

E AQUI ESTÁ OUTRA COISA: a maioria das pessoas no nível hierárquico mais baixo, nas três situações, é tratada como se nem estivesse lá. Imagine como é isso. Em seguida, dizemos a essas pessoas do nível hierárquico mais baixo coisas como "sua voz é importante" e "você tem poder de falar".

Isso pode parecer tremendamente óbvio, mas, quanto mais você fala, menos ouve. Se você quer ouvir mais da sua equipe, precisa falar menos. A sequência é você fala menos primeiro, depois eles falam mais, e não "Quando eles falarem mais, eu falarei menos". É simples assim. O TLC é o dado concreto por trás das chamadas habilidades interpessoais.

Por termos a transcrição do *El Faro*, é possível aprender a partir da forma como a tripulação operou. Também nos dá a capacidade de examinar e criticar todas as declarações. Isso leva à tentação de encontrar falhas ligadas às pessoas.

Ao ler a transcrição repetidas vezes, ouço as vozes de colegas marinheiros, profissionais, dando o seu melhor para fazer seu trabalho, salvar seu navio e concluir sua missão. Posso ouvir a voz de muitos de meus antigos capitães: líderes executando as mesmas jogadas que o capitão do *El Faro* fez. Eu podia me ouvir.

Parte meu coração ver que eles estavam condenados não por serem maus marinheiros ou pessoas ruins, mas por seguirem o manual errado. É um padrão que vejo repetidamente: pessoas boas fazendo o que acham certo e tendo resultados ruins. Obediência ao relógio, obrigação de cumprir, conformidade com o papel, foco no "fazer" e mentalidade de desempenho. Às vezes os resultados são produtos ruins, vendas perdidas, tempo desperdiçado ou, simplesmente, não se sentir útil. Às vezes, seguir o manual errado mata as pessoas, pura e simplesmente.

Temos que lembrar sempre que a organização está perfeitamente sintonizada para oferecer o comportamento que vemos. E a atitude das pessoas é o resultado perfeito do desenho da organização.

Como indivíduos, devemos assumir nossa responsabilidade de sermos o melhor que pudermos dentro da estrutura da organização. Porém, como líderes, nossa responsabilidade é projetar a organização para que cada um possa ser sua melhor versão.

Não precisamos executar melhor estas antigas jogadas; precisamos de um novo manual. Com um manual diferente, talvez a tripulação do *El Faro* estivesse viva hoje, e no capítulo final deste livro iremos imaginar como isso poderia ter acontecido.

CAPÍTULO 2

O Novo Manual

Executivos de uma corporação global estão participando de um seminário sobre liderança. São onze mesas de cinco lugares. Essa empresa tem reputação de possuir uma liderança esclarecida, é constantemente apontada como "um dos melhores lugares para se trabalhar" e teve lucros significativos na última década.

Acabei de falar aos participantes sobre um fenômeno psicológico chamado "reivindicação excessiva", no qual as pessoas que participam de tarefas compartilhadas tendem revindicar mais crédito do que o necessário por obter um resultado. Estudos clássicos sobre isso remontam à década de 1970. Foi pedido a maridos e esposas que estimassem, separadamente, sua participação nas tarefas domésticas, em uma porcentagem. Quando somadas, excederam consistentemente os 100%.

A reivindicação excessiva acontece porque nossos esforços são mais visíveis para nós mesmos. Sei o quanto trabalho duro dediquei — as jornadas longas, os fins de semana que perdi e assim por diante —, mas só tenho uma noção distante do que todo mundo estava fazendo todo esse tempo. Ela explica por que sempre sinto que contribuí mais do que meus colegas, apesar de ser menos valorizado.

Pedi aos executivos do seminário que estimassem a média total de reivindicações excessivas encontradas na experiência de maridos e mulheres, com um palpite por mesa e 90 segundos para pensar. Seus níveis de competitividade fluem; sentem a pressão para obedecer ao relógio. Mas tinha um objetivo escondido: ver como cada grupo de líderes tomava suas decisões sob pressão.

Fiéis à forma, seguiram o manual de jogadas da Revolução Industrial. Em todas as mesas neste evento — e na maioria dos lugares onde proponho esse exercício — a sequência de eventos é, essencialmente, a mesma. Quase imediatamente, alguém, normalmente um participante sênior, arrisca seu primeiro palpite. Depois, os outros chegam a estimativas ligeiramente acima ou abaixo daquele palpite. Se há alguém quieto na mesa, eles podem não se manifestar, principalmente se a sua estimativa for bem diferente do consenso formado rapidamente.

É uma jogada da Revolução Industrial porque a estrutura do processo de tomada de decisão (discuta, depois vote) resulta na redução da variabilidade antes que a decisão seja tomada.

Podemos chamar os resultados desse estilo de tomada de decisão de *sabedoria do barulhento*. O primeiro número, sustentado pela autoridade, ancora o grupo e garante uma estimativa final independente, não importando a distância que tivesse no começo (se está curioso, a resposta correta é 130%). Membros do grupo que pensam diferentes linhas se abstêm de contribuir, privando o grupo de informações e análises possivelmente relevantes. O processo de ancoragem, discussão pública e um rápido voto de concordância é convergente. A intenção é reduzir rapidamente a variabilidade.

Se você estava lendo até agora, deve achar óbvio que essa não é a melhor maneira de um grupo tomar uma decisão. No entanto, é assim que a maioria das decisões "de grupo" é tomada. É uma imitação das decisões tomadas no *El Faro* — o capitão decidia e, então, comunicava à tripulação.

Para melhores resultados, discorde primeiro: permita a cada membro dar o seu palpite *antes* de ser influenciado pelo grupo e, mais importante, pelo chefe. Queremos uma visão incorruptível do que cada pessoa acredita para garantir a maior diversidade possível de pensamento. Uma forma simples de fazer isso é pedindo a cada pessoa que escreva a sua estimativa antes de começar a discussão. Agora, concorde: reveja as estimativas com o grupo, sem identificar cada autor, e estreite as chances coletivamente.

O resultado, desta vez, é a *sabedoria da multidão*. Sob as condições corretas, o grupo é consistentemente mais inteligente do que qualquer indivíduo. Este é um termo cunhado por James Surowiecki em seu livro, esclarecedor, *The Wisdom of Crowds*.

Tenho proposto essa atividade com centenas de mesas cheias de executivos. Até hoje, só vi uma mesa utilizar o pensamento divergente. Evento após evento, as mesas ficam a pouca distância do primeiro palpite do membro sênior.

Por que os grupos respondem às perguntas desta forma? Pensar por meio de variáveis complexas é um trabalho árduo. Por outro lado, concentrar-se em um consenso claro e unificado, em torno da voz da autoridade, é profundamente satisfatório. É necessário uma abordagem rigorosa e sistemática para resistir à tendência humana natural de reduzir a incerteza o mais rápido possível.

Também há outra razão. Tomamos decisões dessa forma porque fomos programados para fazê-lo, assim como o capitão e a tripulação do *El Faro*.

PRESO A UM MANUAL ULTRAPASSADO

O capitão e a tripulação do *El Faro* acabaram condenados porque estavam programados a seguir certas jogadas, se comportar de certas maneiras e usar certa linguagem. Presos a um manual ultrapassado, eram incapazes de verem uma forma diferente de fazer as coisas. Mesmo que pudessem criar uma abordagem alternativa, teria sido extremamente difícil romper com os padrões que eles seguiram durante toda a carreira. Podemos ver a angústia nas palavras dos oficiais quando *tentam* — e falham — quebrar esses padrões rígidos.

Aqui estão as seis jogadas que a tripulação do *El Faro* foi programada para fazer e seis que poderiam tê-la salvado:

- Eles obedeceram ao relógio quando deviam tê-lo controlado.
- O capitão coagiu a tripulação a obedecer quando devia ter colaborado para um compromisso.
- A tripulação coagida obedeceu quando devia ter assumido seu próprio compromisso.
- Eles continuaram em um plano inflexível de seguir a rota pelo Atlântico quando deviam ter completado uma seção de cada vez — até o primeiro ponto de decisão, no norte das Bahamas e, depois, até o segundo ponto, em Rum Cay.
- Eles estavam no modo de provação quando deviam estar no modo de melhora. Isso é resultado de se estar em um modo de "poder fazer", quando deviam estar em um de "poder pensar".
- Em meio a tudo isso, eles estavam conformados com seus papéis quando deveriam estar se conectando uns aos outros.

Fazer é importante, mas a ação precisa ser balanceada com o pensar. Tal qual Fred e Sue na introdução, muita atividade sem pensamento resulta em ações perdidas ou erradas e decisões ruins. E muito pensamento sem ação resulta em inação e frustração.

A chave para aprender e crescer, como empresa e como pessoa, é equilibrar corretamente essas duas atividades. Pensar sobre alguma coisa, até mesmo tomar decisões, sem empenhar uma ação para testar as ideias não resultará em aprendizado. Nem a atividade irracional de cumprir as instruções de outras pessoas.

Embora o equilíbrio seja necessário, há muito tempo somos viciados no fazer, inclusive por meio da linguagem que usamos e a maneira como projetamos nossas organizações. Precisamos fazer jogadas que equilibrem tudo isso com mais pensamento em todos os níveis hierárquicos, e não apenas no topo. Esta é a mensagem deste livro.

ABRAÇANDO X REDUZINDO A VARIABILIDADE

Aqui está a principal diferença: o pensamento se beneficia ao abraçar a variabilidade. O fazer se beneficia ao reduzir a variabilidade.

Quando se trata de pensar na tomada de decisão, a variabilidade é uma aliada. Maior variabilidade nas ações possíveis significa maior inovação, maior criatividade e mais opções. Quando se trata de ideias, queremos lançar uma rede ampla, convidando muitas opiniões diferentes. Para aprender, precisamos mudar as nossas ideias, descartando as antigas e adotando novas. Para melhorar nossa forma de trabalho, precisamos abrir nossas perspectivas, acolhendo outros pontos de vista. A variabilidade é um dos benefícios da diversidade.

O pensamento se beneficia de abraçar a variabilidade.

- Em um brainstorming, gostaria de ter o maior número possível de ideias diferentes.
- Na tomada de decisão, gostaria de ter uma ampla gama de opções.
- Para determinar a verdade, gostaria de ouvir diferentes perspectivas.

A linguagem de abraçar a variabilidade é aberta, curiosa, probabilística e focada na melhoria. É como se fosse "como sabemos?" ou "quão seguro é?". É a linguagem da curiosidade e vulnerabilidade.

Quando todos pensam de forma igual, a variabilidade é baixa. Às vezes, usamos o termo "consenso". Quando as pessoas têm ideias diferentes, principalmente opostas, há uma variabilidade alta. Este é o debate da equipe. Mas também significa ausência de consenso.

A palavra "consenso", normalmente, é usada como algo positivo. Mas significa uma variabilidade reduzida, algo que não é o que queremos para pensar. Com frequência, líderes que buscam o consenso estão reduzindo a variabilidade quando deviam adotá-la para se afastar do consenso. Então, se perguntam por que não estão ouvindo novas ideias de sua equipe. O problema é que estão fazendo a jogada errada. Eles usaram o manual da variabilidade reduzida para o jogo de abraçar a variabilidade.

Por que esse nosso comportamento de reduzir a variabilidade? Por um lado, todas essas opções criadas ao adicionar a variabilidade vêm com um aumento do ônus cognitivo — elas devem ser consideradas e ponderadas, o que é um trabalho duro. E os nossos cérebros, conectados como estão para exercer o mínimo de esforço, resistem a esse trabalho árduo. Compradores que são apresentados a várias opções simplesmente acabam não comprando nada.

Mais importante, porém, é que a variabilidade é a inimiga do que sempre projetamos para as organizações: fazer.

- Na manufatura, as partes devem ser as mais similares possíveis. Variação é um erro na manufatura.

- Ao operar um submarino, os operadores devem seguir precisamente o procedimento. A variação da sequência definida para um procedimento é uma violação do processo. Passo 1: fechar as escotilhas. Passo 2: submergir. Inverter os passos é um erro.

- Em um restaurante de fast-food, cada hambúrguer deve ser igual, a menos que o comprador peça uma variação. Variação na qualidade e quantidade confunde os consumidores e dificulta o planejamento e o orçamento de gastos. Vitória da padronização.

A linguagem da redução da variabilidade é focada e dirigida para os objetivos. Significa o estrito cumprimento, com regras e aderência ao processo. Soa como "faça desta forma" ou "é seguro". É a linguagem do controle e da conformidade.

REDWORK E BLUEWORK

Como os dois tipos diferentes de trabalho — tomada de decisão (pensar) e execução (fazer) — adotam abordagens opostas com relação à variabilidade, eles requerem dois processos mentais distintamente diferentes e dois tipos diferentes de linguagem. Ajuda você rotular esses dois modos diferentes, para que possa identificar claramente em qual deles está. Chamaremos o trabalho de pensar, a tomada de decisão e adesão à variabilidade de "bluework". Por sua vez, o trabalho de fazer, executar e a redução da variabilidade de "redwork".

Eu rotulo o lado da ação desse ritmo como "redwork" porque vermelho é a cor da energia e da determinação. Por outro lado, azul é a cor da calma e da criatividade.

O Fred e a Sue, da Introdução, estão em lados opostos da barreira redwork-bluework. Fred está preso ao vermelho, sempre fazendo sem refletir, enquanto Sue está presa ao azul, refletindo eternamente e sem compromisso com a ação. Redwork e bluework, por si, são inadequados; precisamos da quantidade certa de cada um.

Para encontrar o equilíbrio e usar os dois tipos de trabalho efetivamente, é necessário mudar deliberadamente, como equipe, de um para o outro.

No submarino, realizamos uma sessão de pensar e aderir à variabilidade chamada "certificação pela equipe". Durante a certificação, a variabilidade foi estimulada. O que as pessoas pensam? O quão prontos estamos? Como você veria essa situação de forma diferente? Este seria o nosso momento de bluework.

Quando o oficial ou chefe ficasse convencido de que a equipe estivesse pronta, passaríamos do modo de pensar para o modo de fazer. Após este compromisso com a ação, a variabilidade seria afastada e a precisão, usada. Siga o procedimento. Este seria o nosso momento de redwork.

Durante esse momento, gostaríamos de aderir o mais próximo possível da ação decidida. Por exemplo, o carregamento de torpedo. Cada torpedo é carregado da mesma forma que o anterior. Carregar um torpedo é fisicamente exigente, mas requer muito menos esforço mental do que o esforço necessário para decidir qual torpedo carregar em qual tubo e quando fazê-lo. Como uma tarefa como carregar um torpedo aumenta nosso senso de certeza e conclusão, nos inclinamos para ela. Somos facilmente seduzidos pelos bons sentimentos desencadeados por "fazer as coisas". Leva tempo para a agitação de fazer as coisas começar a parecer vazia, se não adequadamente equilibrada com a reflexão.

Não há nada especificamente errado em qualquer uma das formas de operação. Para ser eficaz, precisamos fazer uma trama entre pensar e fazer. *O problema é que a linguagem que usamos trata somente do fazer, não do pensar.* Isso, por definição, reduz a variabilidade. Como resultado, não mudamos de redwork para bluework com frequência suficiente e, quando trocamos para o modo de pensar, nossa linguagem de variabilidade reduzida prejudica os esforços.

Para consertar esse padrão, mudar de redwork para bluework quando você precisa tomar decisões, exige ir contra o que parece natural, porque estamos acostumados a falar em uma linguagem determinística, binária e incontestável. Por exemplo, parece mais normal dizer "Você tem certeza?" do que "Quanta certeza você tem?". A primeira forma é cognitivamente fácil e reduz as possíveis respostas a somente duas: sim ou não. "Quanta certeza você tem?" parece forçado, artificial. Parece cognitivamente penoso, trazendo uma ampla gama de respostas. Pode ficar confuso — "Você tem certeza?" não pode.

Qual das duas parece mais natural: "Isso faz sentido?" ou "Estou perdendo algo?". A primeira leva o assunto da discussão para a decisão, alimentando o nosso desejo natural de manter as coisas progredindo, de obedecer ao relógio. Ouço isso com frequência. "Estou perdendo algo?" causa um atraso. Parece ser uma perda de tempo e exige que controlemos o relógio pela primeira vez.

O redwork soa assim:

- "Faça!"
- "Faça acontecer."
- "Vamos acabar com isso."
- "Estamos no caminho certo?"

O bluework se beneficia de uma ampliação do foco, uma reflexão silenciosa, uma curiosidade sobre o que os outros veem e pensam, e o desenvolvimento de alternativas possíveis.

O bluework é o trabalho cognitivo de tomar decisões. Ele acontece dentro de nossas cabeças. É invisível, dificultando o monitoramento. O bluework pode não necessitar levantar um dedo, mas é mentalmente penoso. Trabalhar nesse modo por longos períodos nos deixa esgotados.

O bluework soa assim:

- "Como você vê isso?"
- "O quão prontos estamos para isso?"
- "O que podemos fazer melhor?"
- "O que aprendemos?"

Agora pense como isso seria refletido na fatia de voz em cada um desses casos. Como as afirmativas de redwork exigem uma resposta simples de "ok" ou "sim/não", a fatia de voz é naturalmente distorcida. Um ou mais participantes — os subordinados — praticamente não falam, pois não precisam. O desvio de uma fatia de voz uniforme e do TLC são altos — talvez 0,40, 0,50 ou mais. Como o TLC mede o desvio de um compartilhamento de voz equilibrado, um número maior (próximo a 1,0) indica maior desigualdade na fatia de voz. Em teoria, uma equipe com uma fatia de voz perfeitamente equilibrada deveria ter um TLC de 0,0, mas alcançar esse balanço perfeito não é algo real, nem necessariamente desejável. O coeficiente é uma ferramenta para medir o grau de desequilíbrio na fatia de voz de uma equipe.

As perguntas do bluework exigem da equipe respostas mais longas. Como resultado, as fatias de voz serão distribuídas mais uniformemente e haverá menos diferença de uma conversa equilibrada. O TLC é mais baixo — talvez 0,20 ou 0,1. Este é o padrão geral — quanto melhor uma equipe estiver no bluework, a fatia de voz será melhor distribuída e o TLC (que mostra um desvio da perfeitamente uniforme) se aproximará mais de 0,0.

Há duas situações oriundas de uma fatia de voz desequilibrada e um alto TLC. A primeira é quando o líder monopoliza a conversa e obtemos o chamado efeito da câmara de eco. A segunda é quando uma pessoa da equipe fala pouco e sua visão, pensamentos e ideias se perdem. Até que ponto essas pessoas quietas são os pensadores inovadores (embora divergentes), mulheres ou minorias, ou outros membros da equipe que deliberadamente incorporamos por causa de suas diferentes perspectivas? Você pode imaginar que, em ambos os casos, a tomada de decisão eficaz da equipe é prejudicada.

O FIM DOS BLUEWORKERS
E DOS REDWORKERS

Alguns leitores podem apontar que, pela definição desses rótulos, o trabalho manual e produtivo do redwork é aquele tradicionalmente feito pelos *operários* — essa divergência é intencional. Ao se referir ao trabalho feito pelos trabalhadores de escritório "pensadores" como bluework e o trabalho feito pelos operários, "não pensadores", como redwork, espero acelerar o desaparecimento desses rótulos contraproducentes.

Afinal, enquanto o bluework e o redwork estiveram sempre presentes, a ascensão da fábrica levou a uma abordagem de gerenciamento particularmente perniciosa, que separava ambos por classes. Agora não temos apenas bluework e redwork, mas blueworkers e redworkers. Um grupo (os blueworkers) toma as decisões, enquanto o outro (os redworkers) as executa; um grupo pensa, enquanto o outro faz; um grupo usa a variabilidade, enquanto o outro a reduz; um grupo lidera e o outro segue. Atribuir os diferentes modos de trabalho a grupos distintos simplificou a tarefa de gerenciamento e poupou o tempo. Isso conduziu o design organizacional na Revolução Industrial, além de moldar as práticas de gerenciamento e até a linguagem padrão do local de trabalho.

Essa abordagem de gerenciamento é exemplificada por Frederick Winslow Taylor em seu livro *Princípios de Administração Científica*, de 1911. Taylor começou a trabalhar como aprendiz de maquinista após a Guerra Civil Americana, quando o país estava se industrializando rapidamente. A maioria das lojas era relativamente pequena, tocada individualmente por artesãos, que tinham de desenvolver suas próprias maneiras de fazer as coisas de acordo com as necessidades que surgiam. À medida que a indústria crescia em tamanho e complexidade, Taylor podia ver a ineficiência dessa abordagem e decidiu fazer algo a respeito.

Ele estudou o movimento de trabalhadores em siderúrgicas, determinando a maneira mais eficiente de executar cada tarefa. Ele determinou, por exemplo, que o trabalhador típico era mais eficiente quando extraía 9,5 quilos de matéria-prima por vez, não nove ou dez. Redução da variabilidade era sua profissão. Ele até chegou a projetar pás de diferentes tamanhos, atendendo à densidade dos diferentes materiais e eliminando assim a necessidade da habilidade de escavar a quantidade adequada de material. Os trabalhadores continuaram fazendo sua função e não tomaram decisões — sequer sobre o quanto deveriam escavar — e a gerência ficou com a parte de pensar. Neste modelo, no qual nenhuma decisão é necessária na linha de frente e os trabalhadores são contratados apenas para o trabalho físico, a iniciativa e o pensamento se tornam distrações desnecessárias.

Taylor ganhou fama rapidamente e seus serviços foram altamente requisitados. Ele foi o primeiro guru da administração, responsável por reduzir a variabilidade e o desperdício, e melhorar a qualidade e a eficiência de várias indústrias.

Sua parceria com Henry Ford mostrou-se particularmente influente. Veja como Taylor descreveu o papel do gerenciamento:

> Somente por meio da padronização forçada de métodos, adoção forçada dos melhores implementos e condições de trabalho e pela cooperação forçada conseguiremos garantir esse trabalho mais rápido. E o dever de impor a adoção de padrões e da cooperação cabe somente à gerência.

Observe, primeiro, no foco em reduzir a variabilidade — "padronização" é a palavra usada por Taylor. Observe, também, na divisão do mundo em dois grupos: a gerência (que vê a luz) e os trabalhadores (que são forçados a verem a luz). Uma vez que um grupo toma as decisões e o outro as executa, a coerção é parte integrante desta abordagem. Taylor não se esquiva da necessidade da gerência em impor padrões e métodos de trabalho.

Além disso, em um mundo que atribui o pensamento aos blueworkers, não é preciso que os redworkers pensem. Taylor deixa isso claro a seguir:

> Em nosso esquema, não pedimos iniciativa a nossos homens. Não queremos nenhuma iniciativa. Tudo o que precisamos deles é que obedeçam às ordens, façam o que mandamos — e rápido.

Taylor disse aos trabalhadores que eles foram contratados somente por seus esforços físicos, e que "temos outros homens para pensar". Você precisa dar crédito a ele pela clareza da sua linguagem.

Os métodos de Taylor foram pensados para evitar que os trabalhadores escolham sua própria forma de trabalhar. Permitir isso a eles significa abordagens diferentes e maior variabilidade. Taylor procurou reduzir a variabilidade, fazendo com que todos realizassem cada tarefa da melhor maneira possível. E essa melhor maneira foi determinada por outra pessoa.

Os donos de fábricas se beneficiaram incrivelmente ao implementarem as ideias de Taylor. Eles contratavam trabalhadores sem instrução, com salários mais baixos, e depois os ensinavam a fazer uma pequena parte específica do vasto processo de fabricação. Era desnecessário explicar como cada tarefa contribuía com o todo, ou mesmo o que eles estavam realmente fazendo. No sistema fechado de uma fábrica, com pouca variabilidade no processo, havia um foco interminável no trabalho de produção.

Enquanto o bluework e o redwork existem em todas as organizações hoje, os blueworkers e os redworkers não precisam existir. No entanto, como resultado do legado de uma construção artificial inventada durante a Revolução Industrial, temos rótulos culturais e uniformes para identificar em qual grupo você está: líder ou seguidor, mensalista ou horista, gerente ou operador, jaleco ou macacão. Ainda queremos deixar claro em qual time você está.

Mesmo certa à época, a abordagem de Taylor enfrenta problemas na organização moderna. Em primeiro lugar, o sistema é frágil e não adaptativo. Embora eficiente, não é adaptável porque os trabalhadores só podem operar dentro de uma faixa estreita de situações. As condições mudam, seja de forma global ou na linha de produção, mas não percebemos, porque estamos muito focados em realizar nosso trabalho e estressados demais para perceber.

A fragilidade desse sistema se reflete na falta de habilidade da tripulação do *El Faro* em adaptar o plano de navegação por conta da mudança na situação meteorológica.

Em segundo lugar, o sistema resulta em obter exatamente o máximo de esforço possível das pessoas para atender aos requisitos mínimos. A recompensa por ir além é aumentar a sua cota ao novo número mais alto. Se você provou ser capaz de ir além uma vez, por que não todos os dias? O esforço discricionário é reduzido a zero.

Em terceiro lugar, este sistema afeta as pessoas nele. O tédio entorpecente de um redwork contínuo significa que as mentes podem vagar e desviar a atenção. No ambiente hostil de uma fábrica, a desatenção pode ser fatal. Um estudo inicial de acidentes de trabalho abrangeu o condado de Allegheny, na Pensilvânia — onde fica Pittsburgh, uma importante cidade siderúrgica norte-americana. Nesse condado, nos primeiros 12 meses do estudo, encerrado em 1907, 526 trabalhadores morreram por conta de acidentes de trabalho.

Por fim, a vida em um ambiente como esse é cansativa e desgastante. Funcionários de ambientes altamente industrializados tendem a mostrar níveis mais baixos de consciência, autocontrole e satisfação com a vida, além de menor expectativa de vida. Essas cicatrizes permanecem muito tempo depois de a indústria pesada, como a de mineração de carvão, ter mudado — e as pessoas em condados onde funcionaram previamente estas atividades têm os mesmos marcadores psicológicos gerações depois.

Um artigo escrito por Martin Obschonka para a *Harvard Business Review* explica como o ambiente de trabalho afeta os valores dos trabalhadores, que são passados de pais para filhos:

> Por exemplo, em um trabalho altamente repetitivo, exaustivo e com pouca autonomia (isto é, redwork) pode afetar os valores dos trabalhadores, na medida em que atribuem menos valor às virtudes intelectuais e ao pensamento crítico. E esses valores, geralmente, são transmitidos aos filhos desses trabalhadores também.

Quando envolvemos todos no pensamento, temos uma situação vantajosa. A empresa vence porque se torna mais adaptativa, ágil, resiliente e rentável. Os trabalhadores ganham porque têm empregos mais gratificantes, além de uma vida mais rica, saudável e longeva — e seus filhos também!

O desafio encontrado pelas companhias no século XXI é o seguinte: como criar ambientes com redwork e bluework, mas não redworkers e blueworkers? Como integrar os redworkers, anteriormente taxados de seguidores e executores, ao processo de tomada de decisão do bluework?

POSSO PENSAR UM POUCO?

No mundo de Taylor, os blueworkers, de prancheta na mão, observaram os redworkers e decidiram o que eles deveriam fazer, para então transmitem suas instruções. Após a Segunda Guerra Mundial, começou a ocorrer uma mudança nessa abordagem estrita, começando pela indústria automobilística japonesa. Instigados pelo estatístico W. Edwards Deming, os líderes começaram a deixar de apenas observar os trabalhadores para perguntar o que eles pensavam.

Na época, as montadoras norte-americanas desfrutavam de um mercado ávido e relativamente não competitivo para os seus produtos, enquanto o Japão e a Alemanha estavam reconstruindo suas capacidades de fabricação. Esta falta súbita de competição internacional estimulou uma atitude complacente com relação à qualidade, e os carros norte-americanos logo começaram a refletir esta complacência.

Após a guerra, Deming estava no Japão para auxiliar na reconstrução. Ele passou as três décadas seguintes ensinando as empresas japonesas como fazer produtos de qualidade. Como estatístico, Deming reconheceu que, se uma maior variabilidade no processo de fabricação significa custos mais altos e produtos que parecem mais baratos, o inverso também deveria ser verdadeiro: reduzir a variabilidade no processo de fabricação poderia *baixar* os custos e, ao mesmo tempo, produzir produtos *de melhor qualidade*. Em outras palavras, a primeira visão importante de Deming é que a qualidade não custa dinheiro, e sim o poupa. Esta abordagem é conhecida como Gestão de Qualidade Total ou Liderança de Qualidade Total.

A segunda visão de Deming tratou de como obter qualidade. A abordagem tradicional naquele momento era garantir a qualidade, inspecionando 52 peças depois que elas eram feitas e, em seguida, eliminar quaisquer peças abaixo do padrão. Este processo aumentava o custo de duas formas: primeiro, a empresa tinha que pagar inspetores e, segundo, resíduos eram produzidos quando produtos inferiores foram sucateados ou vendidos com desconto.

Em vez disso, Deming aconselhou a integração da qualidade no processo de fabricação e a eliminação dos inspetores por completo. Veja, como exemplo, a pintura de um carro, que é levado a um local onde são aplicadas várias camadas de tinta, de uma camada de base a um revestimento protetor. A qualidade é determinada pela cobertura e uniformidade da aplicação, ou pela consistência da espessura da tinta na superfície. Essa consistência depende de vários fatores, incluindo a fórmula da tinta, os bicos de aplicação, a taxa de movimento, a distância do metal, a temperatura de cozimento e o tempo entre as aplicações.

No modelo tradicional, o carro é pintado, e o resultado, inspecionado. No novo modelo de Deming, a gerência deve experimentar continuamente fórmulas diferentes de tinta, bicos, técnicas de aplicação, temperatura de cozimento e tempo. Esse bluework contínuo era lento, difícil e caro, mas melhorava a consistência do redwork, reduzindo erros e evitando a necessidade de inspetores. A redução dos custos poderia, então, ser repassada aos compradores. Como resultado desse tipo de refinamento contínuo, o carro popular de hoje é de uma qualidade muito maior do que 20 anos atrás.

A terceira visão de Deming é a de que os antigos redworkers (neste caso, os trabalhadores da linha de montagem) deveriam estar envolvidos no bluework. Obviamente, essa abordagem é bem diferente da de Taylor, que defendia uma divisão de trabalho menos eficaz, porém mais eficiente: nunca atrase a produção perguntando aos trabalhadores o que eles pensam.

Ao envolver os redworkers no bluework, Deming lhes ensinou como fazer a transição entre reduzir e adotar a variabilidade. Eles conheciam os processos comuns melhor do que ninguém, quais eram as suas falhas e como poderiam melhorar. Ao trazê-los para o bluework, Deming conduziu o aprendizado tanto para redworkers quanto para blueworkers, ao mesmo tempo que reduzia os erros e melhorava a satisfação no trabalho.

Ao aprimorarem a abordagem para alternar entre redwork e bluework, os japoneses desenvolveram graus cada vez maiores de precisão. Quando veio o choque no preço do petróleo, nos anos 1970, os fabricantes de automóveis norte-americanos lutaram para construir carros menores e mais econômicos (veremos o triste caso do Ford Pinto mais tarde). Os carros japoneses de alta qualidade, confiáveis e eficientes, começaram a assumir a liderança.

A noção de qualidade é, de fato, *definida* pela habilidade do fabricante em repetir o processo o mais próximo da variabilidade zero possível: nos carros, quanto maior a variabilidade na pintura e no alinhamento dos parafusos, mais os pontos finos serão propensos a ferrugens. Na indústria de móveis, quanto mais variabilidade nos alinhamentos dos furos e pinos, mais oscilante será a peça, e mais rapidamente ela se desgastará e quebrará.

Então, embora o foco do processo de manufatura em si seja o redwork de reduzir a variabilidade, ele é aprimorado por meio do bluework ao abraçar a variabilidade, convidando a pensar e discordar.

Quando a participação dos importados japoneses começou a aumentar e as montadoras norte-americanas produziam modelos sem inspiração, como o Ford Pinto, a filosofia de Deming foi introduzida na indústria norte-americana pelo documentário *If Japan Can, Why Can't We?*, de 1980. Processos de fabricação como o Sistema Toyota de Produção, ou Toyotismo, foram gerados, em parte, pela influência de Deming.

Em 1981, pela primeira vez na história, o Japão produziu mais carros em um ano do que os Estados Unidos. A integração entre redwork e bluework se mostrou superior.

Apesar das ideias cruciais de Deming, ele não chegou a eliminar a distinção entre redworkers e blueworkers. O melhor que ele conseguiu foi fazer com que os gerentes (blueworkers) envolvessem os redworkers no bluework. Foi um passo além do que pregava Taylor, que os blueworkers observassem os redworkers como ratos de laboratório, mas a estrutura fundamental permaneceu. Trazer o pensar, a tomada de decisão e a responsabilidade pela melhoria para os redworkers era um passo maior do que a perna. Mas é disso que precisamos agora.

ABORDAGENS RED-BLUE

Novas abordagens red-blue, como a Liderança de Qualidade Total, pioneira de Deming, fizeram com que o processo de manufatura evoluísse significativamente, aplicando métodos estatísticos e envolvendo os trabalhadores no desenvolvimento de soluções para os problemas de fabricação. A Liderança de Qualidade Total e o Sistema Toyota de Produção, que veio depois, resultaram em produtos de melhor qualidade, com menos variabilidade.

Outra prática moderna de gestão é o Gerenciamento de Recursos de Tripulação (*Crew Resource Management* ou CRM, em inglês), que lida com o mesmo problema fundamental de quebrar o sistema de classes redworker-blueworker e envolver os subordinados no bluework de pensar e tomar decisões. O CRM é um processo aplicado à forma como as equipes operam; em particular, como as equipes pilotam aviões. Merece menção especial.

O CRM aborda a forma como os membros da tripulação da cabine se comunicam, enfatizando tanto a necessidade do copiloto (ou primeiro oficial) em falar de uma maneira progressiva para expressar suas preocupações, bem como a necessidade do piloto em criar um ambiente propício a esta progressão. Pilotos são treinados para ouvirem as ideias e preocupações dos subordinados quando elas são formuladas. A utilização quase universal do CRM nas principais companhias aéreas salvou milhares de vidas. Por exemplo, em janeiro de 2009 quando o capitão Chesley "Sully" Sullenberger salvou o voo 1549 da US Airways ao pousar no rio Hudson, no estado de Nova York, após perder ambos os motores devido a ataques de pássaros. A linguagem usada por ele e pelo copiloto foi altamente influenciada pelo CRM.

É claro que muitos líderes desejam criar um ambiente em que seus funcionários falem quando veem problemas, tragam a sua mente criativa para o trabalho e contribuam com esforços discricionários, como novas ideias e soluções. Além do CRM, existem várias outras formas de abordagens modernas de gerenciamento, cujo objetivo geral gira em torno da perspectiva de empoderamento, engajamento, propriedade, fazer as pessoas pensarem, permitir que elas se manifestem, criar segurança psicológica, orientar em vez de comandar, ou fazer as perguntas certas. A Liderança Baseada na Intenção (*Intent-Based Leadership*, em inglês), a forma de gerenciamento adotada a bordo do *Santa Fe* e refinada por meio de sua aplicação e análise em outras organizações, é uma abordagem que se esforça para incorporar esses atributos.

Acho que todos esses programas abordam fundamentalmente o mesmo problema-raiz: o legado da estrutura de classes redworker-blueworker da Revolução Industrial.

No entanto, ainda temos complicações. Seguimos com forças de trabalho profundamente divididas, locais que marginalizam os trabalhadores e pessoas que sofrem estresse e esgotamento no trabalho. Por quê? A limitação de muitos desses programas ocorre porque eles tentam corrigir problemas em uma estrutura ou conjunto de regras inerentemente rachados. Em essência, eles nos encorajam a seguir as antigas jogadas de uma forma melhor, mais eficiente e, em muitos casos, substituí-las por novas jogadas, mas o manual de liderança e linguagem, de um modo geral, permanece intacto. O resultado é que os líderes sabotam inconscientemente seus esforços para criar melhores locais de trabalho, usando padrões de linguagem automáticos e programados que vêm da Revolução Industrial, sufocando o surgimento de qualquer abordagem red-blue real. Eles não sabem que estão fazendo isso e não veem a conexão entre as jogadas de liderança em que estão acostumados a confiar e os comportamentos no trabalho.

O RITMO DE REDWORK-BLUEWORK

Em nossas vidas, circulamos regularmente entre o bluework e o redwork, sem pensar muito nisso. Aí vai um exemplo:

Digamos que você vá para o trabalho de carro. No fim do dia, você pode escolher entre ir para casa, para a academia ou a um bar. Você pode tomar essa decisão sem esforço, mas considera a atratividade de cada opção antes de escolher uma. Então, resolve ir para casa. Você acaba de completar a porção bluework dessa tarefa diária — tomar uma decisão.

Agora que a decisão está tomada e você entra no carro, não precisa mais pensar na tarefa iminente. Neste momento, acaba de entrar na porção redwork. A não ser que você tenha começado o trabalho recentemente e esteja em uma cidade desconhecida, provavelmente conhece intimamente o caminho para casa. Esse conhecimento liberta sua mente do fardo de planejar. Você pode até deixar a mente fluir um pouco enquanto dirige. Quando você chega em casa, provavelmente não consegue se lembrar das especificações da jornada que o levaram até lá. A etapa de redwork da tarefa está completa.

Aqui está outro exemplo, do esporte. Na maratona aquática, o trajeto é, normalmente, indicado por grandes boias laranja. Nadar é mais eficiente com a cabeça baixa e o quadril elevado, então os nadadores gastam mais tempo nessa posição. Eles nadam mais rápido, mas não podem ver para onde estão indo. De vez em quando, é necessário levantar a cabeça para ver onde estão, avistando as boias e ajustando o curso. Esse processo cria um ritmo: (1) procurar as boias (bluework), (2) nadar naquela direção por um tempo (redwork) e (3) levantar a cabeça para ver o progresso. Manter a cabeça baixa por longos períodos significa nadar mais rápido em geral, mas eles podem acabar muito mais longe do curso, apagando qualquer vantagem que seu ritmo lhes desse.

Gosto deste exemplo porque é a analogia exata do que vejo nos negócios que tomam decisões, então, deixam as coisas fluírem. Existe uma tendência natural nas empresas de evitar a interrupção do trabalho de produção para pausar e refletir. Tal qual os nadadores, eles estão se movendo mais rápido, mas possivelmente na direção errada. Da mesma forma, interromper a produção para realizar o bluework com frequência excessiva resulta em interferência desnecessária e desempenho reduzido.

Existe um equilíbrio ideal para qualquer empresa, mas encontrá-lo requer habilidade e experiência. Conforme ganham habilidade em águas abertas, os nadadores aprendem a nadar em linha reta por longos períodos, permitindo que prolonguem o intervalo entre os períodos de procurar as boias (bluework). Eles usam sinais à esquerda e à direita e, às vezes, até os outros nadadores como referência, reduzindo assim o arrasto e o atraso ao levantarem a cabeça. Com o tempo, encontram um equilíbrio entre o redwork e o bluework, que lhes permite eficiência máxima.

A tomada de decisão (bluework) a bordo do *El Faro* incluiu iniciar a jornada normalmente, apesar da tempestade, a rota exposta do Atlântico e a continuação, ao longo do ponto de corte de Rum Cay. O trabalho de execução (redwork) a bordo do *El Faro* incluiu a operação do sistema de óleo lubrificante na casa de máquinas em mar agitado, manter a carga segura e agir quando a água começou a entrar no navio. Jamais saberemos ao certo, mas a tripulação pode ter cometido erros na parte da execução. Dito isso, o destino da embarcação foi selado após as decisões iniciais terem sido tomadas. O resultado dependeu do *El Faro* ter percorrido a rota Atlântica exposta, e não do quão bem ele percorreu essa rota.

A bordo do *El Faro*, o capitão e a tripulação não consideraram estruturalmente as decisões como discretas. O capitão disse que iria tomar a rota pelo Atlântico (com a implicação de que iria adotá-la para todo o caminho a Porto Rico). Pense nisso como o nadador que olha uma vez para a boia, abaixa a cabeça e continua nadando, sem jamais olhar para ela novamente.

Neste caso, um melhor equilíbrio entre o bluework e o redwork deveria envolver identificar esses pontos de decisão extras desde o início. Vamos decidir começar; vamos decidir se iniciaremos a rota pelo Atlântico; então, em Rum Cay, decidiremos se vamos tomar o caminho por meio do Velho Canal das Bahamas. Entre esses pontos de decisão, a tripulação pode focar o redwork.

Entre as organizações, especialmente aquelas fortemente orientadas para o processo, como usinas de energia, hospitais e manufatura, há uma tendência a focar os erros do redwork, subestimando as falhas no bluework e, criticamente, erros na estruturação do equilíbrio entre ambos.

A razão para isso é que os erros na execução do trabalho são imediatamente visíveis: um piloto coloca o piloto automático na posição errada; um paciente recebe o medicamento errado; um operador de usina que liga o disjuntor errado. Erros de execução parecem violação a políticas e procedimentos, ou erros técnicos. Inspetores e avaliadores amam esses tipos de erro, porque são irrefutáveis e inequívocos. Você lavou as mãos ou não? Você ligou a bomba de óleo lubrificante antes do motor a diesel ou não? Você checou os flaps do avião ou não? É fácil.

É assim que nos tornamos escravos do procedimento. Digamos que queremos resultado como um voo mais seguro, por isso reunimos ideias dos operadores sobre o que torna os voos mais seguros. Percebemos uma correlação entre não checar os flaps em solo e sermos surpreendidos por um problema no ar. Então, escrevemos um procedimento que especifica o teste dos flaps em solo. Os inspetores analisam esse procedimento.

Erros na tomada de decisão são mais difíceis de encobrir e medir. Foi pouco antes de afundar que a tripulação do *El Faro* esteve certa de que tomar a rota pelo Atlântico, mais exposta — uma decisão feita mais de 48 horas antes —, foi ruim. O mesmo acontece nos negócios. Comprar um bilhete de loteria é uma boa decisão? E ir para a faculdade, se casar ou começar a trabalhar em uma startup com opções de ações? Pensamos em cada uma dessas questões, mas não sabemos o resultado por um tempo.

Em uma empresa de transporte rodoviário, as decisões sobre coleta de carga, horários e locais são determinadas pela gerência (blueworkers), assim como o plano de manutenção dos caminhões. Os motoristas (redworkers) são relegados a levar uma carga predeterminada de um local predeterminado por uma rota predeterminada. É um caso clássico de colocar o bluework na classe dos blueworkers e o redwork na dos redworkers.

O que acontece quando um caminhão quebra na estrada? A culpa é do motorista. É um erro operacional, mas a causa provavelmente está na carga de trabalho do veículo, juntamente com o programa de manutenção.

Da próxima vez que você tiver um problema em sua empresa, pense nisso: é um simples problema na execução ou houve uma decisão tomada no passado (talvez distante), que nos colocou no caminho em que era mais provável esse contratempo operacional ocorrer? O problema está enraizado em uma falha passada no bluework?

Mais difíceis de identificar são as situações nas quais o problema resulta de, simplesmente, não envolver o bluework. Não há decisão de avaliar porque não está claro que alguém tomou a decisão de fazer algo ou não. Eles apenas continuaram fazendo o que estavam fazendo. Chamamos essa jogada, na Revolução Industrial, de continuar. E esta pode ser uma das causas mais sutis da raiz do discernimento.

O ANIMAL PENSANTE

Com o desenvolvimento dos grandes cérebros dos primatas, a Mãe Natureza estava, simplesmente, operando em seu princípio de variabilidade adaptativa: criar espécies com uma ampla diversidade de estruturas e ver quais são benéficas e quais são prejudiciais, definidas em termos de habilidade para alcançar a idade da reprodução e perpetuar sua espécie.

A natureza não é nada senão eficiente, então o fato de o cérebro humano utilizar surpreendentemente 20% a 25% das nossas calorias diárias diz respeito ao valor de sobrevivência desse poder de decisão. Embora a maioria das espécies possua cérebros aproximadamente proporcionais para seu tamanho, o humano é um ponto fora da curva, três vezes maior do que deveria.

Nossa capacidade de tomada de decisão aprimorada foi útil, pois os primeiros humanos precisavam caçar seu alimento. Na falta de dentes e garras grandes de outros predadores, os humanos confiavam em sua capacidade de superar suas presas. Seus cérebros lhes permitiam se comunicar e juntar forças para derrubar animais muito maiores. Um cérebro grande também trouxe inovações, como uma linguagem, que evoluiu e, por sua vez, facilitou o trabalho em equipe e a caça persistente.

Este grande cérebro com habilidade para pensar, imaginar e refletir fez do bluework um empreendimento humano único, mostrando por que retirá-lo das atividades humanas cria condições profundamente insatisfatórias.

Apesar de todo o seu maravilhoso poder e complexidade, o cérebro humano é, como tudo na natureza, eficiente, ou seja, preguiçoso; ele quer fazer a menor quantidade de trabalho possível.

Ao pensar, o cérebro humano procura finalizar o processo o mais rápido possível e, para isso, procura incessantemente por padrões. Quando identifica até a sugestão de um padrão, cria uma heurística relacionada — uma regra de ouro — para minimizar o pensamento adicional[*]. Estes ata-

---

[*] Ao contrário do que se espera, pensar profundamente não consome muito mais calorias do que seguir indagações, mas nosso cérebro está condicionado a evitar a sobrecarga.

lhos cognitivos ajudam a evitar qualquer pensamento futuro sobre aquele problema. Se você fica doente após comer uma certa fruta vermelha, simplesmente evite-a no futuro: problema resolvido.

Embora nossos cérebros sejam experts em desenvolver esses atalhos, e nós *acreditamos* neles, as regras derivadas da experiência podem se tornar vieses inúteis, que distorcem nosso pensamento e nos impedem de ver as coisas como elas realmente são.

Em *Rápido e Devagar: Duas Formas de Pensar*, Daniel Kahneman, economista ganhador do Prêmio Nobel, identifica muitos desses vícios de forma lúdica e plausível. Um deles é o vício de ancoragem, pelo qual confiamos demais em uma informação inicial ao tomarmos decisões. Por exemplo, se você pedir a um grupo de pessoas para estimarem um número em voz alta, as suposições se agruparão perto do primeiro palpite oferecido, independentemente de estar ou não correto. Fazemos isso instintivamente, *mesmo se estivermos cientes do vício de ancoragem.* É necessário esforço para evitar cair nessa armadilha, e esse é apenas um dos muitos vícios.

O caso das equipes respondendo à pergunta da reivindicação excessiva, mencionada no início deste capítulo, é um exemplo de vício de ancoragem. Em uma mesa, a primeira pessoa a falar disse: "125", ao tentar adivinhar o percentual das tarefas domésticas assumidas pelo marido e pela esposa. Logo, toda a mesa concorda com 125 e, então, a mesa vizinha também aceita esse número.

Acontece que a primeira pessoa a falar era o CEO e fundador da empresa, então o vício de ancoragem foi particularmente forte neste caso. Porém, mesmo que a primeira pessoa a falar não fosse uma autoridade formal, isso acabaria influenciando o grupo.

Pense em como o efeito da estabilidade serve para reduzir a variabilidade, minando sutilmente o nosso desejo de abraçar a variabilidade durante o bluework. Quando alguém diz um número, reduzimos os valores discrepantes e agrupamos o pensamento de maneira mais unida, de modo que a ancoragem é, naturalmente, um aliado do redwork. Mas, na maioria das reuniões em que decisões são tomadas, observamos o mesmo padrão: primeiro discussão, seguido de votação. A discussão serve para ancorar o pensamento a um alcance menor, suprimindo valores discrepantes e deixando somente de uma a três opções que não são significantemente diferentes.

No entanto, tais reuniões se baseiam no bluework e devem adotar a variabilidade. Assim, devemos evitar ativamente o efeito de ancoragem. *Isso requer fazer as reuniões de forma diferente do que a maioria dos grupos: vote primeiro, depois discuta.* Essa ordem trará uma maior variabilidade de ideias e diversidade cognitiva, levando a melhores decisões.

Kahneman descreve dois modos de pensar no cérebro, os Sistemas 1 e 2. O Sistema 1 é mais primitivo: emocional, instintivo, imediato e, algumas vezes, impulsivo. No lado positivo, também é eficiente, rápido e não esgota nossos recursos mentais. O Sistema 2 é mais pensativo e racional, menos suscetível a vícios, mas lento. Seu trabalho é monitorar o Sistema 1. Quando as coisas não funcionam como nosso cérebro espera, ele transfere para o pensamento do Sistema 2, mas sua motivação será sempre limitar esse esforço, fazendo o trabalho e retornando ao piloto automático, o Sistema 1. Como você já deve ter concluído: o redwork usa o Sistema 1 e o bluework, o 2.

Quando nos envolvemos no bluework, ampliamos a nossa perspectiva, desafiamos as suposições e trabalhamos para identificar e tentar evitar, deliberadamente, quaisquer vícios. Isso requer uma decisão consciente de se envolver, mesmo que isso seja tão simples quanto fazer uma lista de prós e contras ou discutir possíveis resultados com um colega.

Tenho minhas suspeitas de que quando o capitão do *El Faro* "tomou" a decisão de pegar a rota pelo Atlântico, foi uma decisão rápida de Sistema 1. Não há evidências no registro de engajamento deliberado no pensamento do Sistema 2 com relação a essa decisão.

Outro atalho cognitivo do sistema 1 se manifesta no vício do excesso de confiança.

Nele, o cérebro tende a acreditar que terá sucesso em tudo o que quiser, nos incentivando a assumir riscos que podem resultar em recompensas significativas. Da perspectiva das espécies, sou grato pelos humanos terem esse vício, porque muitos avanços na sociedade, ciência e tecnologia aconteceram apesar de as chances de sucesso serem pequenas. Mas, a despeito de todo o seu valor, o excesso de confiança também pode alimentar a tomada de decisão impulsiva e equivocada.

Para realizar um exame claro e imparcial dos custos e benefícios, você deve *conscientemente invocar* o pensamento do Sistema 2. Isso seria um período de bluework: ampliar suas perspectivas *antes* de se comprometer. O pensamento do Sistema 2 faz perguntas como:

- "O que estamos deixando passar?"
- "Como isso pode dar errado?"
- "Se fizermos isso e acabar dando errado, quem seria o culpado mais provável?"

Novamente, suspeito que este vício comportamental também afetou o capitão do *El Faro*. Ele queria pensar que teria êxito ao tomar a rota pelo Atlântico, então seu cérebro reuniu argumentos que fizeram tal rumo parecer mais seguro do que era. A rápida decisão de pegar aquele caminho não era um sintoma de ser uma pessoa ruim, mas sim de um ser humano e líder em um ambiente em que não tinha deliberadamente um manual para mitigar os nossos vícios naturais.

Envolver-se no bluework não é fácil. Isso inclui uma convocação deliberada do relutante Sistema 2 do cérebro para se envolver em pensamentos reflexivos, sem pressa e abertos. E irá parecer errado, estranho e trabalhoso. Sabemos que será cognitivamente árduo, mas queremos fazê-lo de qualquer maneira, porque isso nos promete melhor tomada de decisão e um aprendizado mais rápido.

Tanto os sistemas 1 e 2, redwork e bluework, podem ser usados em reuniões. Algumas abordagens são melhores para reduzir a variabilidade, enquanto outras são melhores para adotá-la. Se você quer reduzir a variabilidade em uma reunião, invoque o vício de ancoragem, discuta primeiro e, depois, vote. Melhor ainda, diga ao grupo o que você pensa e os force a demovê-lo de sua ideia. Se você quer adotar a variabilidade, evite o vício de ancoragem votando primeiro — de forma simultânea e anonimamente — e só então discuta. Essa abordagem resultará em uma variabilidade mais ampla e levará a uma maior colaboração.

Independentemente da abordagem tomada pelos líderes, eles devem estar dispostos a encarar as consequências, entendendo as maneiras pelas quais estão motivando ou suprimindo os modos diferentes de trabalho.

A RESPOSTA DO CÉREBRO
AO ESTRESSE E À MOTIVAÇÃO

Uma vez que o redwork não nos sobrecarrega cognitivamente, mas o bluework o faz, o estresse afeta cada tipo de trabalho de maneira bem diferente. Prazos, incentivos e outras formas de pressão externa têm um efeito positivo (ou, pelo menos, neutro) no redwork, mas os mesmos fatores podem diminuir rapidamente sua eficácia no bluework. O estresse esgota os mesmos recursos cognitivos exigidos pelo bluework, sobrecarregando o córtex pré-frontal, onde o cérebro conduz pensamentos deliberativos, e movendo a atividade para o mais primitivo cérebro reptiliano, que controla as funções vitais do corpo humano.

Em 1908, os psicólogos Robert Yerkes e John Dodson desenvolveram um experimento para explorar a relação entre o estresse e o aprendizado. Eles fizeram casas-modelo para ratos de laboratório e, então, fizeram os roedores escolherem em qual entrar. Se escolhessem a casa errada, os ratos receberiam um "choque desagradável", destinado a ensiná-los qual era a "correta". Então, Yerkes e Dodson variaram o tamanho desta "lição" para ver como isso afetava o processo de aprendizado. Como esperado, choques mais fortes transmitiram lições mais rapidamente, mas só até certo ponto. Quando os choques se tornaram intensamente "desagradáveis", os ratos estavam excitados demais pelo medo para aprender o hábito correto de forma adequada. O excesso de estresse interrompeu completamente o processo de aprendizado.

Esse fenômeno mostrou que é quase impossível que pessoas envolvidas em tarefas simples, individuais, físicas e repetidas (na linha de montagem, por exemplo) sejam sobrecarregadas a ponto de interferir na tarefa. O estresse adicional pode melhorar a performance até certo ponto e então ela se estabiliza, mas não pioraria. Desde que a Revolução Industrial se especializou em reduzir o esforço humano a tarefas simples, individuais, físicas e repetidas, adicionar estresse tornou-se técnica motivacional essencial para os gestores. É importante lembrar que o estresse crônico ainda afeta as pessoas em longo prazo, mas, em curto prazo, para gerentes preocupados somente com o cumprimento da tarefa, é uma ferramenta eficaz.

Infelizmente, os gestores também acrescentam o estresse quando não é útil, como no caso do bluework. Em desafios complexos, conjuntos e cognitivos, ele tem um forte impacto negativo na performance. O estresse prejudica o córtex pré-frontal e transforma esta grande massa cinzenta, queimadora de calorias, em um peso nos ombros. Nossa atividade mental é reduzida aos instintos primitivos controlados pela parte mais antiga do nosso cérebro: o cérebro reptiliano.

O cérebro reptiliano usa a fuga, a briga ou o bloqueio para alcançar a autopreservação. A palavra-chave é *autopreservação*. Em ambientes altamente estressantes, geralmente vemos indivíduos se tornarem muito mais egoístas do que em situações mais calmas. Quando as equipes têm problemas complicados para resolver e nós, os líderes, as colocamos sob estresse, os membros se tornam lagartos. Então não entendemos por que vemos comportamento antissocial, baixa empatia e criatividade reduzida. É porque nós os levamos a esses comportamentos e emoções!

Quando estamos estressados e sobrecarregados, podemos nos tornar mais resistentes a pedir ajuda, o que nos leva a um subconjunto inútil da mentalidade de desempenho: a mentalidade de proteção.

Existem dois lados na mentalidade de desempenho. Nós tentamos *provar* nossa competência (eu tenho capacidade para fazer o projeto) ou nos *protegemos* contra evidências de incompetência (não quero ser descoberto como incompetente). Vou rotular esses dois subconjuntos como uma mentalidade de provar ou proteger. A mentalidade de provar é a motivação em mostrar algo positivo, e a de proteção é guiada por esconder algo negativo.

Ambas são similares para nós. Ficamos fechados e defensivos, comentários machucam e as críticas nos atormentam.

São exemplos da mentalidade de desempenho:

- "Fui eu quem fez!"
- "Devemos mostrar que podemos fazer!"

- "Na mosca."

São exemplos da mentalidade de proteção:

- "Não fui eu."
- "Não, estou bem."
- "Fizemos o melhor que pudemos com o tempo que nos foi dado."

Enquanto realiza lufadas de redwork, focando o objetivo final, filtrando outras distrações e dedicando recursos cognitivos a "finalizar a tarefa" que vem com a mentalidade de desempenho, todos se beneficiam da performance. Para essas tarefas de curto prazo, pontuais ou marcantes, a mentalidade de provar se correlaciona ao desempenho mais forte. A mentalidade de proteção motiva a evitar erros e ocultar a incompetência, o que não é bom. Isso faz sentido porque a melhor forma de não errar é não fazer nada, e nas organizações em que as pessoas se inclinam para a mentalidade de proteção há um comportamento voltado para a inércia. Em outras palavras, quando estamos no modo "posso fazer", em que é mais importante o desempenho da tarefa (ao contrário da melhora), a mentalidade mais apropriada é a de provar, não a de proteção.

Costumo classificar, com frequência, a mentalidade de provar como de "provar e executar", para que lembremos que é um subconjunto da mentalidade de desempenho.

No outro final do espectro, o bluework se concentra em aprender e melhorar. Uma performance melhor de bluework se correlaciona com uma mentalidade de *melhoria*. Uma mentalidade de melhoria é aberta, buscando e acolhendo críticas e comentários. É essa abertura que nos permite um desapego emocional do nosso trabalho passado, melhorando-o.

São exemplos da mentalidade de melhoria:

- "Como podemos melhorar?"
- "Como poderia ter feito melhor?"
- "O que aprendemos com isso?"

Devemos achar uma forma de ativar a mentalidade apropriada para o trabalho que estamos fazendo: evitar a de proteção em todos os casos, adotar a mentalidade de provar para o redwork e a de melhoria no bluework. Para isso, dois diferentes tipos de linguagem são necessários. Navegar na diferença entre provar e melhorar é tão crucial à nossa eficácia que é uma das nossas seis jogadas, a melhoria, e é a base do Capítulo 7.

ADAPTANDO PARA O FUTURO

O bluework e o redwork exercitam o cérebro de formas diferentes, apelando para distintos comportamentos de liderança, mentalidades e, fundamentalmente, linguagem. Quando trata-se das palavras que usamos e como as aplicamos no local de trabalho, nossa linguagem atual é altamente ponderada para o redwork:

- Empresas de conhecimento realizam reuniões "todas as mãos".[*]
- Os funcionários de uma companhia são divididos em dois grupos: "líderes e seguidores", "operários e de escritório", "gerência e mão de obra", "sindicalizados e não sindicalizados".
- Sessões especiais de brainstorming em inovação são marcadas, o que implica que inovação e criatividade não fazem parte do trabalho "normal".
- Aspiramos ser equipes "posso fazer".
- Os chefes comandam e os subordinados relatam (até os chamamos de "subordinados diretos").

A linguagem que soa "natural" para você foi, provavelmente, otimizada para o redwork — nos acostumamos a falar desta maneira. Mas precisamos aprender a ajustar a forma como nos comunicamos para engrenar no bluework de maneira adequada, quando necessário. Se tentarmos usar a linguagem do redwork enquanto estamos no bluework, não seremos ca-

---

[*] "Todas as mãos" é um antigo termo náutico, que se refere a fazer com que toda a tripulação puxe uma linha pesada. Tratava-se, literalmente, de usar todas as mãos.

pazes de fazer as jogadas de bluework que adotem variabilidade e promovam uma mentalidade de melhoria.

Voltando à tragédia do *El Faro*, todas as jogadas e as conversas estavam pautadas no redwork. Quando o tempo piorou, o modo de agir tinha que ser modificado do redwork para o bluework, de "vamos seguir a rota atlântica para San Juan" para "que rota devemos tomar para chegar a San Juan?" ou até "devemos continuar rumo a San Juan?". Quando os oficiais chamaram o capitão para relatar sobre o furacão e recomendar o desvio para Rum Cay, sua tentativa de fazer uma linguagem de bluework era desajeitada, cheia de "hum" e qualificadores negativos. Os resultados foram embaraçosos, hesitantes e ineficazes, o que só faz sentido: eles jamais treinaram jogadas de bluework. A razão? Não tinham um manual para tal. Tudo o que eles tinham eram jogadas de redwork.

O capitão estava igualmente perdido, preso em jogadas de redwork, apesar da preocupação óbvia e do ceticismo de sua tripulação. Novamente, ele só pôde responder como sabia, usando a linguagem do redwork.

O problema não era com o capitão ou os oficiais; era com um manual de liderança desatualizado, que não havia sido adaptado para uma abordagem red-blue na solução de problemas ou mesmo nas operações do dia a dia. Manuais desatualizados semelhantes podem ser encontrados em todos os setores, mas setores mais novos tendem a se adaptar mais rapidamente.

No mundo dos softwares, por exemplo, muitas empresas estão adotando práticas de desenvolvimento "ágeis". A abordagem ágil foi lançada em 2001, com a publicação do *Manifesto Ágil*, que tentou orientar uma maneira mais eficaz de as equipes desenvolverem software. Na época, a maioria dos programas de software era gerenciado da mesma forma que os projetos na Revolução Industrial. Essa abordagem enfatizou um planejamento inicial significativo e, em seguida, um longo período de execução, que poderia se estender por anos. Conforme o ritmo da mudança aumentava, essa abordagem se tornava mais clara, dispendiosa e dolorida.

A meta do desenvolvimento ágil era começar com o produto mais básico possível, testá-lo e decidir o que fazer em seguida, uma abordagem diferente daquela da Revolução Industrial. Primeiro, os produtos do trabalho deveriam ser entregues com frequência, a cada duas semanas. Esses pequenos "estouros" de trabalho eram chamados de "sprints". A exposição antecipada e frequente da versão de teste aos usuários permitiu ajustes rápidos e contínuos.

Em segundo lugar, a equipe deveria trabalhar com os proprietários do produto para decidir quais recursos seriam incluídos no próximo sprint. Em vez da abordagem da Revolução Industrial, de separar quem executa e quem decide, a perspectiva ágil transformou os executores em decisores.

Pequenas e grandes desenvolvedoras de software adotaram muitos dos princípios do *Manifesto Ágil* e reorganizaram as equipes e os projetos para se alinharem às práticas ágeis de desenvolvimento de softwares. A estrutura do ritmo operacional red-blue e as jogadas explicadas aqui devem permitir uma abordagem semelhante em todos os níveis de liderança.

Um desafio é o de que a pressão de obedecer ao relógio mantém as equipes passando de redwork para redwork sem refletir. Pegue a Marinha como exemplo. Em um ambiente submarino típico, a cena é de ação interminável — contínua. Assim que uma tarefa é completada, a próxima na agenda é iniciada, sem pausa para uma deliberação sobre se a tarefa futura é apropriada. Todos estão presos no modo redwork.

Como capitão do submarino, se anunciasse que faríamos certa operação tática, deveria ficar claro para todos que seria apropriado um arranjo específico dos sistemas de engenharia, de sonar, mísseis e torpedos. Porém, em uma cultura de redwork, mesmo que a tripulação na sala de torpedos esteja ciente da missão, eles normalmente não pensarim nas implicações, nem tomariam a iniciativa de carregar os torpedos certos. Em vez disso, esperariam para ser direcionados sobre a alteração do carregamento.

Com pouco tempo a perder, se perguntasse sobre o carregamento, somente para perceber que ainda está abaixo do ideal, seria confrontado com uma decisão difícil: entrar despreparado na operação ou correr para resolver o problema em cima da hora. No último caso, os operadores na sala de torpedos podem desenvolver um estresse intenso, aumentando as chances de cometerem um erro crítico. Isso vai mergulhá-los ainda mais em uma mentalidade de provar e executar, o redwork. Se errarem no carregamento de torpedos, será fácil perceber e culpar os operadores. Mas quanto do erro ocorreu porque tínhamos uma cultura desprovida de bluework?

Esse exemplo ilustra bem o quanto é importante o balanço entre o redwork e o bluework em um sistema como um todo. A situação não irá melhorar até as equipes aprenderem a trocar as formas de trabalho com a mesma facilidade com que o nadador experiente de águas abertas nada em direção ao progresso máximo.

Voltamos, agora, a uma pergunta feita no início do capítulo: por que a maioria dos executivos em seminários vão direto para a tarefa cognitivamente satisfatória de redução da variabilidade? Quando visto pelo contexto da Revolução Industrial, faz sentido. Todo o objetivo tem sido reduzir a variabilidade. Quando entra o estresse, com a criação de um tempo limite, os participantes dos seminários são direcionados a encontrar uma resposta rapidamente, antes de entenderem o que todo mundo sabe e vê. Eles foram condicionados dessa forma, por meio da linguagem e estruturas da Revolução Industrial. Para melhorar, uma nova forma de condicionamento deve substituir a antiga.

Esse é o novo manual, que compreende seis jogadas principais:

- CONTROLE O RELÓGIO, não obedeça.
- COLABORE, não coaja.
- COMPROMETA-SE, não cumpra.
- COMPLETE, não continue.
- MELHORE, não prove.
- CONECTE-SE, não se conforme.

Mas antes que possamos estar em posição de convocar uma jogada, em vez de apenas reagir às situações, precisamos *controlar e não obedecer ao relógio* — o que nos leva à nossa primeira jogada.

REDWORK E BLUEWORK

Redwork é fazer, é o trabalho de relógio, consiste em uma guerra constante contra o relógio, pela eficiência e para terminar o trabalho. É por isso que os trabalhadores batem ponto e muitas pessoas são pagas "por hora".

As pessoas que operam no redwork sentem os efeitos dessa pressão como estresse e estão "sob a influência do redwork". Não há como evitar.

Nossa mentalidade no redwork é a de provar e executar.

A mentalidade de proteção é um subconjunto inútil da mentalidade de desempenho e deve ser evitada.

A variabilidade é inimiga do redwork.

Bluework é pensar, é o trabalho cognitivo, é mais difícil de mensurar com base na entrada de tempo; diz respeito às contribuições criativas e tomada de decisão. Ele vive para servir ao redwork.

O estresse tem um forte impacto negativo nas pessoas que estão tentando fazer o bluework.

Nossa mentalidade no bluework é voltada para aprender e melhorar.

A variabilidade é uma aliada do bluework.

Redwork e bluework requerem dois tipos diferentes de linguagem.

As empresas durante a Revolução Industrial separavam quem trabalhava em redwork e bluework, os classificando em blueworkers e redworkers. Usamos sinais culturais diferentes para indicar essas classes: líderes e seguidores, mensalistas e horistas, operários e funcionários de escritório, jaleco e macacão.

A necessidade de encurtar os períodos de redwork e injetar mais bluework aumentou à medida que o mundo se move mais rápido e o horizonte futuro diminui.

> Sem saber ou pensar, nossa linguagem e estrutura organizacional estão inclinadas a realizar o redwork.
>
> As diferenças entre redwork e bluework podem ser resumidas na tabela a seguir:

REDWORK	BLUEWORK
Evita a variabilidade	Abraça a variabilidade
Provar	Melhorar
Fazer	Decidir
Repetitivo	Diferente
Operário	Funcionário de escritório
Físico	Cognitivo
Individual	Equipe
Homogeneidade	Heterogeneidade
Produção	Reflexão
Performance	Planejamento
Processo	Previsão
Cumpridor	Criativo
Conformidade	Diversidade
Simples	Complexo
Pago por hora	Assalariado
Foco limitado	Foco abrangente
Hierarquia vertical	Hierarquia horizontal

Saindo do Redwork: Controlando o Relógio

Em 26 de fevereiro de 2017, quando a premiação do Oscar se aproximava do fim, Faye Dunaway e Warren Beatty se preparavam para apresentar o prêmio final e mais prestigiado da noite. Era o momento mais esperado pelos espectadores: o Oscar de melhor filme. Até agora, tudo corria conforme o planejado.

Com antecedência, para garantir a integridade do processo de votação, dois membros da Pricewaterhouse Coopers (PwC) haviam tabulado os 6.687 votos da Academia e preencheram 24 envelopes vermelhos com os cartões que traziam o nome dos vencedores. Só eles sabiam o resultado.

Os membros da PwC pararam em cada lado do palco, prontos para entregarem os envelopes aos apresentadores. Cada um tinha um conjunto completo de envelopes, assim haveria um disponível para o caso do apresentador surgir pelo lado esquerdo ou pelo lado direito. Durante o evento, os envelopes eram entregues aos apresentadores e aqueles que não tinham sido entregues eram deixados de lado, mantendo tudo sincronizado.

Uma pequena mudança estética tinha sido feita naquele ano. Os envelopes foram redesenhados, agora com uma cor vermelha escura e letras douradas na frente, para indicar a categoria do prêmio. O novo design tornou a leitura da categoria mais difícil do que no passado. Dentro, o cartão vinha com o nome do ganhador e, em letras pequenas no final, a categoria.

O layout do cartão do vencedor causou confusão.

Leonardo DiCaprio apresentou o penúltimo prêmio, de melhor atriz. Enquanto Dunaway e Beatty aguardavam no palco à direita, DiCaprio entrou pelo lado esquerdo. Ele abriu o envelope e anunciou: "Emma Stone, *La La Land*."

Após receber o prêmio, Emma Stone acabou saindo do palco pelo lado direito, passando pelo membro da PwC no momento em que ele entregava o envelope para Dunaway e Beatty, pouco antes deles entrarem em cena. O membro da PwC aproveitou a chance para tirar uma foto de Stone e publicá-la no Twitter.

Infelizmente, o membro se confundiu e não descartou o envelope contendo o nome da premiada como melhor atriz. Ele deu a Beatty aquela duplicata em vez do envelope de melhor filme. Foi um erro causado, ao menos em parte, por sua falta de atenção à tarefa. Dunaway e Beatty não suspeitaram que algo estava errado quando entraram no palco.

Eles estavam com o envelope errado, mas ainda havia uma oportunidade de não anunciar o vencedor errado.

Dunaway e Beatty foram escolhidos para apresentar o prêmio por causa dos 50 anos do filme *Bonnie e Clyde*, estrelado pela dupla.

No entanto, houve problemas no ensaio para a apresentação: eles discordaram sobre quem iria ler o ganhador. Finalmente, chegou-se a um acordo: Beatty abriria o envelope e Dunaway leria o nome do vencedor. Mesmo assim, não foi uma decisão amigável. Beatty deixou o local mais cedo, e o vídeo da discussão acalorada entre ambos chegou a ser bloqueado. Isso preparou o terreno para a falta de confiança e cooperação entre os dois e a interpretação incorreta das ações de um e do outro em cena.

Após entrarem no palco, os dois pararam e aguardaram a lista dos indicados, que incluía *Moonlight* (o real vencedor) e *La La Land*. Enquanto passava o trailers dos indicados, por longos cincos minutos Beatty segurava o envelope vermelho errado. Nem uma vez ele olhou para a frente, para ver se era o certo. E por que deveria?

Os trailers acabaram, indicando que era hora de anunciar o vencedor. Como planejado, Beatty abriu o envelope, puxou o cartão e olhou para ele. Estava escrito: Emma Stone — *La La Land*; o cartão de melhor atriz. Ele parou, olhou duas vezes, contorceu o rosto e procurou um segundo cartão dentro do envelope. Provavelmente, se perguntava "por que tem o nome de uma atriz no cartão de melhor filme?".

Nas pequenas letras no final, o cartão identificava a categoria: melhor atriz. Uma leitura naquelas letras exigiria outra pausa, mas o relógio continuava andando.

Após outro momento de hesitação, ele seguiu o roteiro: "E o Oscar de melhor filme vai para..."

Mais uma vez, parou com o rosto tenso e a testa franzida. Olhou novamente para o envelope. Hesitação, verificação dupla, parada.

Dunaway começou a ficar nervosa com o atraso. Ela tinha chegado ao limite. Apertou os lábios, olhou para ele em desaprovação, colou a mão em seu braço e disse: "Você é impossível!"

Ele olhou além de Dunaway, para os bastidores, pedindo ajuda, um sinal ou algo assim, mas nada aconteceu. Ele estava sozinho. Dunaway o cutucou novamente e disse "vamos".

Então, ele lhe mostrou o cartão e ela, imediatamente, anunciou: "*La La Land*".

Ela tinha acabado de falar o filme errado.

DE QUEM É A CULPA?

Por que Beatty não parou quando percebeu que havia algo errado no cartão? Por que, simplesmente, foi tão difícil para ele levantar a mão e dizer "alguma coisa não parece estar certa aqui"?

Talvez a tensão e a falta de confiança entre os atores resultou em Beatty aproveitando a oportunidade de tramar contra Dunaway.

Ou, talvez, ele sentiu que aquele não era o seu trabalho e resolveu passar a bola para Dunaway, que decidiria o que fazer com relação ao cartão.

Outra possibilidade: ele não se importava.

Eu não acho que nenhuma dessas hipóteses esteja certa. Há uma explicação mais simples que não envolve desconfiança ou intenção maliciosa. Beatty estava preso no redwork e não conseguia sair. Ele (junto com o resto dos produtores do Oscar) estava seguindo a jogada da Revolução Industrial de obedecer ao relógio. O que eles precisavam fazer era a jogada de controlar o tempo, mas isso não estava em seu manual.

Eis o que acho que aconteceu:

Beatty e Dunaway foram preparados para pensarem em seus empregos como redwork, seguindo uma sequência de passos: se vestir bem, entrar em cena, abrir o envelope, ler o cartão. Não há expectativa de pensamento ou tomada de decisão. Eles querem provar que podem fazer o seu trabalho. Não esperam que o bluework — decidir se devem ler o cartão — seja parte disso.

E por que deveriam duvidar do sistema? O cartão foi entregue por um membro da PwC, uma fonte confiável. E, em 50 anos, desde que *Bonnie e Clyde* chegou às telas, nunca houve um cartão incorreto entregue a um apresentador.

Mas, então, Beatty abre o envelope e vê algo inesperado: o nome de uma atriz no cartão de melhor filme. Como isso é possível? Ele questiona se é o cartão certo. É necessária uma decisão ponderada.

Isso é bluework e ele precisa do seu córtex pré-frontal, a parte do cérebro mais capaz de ajudá-lo a resolver um problema. Mas o seu córtex pré-frontal é prejudicado por estressores. Ele está ao vivo, em frente a uma audiência de TV. E mais, ele tem um sentimento inexorável de que deve obedecer ao relógio. O estresse causa a atividade naquele grande cérebro, que a Mãe Natureza investiu tanto para desligar.

O estresse nos leva à parte mais velha de nosso cérebro, o cérebro reptiliano original, no topo de nossa coluna. Este cérebro reptiliano está interessado em apenas uma coisa: autopreservação (não a preservação da premiação do Oscar, nem das equipes que trabalharam em *La La Land* e *Moonlight*, muito menos na de Dunaway). O cérebro reptiliano precisa tomar uma decisão, e rápido. Continuar com o show ou parar o Oscar. Mas Beatty não recebeu uma ferramenta, uma palavra de código, para solicitar uma pausa. Este foco na *auto*preservação nos empurra para trás dos nossos próprios olhos. A sensação é de solidão. Nesse ponto, as funções cerebrais de Beatty são realmente sobre ele mesmo.

O seu cérebro reptiliano está preocupado. As razões são "se eu parar o Oscar e descobrir que o cartão era o certo, será um vexame porque estava errado". Por que *errado*? Quase todas as pessoas que passam por essa análise comigo usam esta palavra, dizendo "ele tem medo de estar errado". Essa é uma das barreiras da fala: rotular como "errada" uma pausa que está, simplesmente, pedindo uma checagem que acaba sendo desnecessária. Um rótulo melhor seria chamar isso de resiliência, verificação ou atitude questionadora.

Ou ele poderia continuar com o show. Para o cérebro reptiliano, essa parece ser a opção mais segura. O cartão nunca esteve errado e veio de uma fonte confiável. De qualquer forma, não é seu trabalho questioná-lo.

Afinal, você deve passá-lo para Dunaway, e ela o lerá. Esse processo de pensamento acontece num piscar de olhos. O cérebro reptiliano está do lado da autopreservação.

Decisão tomada: prossiga com o show.

Após o primeiro vislumbre do cartão, uma vez tomada a decisão, o estresse deixa a face de Beatty e o córtex pré-frontal volta à ativa. O cérebro humano, agora, avalia a decisão que a parte reptiliana já havia tomado. Em essência, ele diz: "Ei, cérebro reptiliano, bom trabalho. Seria assustador parar o Oscar. Além disso, não é seu trabalho questionar o cartão."

Mas a deliberação ainda não foi finalizada. A possibilidade de o cartão ser o errado pesa em Beatty. Ele para novamente, ainda tentando decidir se interrompe o show, mas ele não tem a jogada correta para prosseguir.

Há duas chances finais de interceptar o erro. A primeira, quando olha para os bastidores. A estrutura organizacional separou a informação da autoridade. Os produtores nos bastidores não podem ver a informação no cartão; somente Beatty. E ele, que pode ver a informação, não sente que tem autoridade para interromper o Oscar, uma decisão que cabe aos produtores. Ele está tentando diminuir esse abismo, rezando para que eles percebam seus sinais de estresse. Isso não acontece.

Por fim, há a chance de que Dunaway note o problema e, talvez, possa colaborar na decisão do que fazer. Ele mostra o cartão, mas ela interpretou mal o atraso dele e, imediatamente, anuncia: "*La La Land.*"

Tudo o que ele precisava era uma pausa; um momento para ler as pequenas letras no final do cartão, ou uma oportunidade de alguém (talvez Dunaway) olhar para o cartão também, de maneira deliberada. Essa pausa daria a ele a oportunidade de alternar entre "precisamos ler este cartão corretamente" ou "temos o cartão correto?". Em vez de ficar preso no redwork da conclusão da tarefa, poderia ter mudado para o bluework de decidir se eles deveriam ler o cartão ou não.

Mas, tal qual o nosso executivo Fred, ele está preso no vermelho.

Lembrando a divisão do trabalho na Revolução Industrial: alguns fazem o bluework e a maioria o redwork. Não é o redwork que nos causa problemas. Em vez disso, é a divisão do trabalho, que cria funcionários que operam somente no redwork. Essa estratégia de trabalho é frágil, porque executar com mais experiência a sequência de passar e ler o cartão não teria evitado o erro. Somente uma pausa para reavaliar se eles *deviam* ler o cartão poderia ter evitado que o erro se propagasse. O redwork é frágil. O bluework nos permite a adaptação. Mas, ao menos que controlemos o relógio, não temos chance de fazer o nosso bluework.

Então, a pergunta não é "Quem é o culpado?", mas "O que culpar?". E a resposta é a programação para seguir a jogada da Revolução Industrial de obedecer ao relógio.

Foi isso que afundou o *El Faro*.

COMO CONTROLAR O RELÓGIO

A resposta tradicional organizacional é incentivar as pessoas a se manifestarem. Investimos em palestras, cartazes e aulas de assertividade. Nada disso aborda as causas principais que dificultam que as pessoas se manifestem. Tudo o que conseguem é nos incentivar a nos movermos com força em direção às barreiras. Porém, em vez disso, devemos removê-las. Como líderes, fazemos isso controlando o relógio em vez de obedecê-lo, dando à nossa equipe as ferramentas para dominá-lo também.

Há quatro formas de fazer a jogada de CONTROLAR O RELÓGIO.

PARA AVANÇAR EM DIREÇÃO AO CONTROLE DO RELÓGIO

1. Em vez de evitar uma pausa, torne-a possível.
2. Em vez de esperar que a equipe saiba o que fazer, dê à pausa um nome.
3. Em vez de pressionar com redwork, faça uma pausa.
4. Em vez de depender de alguém para sinalizar uma pausa, planeje com antecedência a próxima.

Agora, vamos ver uma de cada vez.

1. Torne a Pausa Possível

Parte do papel da liderança na Revolução Industrial era o de condicionar as pessoas a continuar trabalhando e evitar pausas. Isso se origina a partir de uma boa intenção da gerência, mas cria resultados ruins. Uma "pausa" é um atraso quando nenhum produto está sendo produzido. Portanto, aparece na planilha como "desperdício" e deve ser eliminado.

Na maioria das empresas, as pessoas são promovidas por serem empreendedoras, tomarem decisões rápidas e executá-las em curto prazo. Sendo um empreendedor nato, vivi isso na Marinha. Minha capacidade de instigar, persuadir e motivar as pessoas a realizarem as tarefas me rendeu uma promoção. Naturalmente, senti que esse era o meu papel como líder e, de alguma forma, era melhor do que os outros em fazer as coisas. Como parte do meu kit de ferramentas para minimizar qualquer atraso, fazia discursos e aconselhava minha equipe sobre o quanto tínhamos que fazer, o quanto contava com eles e o quanto os outros confiavam em nós. Em outras palavras, estava, deliberadamente, tornando difícil às pessoas pedirem uma pausa. Estava evitando uma pausa.

Por "evitar", quero dizer que tomava medidas para impedir que algo mais acontecesse no futuro. Neste caso, fiz comentários com o intuito de manter a equipe no redwork e tornando a barreira para sair mais alta.

O capitão do *El Faro* evitou pausas com declarações como essas:

- "Então, temos que resolver apenas isso."
- "Você não pode fugir (de) todos os padrões climáticos." Então, imitando uma voz fora de si: "Ah, meu Deus! Ah, meu Deus!"
- Um membro da tripulação pergunta: "Estamos indo direto para a tempestade?"; o capitão responde: "Não haveria outra forma."

Essas são declarações preventivas porque erguem barreiras para o questionamento de decisões. Provavelmente não era a intenção consciente do capitão evitar que as pessoas se manifestassem, mas foi exatamente o efeito daquelas declarações.

Em uma fria manhã de janeiro em 1986, logo após o ônibus espacial *Challenger* explodir apenas 74 segundos após decolar, os chefes da NASA evitaram uma pausa. Entre seus sete tripulantes, a nave levava a bordo a especialista Christa McAuliffe, a primeira professora a ir para o espaço. O voo era importante para a NASA. Ronald Reagan, presidente norte-americano na época, faria o importante discurso do Estado da União naquela noite (ele o adiou por uma semana, após a explosão) e, provavelmente, falaria sobre essa grande conquista. 1986 seria o "Ano do Ônibus Espacial", com um lançamento programado para ocorrer a cada mês. Mas a NASA já corria o risco de perder esse objetivo e era apenas o primeiro mês do ano. Atrasos empurraram o lançamento de janeiro para o dia 28 e havia a grandes chances de ocorrer somente em fevereiro.

Quando os engenheiros da Morton-Thiokol (fabricante do propulsor) recomendaram mais um adiamento por conta do tempo frio, os oficiais da NASA se mostraram "perplexos". Um deles chegou a exclamar: "Meu Deus, quando você quer que lancemos? Em abril?"

Exagero, hipérbole, exasperação. Os oficiais da NASA sucumbiam ao vício de obedecer ao relógio; estavam evitando a pausa.

Em vez disso, os líderes devem aproveitar esse tempo antes para fazer reuniões de decisão, partida, pré-voo e pré-operatório, para lembrar à equipe que eles têm tempo para fazer uma pausa. Aí vão algumas coisas que os líderes dizem:

- "Temos tempo para fazer as coisas direito, não duas vezes."
- "Vocês devem saber que este é um marco importante. Isso é verdade, mas se não pudermos fazer com segurança, recomendo um adiamento e serei o responsável por isso."
- "Convido vocês a interromper, se necessário."
- "Todos vocês têm cartões amarelos para sinalizar a necessidade de desacelerar."

Vamos dar uma olhada em algumas situações típicas de trabalho.

Em um canteiro de obras, a reunião antes do turno está se encerrando e uma decisão tem que ser tomada para começar o trabalho em um dia em que a previsão do tempo não é das melhores. Como sempre, a equipe sente a pressão da gerência para cumprir os prazos de produção dentro do estipulado. Eles sabem que estão atrasados por conta de demoras anteriores na preparação do local. O capataz manda a equipe ao trabalho, dizendo:

a. "Vamos todos ter um dia seguro."

b. "Precisamos fazer cota hoje."

c. "Virei às 12h para ver como vocês estão."

d. "Não se assustem com um pouco de neve."

e. "Se vocês virem quaisquer condições perigosas em desenvolvimento, me enviem uma mensagem de texto."

f. "Estou um pouco preocupado com a tempestade. Vamos começar o trabalho, mas iremos rever esta decisão às 12h. Gostaria de saber mais sobre as condições no local às 11h30, para dar suporte a essa decisão."

Agora vamos avaliar cada uma dessas declarações, dando pontos de 1 a 5 conforme a capacidade de incentivar os membros da equipe a solicitar uma pausa, sendo 1 a pior e 5 a melhor.

a. "Vamos todos ter um dia seguro."

Nota: 3. Muito vago para ser significativo. Também muda a responsabilidade de criar um ambiente seguro, da liderança para os trabalhadores, que podem ter pouco controle sobre a segurança fundamental. O melhor que podemos dizer é que não torna mais difícil escapar do redwork.

b. "Precisamos fazer cota hoje."

Nota: 1. Essa declaração evita a pausa e empurra a equipe para o modo de produção e uma mentalidade de provação, reduzindo a variabilidade. Torna a solicitação de uma pausa mais difícil.

c. "Virei às 12h para ver como vocês estão."

Nota: 3. Aqui, depende do que se entende por "ver como vocês estão". Se o capataz planeja monitorar o progresso, parecerá um julgamento e pressionará a equipe ainda mais para o redwork. Se o capataz planeja avaliar o bem-estar e a necessidade de sair do redwork, isso irá convidar à solicitação de uma pausa.

d. "Não se assustem com um pouco de neve."

Nota: 1. Esta advertência torna mais difícil para qualquer um da equipe sugerir que as condições se deterioraram a ponto de o trabalho parar por um dia. É o equivalente ao capitão do *El Faro* zombando dos marinheiros que queriam fazer um desvio por causa de uma "chuvinha".

e. "Se vocês virem condições perigosas em desenvolvimento, me enviem uma mensagem de texto."

Nota: 4. Esta linha convida o grupo a compartilhar preocupações. Reduz a barreira para sinalizar a necessidade de uma pausa e fornece mecanismos para isso. Além disso, o capataz convida o grupo a falar se virem condições *em desenvolvimento*. Eles não precisam esperar que uma condição insegura se apresente.

f. "Estou um pouco preocupado com a tempestade. Vamos começar o trabalho, mas iremos rever esta decisão às 12h. Gostaria de saber mais sobre as condições no local às 11h30, para dar suporte a essa decisão."

Nota: 5. A disposição do líder em mostrar vulnerabilidade convida a equipe a expressar qualquer medo que eles possam ter. Além disso, o líder construiu um ponto de decisão secundário, às 12h, com uma avaliação preliminar feita meia hora antes. Portanto, a equipe é convidada a refletir sobre as condições climáticas e a reunir informações para embasar as decisões subsequentes. Lembre-se de que, quanto menor o horizonte de planejamento, menor é o período de redwork.

SAINDO DO REDWORK: CONTROLANDO O RELÓGIO

Vamos dar uma olhada em outro cenário. Em uma plataforma de petróleo de águas profundas, após uma decisão de mudar o poço para o modo de produção, o superintendente diz à equipe:

a. "Está na hora de tirar nosso dinheiro desta plataforma."

b. "Está na hora da mineração, gente."

c. "Ficaremos a par de qualquer situação incomum."

d. "Quão prontos estamos para mudar para o modo de produção?"

e. "Vamos começar a bombear e virei verificar em duas horas."

f. "Estamos entrando em uma fase diferente das operações. Me avisem sobre quaisquer leituras ou indicações que vocês não tiverem certeza."

g. "Se vir algo, diga."

h. "Que perguntas você tem?"

i. "Ótimo nos levar até aqui. Estamos prontos!"

Mais uma vez, vamos avaliar esses comentários e dar notas de 1 a 5 pela capacidade de convidar uma pausa.

a. "Está na hora de tirar nosso dinheiro desta plataforma."

Nota: 1. O líder expressa sua frustração com o investimento perdido no poço, pedindo à equipe que avance.

b. "Está na hora da mineração, gente."

Nota: 1. Isso indica que a decisão está tomada e não há espaço para debate.

c. "Ficaremos a par de qualquer situação incomum."

Nota: 4. O líder lembra à equipe que todos estão prestes a fazer algo diferente e os convida a procurarem indicações de refutação. Há a implicação de que a mudança para o modo de produção pode ser pausada. Se a declaração fosse mais específica para a situação atual, daria nota 5.

d. "Quão prontos estamos para mudar para o modo de produção?"

Nota: 5. O líder pergunta à equipe o quão pronta ela está, em vez de forçá-la a uma posição binária de "pronta ou não". Esta abordagem reduz o estresse. Ao abrir a pergunta como o "quão", o líder facilita à equipe a sinalização de qualquer nível de desconforto com o plano.

e. "Vamos começar a bombear e virei verificar em duas horas."

Nota: 5. O líder estabelece um ponto final claro e um ponto de decisão secundário, abrindo a porta para uma observação mais aprofundada da equipe, facilitando a pausa.

f. "Estamos entrando em uma fase diferente das operações. Me avisem sobre quaisquer leituras ou indicações que vocês não tiverem certeza."

Nota: 4. O líder lembra à equipe que hoje será diferente de ontem e solicita suas observações. Se a declaração incluísse instruções claras para entrar em contato com o supervisor, daria nota 5.

g. "Se vir algo, diga."

Nota: 3. Este é apenas um lembrete geral. Lembre-se: o problema não é deles; é do líder.

h. "Que perguntas você tem?"

Nota: 3. Essa pergunta seria pior se propusesse apenas uma resposta binária "sim ou não" ("alguma pergunta?"), mas também seria melhor se dissesse "o que não está claro?" ou "o que estou esquecendo?". A última é a melhor opção, porque a ênfase está na lacuna do líder. A primeira implica que os membros da equipe são incapazes de compreender o que foi dito.

i. "Ótimo nos levar até aqui. Estamos prontos!"

Nota: 2. Esta declaração fecha a porta da discussão e implica que nada pode dar errado.

Outra história de cautela diz respeito ao Boeing 787 Dreamliner. Em 8 de julho de 2007, o tão esperado avião foi lançado em uma cerimônia com a participação de 15 mil pessoas. Claramente era possível ver que a Boeing estava comprometida a realizar o evento naquele dia e, portanto, havia um senso de urgência em mostrar o 787 na data em questão.

Na cerimônia de lançamento, o chefe de aviação comercial da Boeing anunciou: "Estamos satisfeitos que o 787 tenha sido tão fortemente reconhecido no mercado por nossos clientes. Sua resposta é a prova de que o Dreamliner trará valor real aos clientes de companhias aéreas, passageiros, e ao sistema global de transporte aéreo."

A pressão crescia há algum tempo. Em seu relatório anual de 2006, a Boeing citou o projeto do 787 como o "lançamento de maior sucesso da história da aviação comercial", mesmo que ainda não tivesse sido lançado. O relatório afirmou, posteriormente: "O programa do 787 está avançando dentro do cronograma, com o primeiro voo planejado para 2007."

Ao mesmo tempo, a Airbus, arquirrival da Boeing, estava à frente por conta da próxima geração de jumbos de longo curso. O Airbus A380 fez seu primeiro voo em 2005 e estava pronto para começar a operar no segundo semestre de 2007, enquanto o 787 sequer tinha saído do chão.

O avião que a Boeing lançou na cerimônia de julho de 2007 era uma construção de fachada — com eletrônicos faltando, fixadores temporários e com peças de madeira.

O CEO da Boeing era James McNerney, que havia subido na General Electric sob o comando de Jack Welch e já havia sido indicado a substituí-lo no conglomerado norte-americano. Sob sua supervisão, correu um comunicado de imprensa na cerimônia de lançamento de que o primeiro voo ocorreria "em agosto ou setembro", ou seja, dali a um ou dois meses.

Mas o primeiro voo só foi ocorrer em 15 de dezembro de 2009, mais de 29 meses depois. Ele errou por um fator de 20.

Como os executivos da Boeing erraram a data de maneira tão desastrosa? Eles tinham sido enganados por seus funcionários e fornecedores ou teriam enviado um sinal de que uma mudança na linha do tempo não seria tolerada? O Oscar, o *Challenger*, o 787, sua empresa... com muita frequência evitamos realizar uma pausa crítica.

Esses executivos usavam as tradicionais jogadas de redwork da Revolução Industrial. Eles reforçavam a importância da produção de acordo com o cronograma. Eles tentaram, deliberadamente, colocar suas equipes na mentalidade de provar e executar, em apoio ao cumprimento do prazo. Mas essa ação também ativou a mentalidade protetiva nas pessoas e, em ambos os casos (provar e proteger), isso tornou mais difícil aos membros da equipe expressar opiniões divergentes ou levantar objeções.

2. Dê um Nome à Pausa

Quando nossa equipe entra no período de redwork, tendemos a ter uma mentalidade de desempenho (provar ou proteger). Em apoio ao objetivo de executar o redwork, reduzimos o foco e a perspectiva, trabalhando de "cabeça baixa". Podemos, também, sentir a urgência do relógio e a pressão para finalizar a tarefa. Estamos presos no redwork de completar nossas tarefas, como Beatty no Oscar. Creio que ele foi motivado pela mentalidade de desempenho menos útil (a de proteção, não a de se provar) e suas ações foram impulsionadas pelo desejo de evitar o erro, o que, ironicamente, acabou tornando-o mais provável.

Então temos que nos proteger de ficar "sob a influência do redwork" antes de entrarmos neste processo. Líderes fazem isso planejando frases ou sinais que a equipe pode usar para criar uma pausa operacional. Com a linguagem definida, tanto os membros da equipe como a liderança podem sinalizar a necessidade de fugir do redwork.

São exemplos de sinais operacionais pré-planejados:

- Dizer "tempo!".
- Dizer "tirem as mãos".
- Levantar um cartão amarelo.
- Puxar um cabo.
- Levantar a mão.

No USS *Santa Fe* usamos a frase "tirem as mãos". No início, percebi que os membros da tripulação estavam relutantes em falar isso para os outros e, mesmo quando o faziam, a pessoa que recebia a ordem agia defensivamente. Superamos isso pela prática. O propósito disso é familiarizar a equipe com a linguagem, desestigmatizar o ato de fazer uma pausa e permitir que os outros membros e a liderança treinem a reação àquele chamado.

A prática consiste em, ocasionalmente, pedir a um membro da equipe para sinalizar uma pausa, *mesmo que ela não seja necessária*. O líder ainda deve reconhecer a pausa. Durante as operações, ocasionalmente, dava uma pausa a um membro da equipe, para ver como os outros reagiriam. A única forma de jamais pedir uma parada "desnecessária" é evitar pedi-la a menos que você tenha 100% de certeza de que há um problema. Se a reação a uma pausa desnecessária (que ocorreu quando não há um problema iminente) é ridicularizar ou falar que a pessoa está "errada", então os demais irão relutar em fazer uma pausa no futuro.

Chamamos uma pausa de "praticar a resiliência", e não importa se ela identifica um problema ou se, de fato, não havia nenhum problema. Isso significa que, na verdade, não há pausas desnecessárias. Independentemente de ser justificada, ela é necessária para estabelecer uma cultura na qual as pessoas se sintam confortáveis para levantarem as mãos quando não tiverem 100% de certeza, ou seja, o tempo todo.

Com o tempo, a equipe é treinada para usar os códigos, e o líder aprende a respondê-los. A prática tira a ansiedade durante a chamada da pausa.

Na Toyota, eles usam o cabo de *Andon*.

Andon é a palavra japonesa para a tradicional lanterna de papel. Na Toyota, funcionários puxam um cabo de *Andon* quando encontram um problema no sistema de produção. O cabo liga um indicador luminoso.

Antes de fazer carros, a Toyota fabricava máquinas de costura. Sakichi Toyoda, fundador da empresa, projetou um dos primeiros projetos de tear automatizado, que imediatamente parava quando a agulha quebrava. Isso evitava o desperdício de material e um produto defeituoso.

Quando a Toyota começou a linha de montagem de automóveis, os gerentes queriam um sistema similar, em que os trabalhadores poderiam sinalizar quando precisavam parar a produção e, ainda, evitar perdas desnecessárias. Assim, os projetistas da fábrica instalaram cabos de tração que iluminavam lanternas (*Andons*). O trabalhador puxava o cabo para ligar o *Andon*, permitindo ao supervisor saber que havia um problema na estação de produção. Daí vem o termo "cabo de *Andon*".

O mecanismo permitiu ao trabalhador sair do trabalho de produção (redwork) e mudar para a resolução do problema (bluework).

Assim que a luz piscava sobre a estação de trabalho, era obrigatório um supervisor checar o problema. Ao chegar, primeiro o supervisor agradecia ao trabalhador por puxar o cabo. Essa gratidão era incondicional.

Se o problema não pudesse ser resolvido no tempo em que o trabalhador normalmente usaria para completar a tarefa, então a linha de produção era paralisada. Eles controlavam o relógio ao retirarem a pressão de tempo da linha de montagem em movimento contínuo do trabalhador, permitindo que ele e o supervisor colaborassem na solução.

Posteriormente, cabos de *Andon* foram instalados pela primeira vez em uma fábrica da Toyota nos Estados Unidos. Tetsuro Toyoda, CEO à época, notou que um trabalhador estava diante de um problema específico. Mesmo com o mecanismo disponível, ele fazia de tudo para resolver e não acionar o cabo. Por fim, alguém o puxou. Após isso, Toyoda se desculpou com o funcionário da linha de frente. Ele reconheceu que não havia transmitido adequadamente, por meio da gerência intermediária, a importância e as condições em que o cabo de *Andon* deveria ser acionado.

Assim como com a minha equipe, havia um estigma quanto a puxar o cabo. Isso seria superado com a prática.

Muitas pessoas hesitam em falar por medo de serem rotuladas como o Pedro, da história "Pedro e o Lobo". O que aconteceria se elas levantassem a mão, não só chamado a atenção para um problema potencial, mas também para si, e estivessem erradas? Elas têm receio de prejudicar sua credibilidade, assim como foi com Pedro quando o lobo finalmente apareceu.

Vamos relembrar a fábula.

Um menino, chamado Pedro, cuidava de um rebanho de ovelhas. Ocioso e entediado, gritava "lobo" para enganar os aldeões a correrem até onde ele estava. Em algumas versões da história, o menino os ridiculariza após chegarem. Ele faz isso várias vezes, deliberadamente gritando "lobo", mesmo sabendo que não havia nenhum. Quando um lobo aparece de verdade, ele grita e não obtém resposta. Os aldeões, cansados da brincadeira, não aparecem. O lobo devora as ovelhas e, em algumas versões, o garoto também.

No nosso exemplo do Oscar, Beatty não estava escolhendo entre mentir e dizer a verdade. Na fábula, Pedro grita *sabendo* que não havia um lobo. Seu intuito era enganar os aldeões a correrem para o local onde ele estava. Embora a moral da história seja sobre o perigo de mentir, muitas vezes ela é mal interpretada para advertir que não se deve chamar a atenção para um problema desnecessariamente.

Agora, vamos imaginar que alguém no seu local de trabalho levante a mão e peça para interromper um processo ou projeto, questionando uma suposição básica. Após a investigação, verifica-se que a suposição básica é, de fato, correta e que o processo pode prosseguir sem alterações.

Como reagiríamos a essa pausa e como iríamos rotulá-la? Como a equipe reagiria a essa pessoa?

Nos nossos workshops, os grupos descrevem essa pausa, de forma unânime, como desnecessária. Eles dizem que a pessoa que causou a interrupção estava "errada" ou "cometeu um erro". Essa perspectiva é uma barreira cultural, que torna mais difícil às pessoas que "veem algo" a "fazerem algo". Não deveria ser desse jeito — somos os guardiões da cultura.

Essas pessoas vêm de empresas que possuem slogans de "segurança em primeiro lugar". Precisamos dessas pausas para a nossa segurança.

Em vez disso, devemos simplesmente chamar essas pausas do que elas são: pausas. Ou melhor, podemos descrevê-las como movimentos flexíveis ou backup. Devemos aplaudir os que pedem a pausa, valorizando essa atitude questionadora.

Nas situações a seguir, que sinais poderíamos usar para que aquela pessoa controle o relógio?

- Uma enfermeira de uma equipe de cirurgia percebe uma indicação de que o cirurgião-chefe parece estar ausente.

- Um operador de uma usina percebe que algo não está certo durante a inicialização de um gerador.

- O copiloto de um voo transpacífico percebe uma indicação inconsistente, conforme o avião desce durante uma aproximação de baixa visibilidade.

Essa foi uma das situações para as quais o Gerenciamento de Recursos de Tripulação (*Crew Resource Management* ou CRM, em inglês) foi criado: a linguagem que as equipes na cabine treinam para usar. O CRM dá aos subordinados as palavras para expressar suas preocupações. Na aviação, os copilotos usam o código para forçar uma pausa e colaborarem com o piloto na resolução de um problema. Uma das práticas do CRM é começar com uma abertura ou chamando a atenção, abordando o indivíduo por seu nome ou cargo: "Ei, chefe!" ou "Dr. Smith". A seguir, o subordinado demonstra sua preocupação. Por exemplo: "Tenho a preocupação de que podemos ficar sem combustível se dermos mais uma volta." O CRM permite que a pessoa compartilhe uma preocupação, mesmo que não esteja certo de que aquilo é um problema — enquanto ainda é um contratempo em potencial.

Ainda assim, qualquer abordagem que coloque o ônus de falar no subordinado terá limitações. O sinal não precisa somente ser enviado, mas também recebido.

3. Faça uma Pausa

Se você está na equipe e percebe algo inesperado — como o Sr. Beatty viu ao abrir o envelope — também é sua responsabilidade pedir uma pausa. Mas é difícil para os membros da equipe fazerem isso.

Eis o porquê:

1. A equipe pode estar presa no redwork por causa estresse do relógio.
2. A equipe pode estar presa no redwork por causa do foco intenso.
3. A equipe sente a pressão de obedecer ao relógio com mais agilidade.
4. Pedir uma pausa é suscetível a chamar a atenção para um problema ou para um possível problema.

A primeira razão tem a ver com o modo como o estresse afeta os humanos. Sabemos que ele prejudica o córtex pré-frontal, onde desenvolvemos nosso pensamento de nível superior, o bluework. Essa é uma das principais diferenças entre o redwork e o bluework: o estresse tem um preço muito maior sobre esse último.

Pense que você está correndo uma prova de 100 metros rasos. É uma tarefa curta, física, individual. Todos no estádio estão torcendo por você. Isso é um fator de estresse. O quanto isso afeta a sua performance? Provavelmente não terá um impacto negativo e até fará com que você corra mais rápido. Assim que é dada a largada, você corre.

Agora, pense que você precisa tomar uma decisão complexa, que envolve várias avaliações de uma condição atual, navegando na incerteza e fazendo previsões de condições futuras. Novamente, o "estádio" grita por você. O fator estressor tem efeito negativo? Sem sombra de dúvida.

O estresse é perigoso porque *inibe sua habilidade em reconhecer quando é necessário sair do redwork*. É por isso que é injusto e pouco confiável depender da pessoa ou equipe no redwork para pedir uma pausa.

A segunda razão tem mais a ver com permitir aos membros da equipe mergulharem em seus trabalhos. Provavelmente você já viveu uma situação em que está tão concentrado no modo de produção e focado na tarefa que não vê o tempo passar. Em 1975, o psicólogo Mihaly Csikszentmihalyi chamou esse sentimento de "fluxo". É um senso de ser totalmente absorvido pelo nosso trabalho. Que maravilha! Mas somente se o trabalho que estamos fazendo for apropriado. Se estamos indo pelo caminho errado, então precisamos de um sinal. Quando estamos imersos no redwork, temos um estreitamento de foco e perspectiva. Esse foco nos ajuda a finalizar nossa tarefa, mas limita nossos mecanismos de autorregulação. Perdemos a noção do tempo. Podemos até esquecer de comer. Persistimos quando pode ser mais sensato parar e refletir sobre a escolha de outro caminho.

Saber que outra pessoa está olhando o relógio e pedirá um tempo nos permite mergulhar no redwork. Não precisamos nos preocupar que algo nos surpreenda. Estamos capacitados a uma imersão completa em nosso trabalho, o que provavelmente fará com que sejamos mais efetivos, criativos, produtivos e felizes.

É por isso que a liderança que incentiva aqueles no redwork de produção a melhorarem no controle do relógio só conseguirá fazer a organização ir até um determinado ponto. A mentalidade que otimiza uma equipe no redwork (a mentalidade de provar) vê os atrasos como ruins. Portanto, são os líderes — que podem permanecer afastados das demandas diárias do trabalho — que estarão em um estado mental melhor para verem a necessidade de controlar o relógio. Cabe ao líder pedir uma pausa à equipe.

Além disso, os líderes têm a responsabilidade de criar uma cultura que aceite e convide a equipe a pedir pausas, além de lhes fornecer mecanismos — como o cabo de *Andon* — para solicitá-la.

Uma das razões pelas quais é difícil pedir uma pausa é porque ela, normalmente, é utilizada para identificar um problema e muitas pessoas não gostam de ouvir falar nisso. O Barings Bank, um banco em Londres com 233 anos, entrou em colapso diretamente por conta de uma cultura de medo, na qual as pessoas não se manifestavam. Diante de um erro cometido por um membro da sua equipe, Nick Leeson, principal negociador das operações do banco em Cingapura, preferiu ficar quieto em vez de se manifestar. Ele usou uma conta, de número 88888 (oito é o número da sorte na cultura chinesa), para esconder o erro e, quando o acobertamento

SAINDO DO REDWORK: CONTROLANDO O RELÓGIO

funcionou, ele usou a conta para acobertar suas próprias perdas crescentes até que o valor atingiu surpreendentes £827 milhões — o dobro do capital de giro do banco — e a instituição inteira entrou em colapso.

Os líderes precisam ser sensíveis aos sinais que chegam de suas equipes de que é necessário pedir uma pausa, mesmo que ela não use o código apropriado. Lembra-se da hesitação, da verificação dupla, da sobrancelha franzida e do rosto virado para baixo que Beatty fez no Oscar? Um líder antenado teria reconhecido estes sinais de angústia e solicitado uma pausa. Lembra-se da linguagem perturbada dos oficiais do *El Faro*, tentando mandar um sinal claro mesmo sem tê-lo? Um líder ligado deveria reconhecer estes sinais de angústia e pedir uma pausa.

Nas situações a seguir, um membro da equipe não usa as palavras combinadas para sinalizar uma pausa, mas a aponta da mesma forma.

- Em um canteiro de obras, um funcionário da fundação pergunta: "Tem certeza que você deseja que comecemos a jogar o concreto?"

  Como o capataz poderia pedir uma pausa?

- Em uma equipe desenvolvedora de software, um codificador declara: "Esses recursos realmente adicionarão muita complexidade ao processo de teste."

  Como o chefe da equipe poderia pedir uma pausa?

- Em uma equipe de manufatura trabalhando em veículos elétricos de nova tecnologia, um engenheiro júnior diz em voz alta, ao alcance do ouvido do supervisor: "Não conheço essas novas baterias. Os números de desempenho não são tão bons quanto esperávamos."

  Como o supervisor poderia pedir uma pausa?

- Em uma equipe de combate a incêndios, ao entrar em um prédio em chamas, a pessoa que carrega a mangueira grita: "Há algo estranho neste incêndio; não tenho certeza do que é."

Como o chefe da brigada poderia pedir uma pausa?

- Em uma equipe de hospital, após examinar um paciente, uma enfermeira comenta com a chefe da enfermaria naquele turno: "Há algo nesse caso que me faz pensar se temos o diagnóstico correto."

Como a enfermeira chefe poderia pedir uma pausa?

- Em uma fábrica de desinfetantes, ao começar a misturar um novo lote de 10 mil galões, um operador de linha júnior avisa ao supervisor: "Essa linha de válvulas me parece diferente."

Como o supervisor poderia pedir uma pausa?

Cada um desses casos exige declarações que convidam à equipe a dar um tempo, levantar suas cabeças e saírem do redwork. Eles podem, então, mudar para o bluework e entrarem no modo de tomada de decisão.

Você, provavelmente, escreveu frases como:

- "Parece que você pensa que não estamos prontos. No que está pensando?"
- "Vamos juntar a equipe e rever nossa decisão."
- "Talvez precisemos reavaliar o fornecedor. Qual é a evidência?"
- "Vamos parar aqui e dar uma olhada. O que estão pensando?"
- "Vejo que você não tem certeza. Quer me mostrar o que viu?"
- "Diga-me por que está dando uma pausa."
- "Existe mais alguma coisa?"

Mas isso transfere o ônus de reconhecer e pedir uma pausa da equipe para o líder. E se o líder não notar? Há mais uma maneira.

4. Planeje com Antecedência a Próxima Pausa

Podemos nos proteger contra a tendência de sermos levados pelo redwork ao planejarmos com antecedência a próxima pausa. Isso pode ser tão simples quanto definir um cronômetro para disparar a cada 45 minutos para permitir uma pausa ou para planejar uma parada mais formal para o projeto a cada duas semanas. Outra estratégia é incorporar eventos menos frequentemente, como revisões estratégicas anuais.

Em psicologia, há um conceito chamado "metacognição", ou pensar sobre o pensamento. Ao planejar a próxima fase de pausa, libertamos todos os nossos recursos cognitivos para a execução em vez de atrasarmos o monitoramento de processos. Em outras palavras, saber que a pausa se aproxima permite às equipes ter o foco 100% dos seus esforços no trabalho e possibilita aos líderes resistirem à armadilha de se tornarem as "fadas das boas ideias" — quando aparecem inesperadamente para dar conselhos de como fazer uma coisa melhor sem serem solicitados e, em seguida, deixam a equipe descobrir como implementar a ideia.

Gerenciamento ágil é uma ferramenta efetiva para alcançar esse objetivo. Utilizado por muitas equipes de desenvolvimento de software, o gerenciamento ágil estrutura o trabalho das equipes em sprints, que duram normalmente duas semanas, mas podem ser mais longos ou curtos. O sprint é reservado para o bluework — colaborando sobre o que incluir durante o próximo aumento de produção no início, e testando e refletindo no final. Como a duração do sprint é determinada com antecedência, há uma saída planejada do redwork. Isso permite que a equipe foque profundamente o trabalho de produção até a próxima pausa acontecer.

Uma das regras-chave a se seguir enquanto as equipes estão no processo de produção, design e codificação do software é que a liderança está proibida de redirecionar ou interferir no trabalho do time. Se os líderes tiverem uma nova ideia, a adicionarão a um backlog para discussão na reunião de planejamento do próximo sprint.

O final do sprint inclui o bluework. A equipe apresenta e celebra o que cumpriu. Ela reflete sobre suas práticas de trabalho a partir do sprint anterior e o retorno recebido sobre o produto. Então, decidem o que fazer no próximo ciclo. Isso é bluework. O sprint pode ser representado como blue--red-blue e o próximo ciclo contínuo deve parecer assim: blue-red-blue/ blue-red-blue/blue-red-blue/blue-red-blue... e assim por diante.

Frequentemente temos a oportunidade de agendar o próximo período de bluework. Sempre que uma equipe obtém permissão para iniciar ou prosseguir com a próxima fase de um projeto, a pergunta pode ser: "Quando vamos parar e avaliar onde estamos?" Isso é diferente de uma atualização, que ocorre como parte do redwork e fornece informações sobre como a equipe está indo. Uma atualização não convida a uma interferência da gerência para mudar as prioridades, o escopo ou a agenda.

Vamos revisar.

- Durante um período de reparo em uma usina, após uma decisão de tentar uma nova abordagem para consertar uma bomba, o que um líder poderia dizer para planejar uma pausa?
- Em uma equipe desenvolvedora de softwares, após a decisão de adicionar vários recursos que devem levar duas semanas, o que um líder poderia dizer para planejar uma pausa?
- Em uma empresa de transportes por caminhões, após uma decisão de mudar o orçamento de publicidade, o que um líder poderia dizer para planejar uma pausa?
- Em uma estação de bombeamento operacional de gasodutos, após uma decisão de começar a bombear depois de um teste, o que um líder poderia dizer para planejar uma pausa?

EM RESUMO, PARA CONTROLAR O RELÓGIO

1. Em vez de evitar uma pausa, torne-a possível.
2. Em vez de esperar que a equipe saiba o que fazer, dê à pausa um nome.
3. Em vez de pressionar com redwork, faça uma pausa.
4. Em vez de depender de alguém para sinalizar uma pausa, planeje com antecedência a próxima.

Agora que controlamos o relógio, temos a oportunidade de abrir o nosso córtex pré-frontal. Nos sentimos mais seguros para compartilhar nossas ideias, mesmo sem estar 100% confiantes de que sejam corretas. Estamos prontos para colaborar. O que nos leva à próxima jogada.

CONTROLE O RELÓGIO

Controlar o relógio é o início do ciclo. É quando saímos do redwork e mudamos para o bluework. A Era Industrial nos programou para obedecer ao relógio, o que tende a nos manter no redwork, sentindo o estresse da pressão do tempo.

Controlar o relógio diz respeito ao poder da pausa; a nossa habilidade de controlar o relógio em vez de obedecer a ele; ser consciente e deliberado com nossas ações; e ampliar nossas perspectivas.

Equipes no redwork querem continuar no redwork.

Uma vez que as pessoas mergulhadas no redwork muitas vezes têm uma mentalidade de performance (provar ou proteger), é difícil para elas pedir uma pausa para si mesmas. Elas não querem ser uma fonte de interrupções no trabalho, já que sua intenção mesmo é a de executar as tarefas, sendo penalizados por quaisquer atrasos. Essa responsabilidade é do líder.

A equipe conta com o líder tanto para planejar a extensão do redwork e o momento de sair dele, ou para solicitar espontaneamente uma pausa durante um período de redwork, em essência, audível quando necessário.

Historicamente, a razão fundamental pela qual líderes precisavam coagir suas equipes era porque eles que decidiam o que devia ser feito por seus comandados. Os tomadores de decisão e os executores eram pessoas diferentes nas empresas da Revolução Industrial.

Controlar o relógio nos faz colaborar.

Para o Bluework: Colaboração

A jogada da Revolução Industrial de obedecer ao relógio nos leva a fazer a equipe avançar. Já que separamos os tomadores de decisão (blueworkers) dos executores (redworkers), os primeiros precisam convencer, persuadir, subornar, envergonhar ou ameaçar os segundos a fazer um trabalho em que eles tiveram pouco ou nenhum papel na escolha.

O verbo apropriado é "coagir". Coerção é o que Faye Dunaway fez com Warren Beatty quando disse "você é impossível!", olhando com desconfiança para ele, colocando a mão no seu braço e dizendo "vamos".

Não usamos essa palavra com frequência em uma sociedade educada porque ela é desagradável. Então, a rotulamos com outras palavras como motivar, inspirar ou colaborar. Muitas vezes, "colaboração" é, na verdade, uma coerção disfarçada. Eu também sou culpado disso, você provavelmente já fez isso também.

A causa principal disso é a separação das funções em redworkers e blueworkers. A solução pode ser resumida da seguinte forma: deixe os executores serem tomadores de decisão.

Como vimos no capítulo anterior, quando os líderes tentam colaborar com suas equipes na tomada de decisão, eles com frequência acabam pulando a parte divergente ("O que todos pensam?") e vão direto para a parte convergente ("Eis o que penso. Todos de acordo?").

Isso representa a linguagem em muitas reuniões de brainstorming e tomadas de decisão, em que o chefe emite uma opinião e os outros se alinham a ela. Os chefes tentam ser convincentes, não curiosos. Eles fazem perguntas de liderança e autoafirmação, suprimindo a dissidência e pressionando por consenso. Isso não é colaboração; é coerção disfarçada de colaboração. É por isso que Fred, preso em fazer o redwork funcionar o dia todo, se sente exaurido — ele gasta muito tempo coagindo as pessoas.

Coerção, como estou usando aqui, significa usar minha influência, poder, posição, falar primeiro, falar mais, ou falar mais alto, para trazer as pessoas para o meu modo de pensar.

Aqui está o que não precisamos como modelo de tomada de decisão: o chefe decide e busca validação do grupo. Esse tipo de reunião existe apenas para que o chefe possa dizer mais tarde: "Bem, vocês todos estavam lá. Podiam ter dito alguma coisa."

Após o capitão do *El Faro* decidir que eles pegariam a rota pelo Atlântico, ele ridicularizou os marinheiros imaginários que desviavam de cada tempestade. Ele estava envergonhando preventivamente qualquer um da tripulação que pudesse questionar sua decisão de seguir aquele caminho.

Os oficiais da NASA responsáveis pelo desastre da *Challenger* fizeram a mesma coisa, dizendo sem rodeios aos engenheiros que eles estavam errados a respeito do perigo das condições de baixa temperatura durante o lançamento. Em dado momento, um oficial da agência espacial norte--americana disse: "Tire o seu chapéu de engenheiro e coloque o de administrador."

Quando ouço chefes dizendo coisas como "traga todo mundo a bordo" ou "chegar a um consenso", isso é coerção. Isso é uma tentativa de convencer as pessoas: "Eu estou certo e você precisa mudar seu pensamento."

Não queremos que ninguém no grupo mude sua forma de pensar. Contanto que a equipe apoie qualquer decisão que venha da reunião de acordo com seu comportamento, os líderes ficam felizes se outros pensam diferente deles. Caso contrário, eles estarão apenas ecoando suas próprias ideias. Há poder e resiliência em uma diversidade de ideias.

Você acredita nisso? Quer dizer, você *realmente* acredita nisso? Se a história é um guia, você pensa que é especial.

Aqui está como eu sei. Em outra atividade do workshop, damos às pessoas um cenário no qual elas passam rapidamente por uma pessoa em perigo. Eles estão a caminho de uma reunião, já atrasados. Perguntamos a eles: "Qual é a chance de você ajudar, mesmo estando atrasado?" A resposta é alta, na casa dos 70%.

Então, fazemos às pessoas a mesma pergunta, mas sobre os outros na sala. "Qual a chance de eles ajudarem?" A resposta: números baixos, geralmente em torno de 30%. Como isso pode acontecer? Cada um de nós pensa que teríamos muito mais chance de ajudar alguém do que as pessoas ao nosso redor. Achamos que somos especiais.

Nós nos julgamos com base em nossas intenções, mas avaliamos os outros pelo seu comportamento. Se falhamos, apresentamos razões externas para explicar o que nos impediu de agir de maneira consistente com a forma como pensamos sobre nós mesmos. Quando outros erram, tendemos a culpá-los como pessoas e desconsiderar as barreiras externas que pudessem ter surgido no caminho.

Para mim, é bom o suficiente que eu quisesse ajudar, mas não tenha conseguido. Mas não sinto o desejo da outra pessoa em ajudar; só vejo o comportamento em não ajudar. Então eu julgo.

Esse comportamento atrapalha a colaboração, porque ela se baseia na crença de que outras pessoas têm algo a oferecer.

COMO COLABORAR

Os objetivos do nosso jogo colaborativo são ampliar nossas perspectivas, adotar a variabilidade e tornar visível o conhecimento coletivo, os pensamentos e as ideias do grupo.

Aqui estão quatro formas de fazer o movimento colaborativo.

SAINDO DA COERÇÃO PARA A COLABORAÇÃO

1. Vote primeiro, depois discuta.
2. Seja curioso, não convincente.
3. Estimule a divergência em vez de gerar consenso.
4. Dê informações, não instruções.

---

1. Vote Primeiro, Depois Discuta

Em *A Sabedoria das Multidões*, Surowiecki conta a história de Francis Galton, um erudito que viveu na Inglaterra no ano de 1800 e ficou intrigado com um concurso na feira do condado, no qual as pessoas tinham que adivinhar o peso de um boi — quem desse o palpite mais próximo ganhava o animal. Após o concurso, Galton pegou os papéis e listou os votos de todos. Acabou que o palpite do grupo — independentemente, diversamente, coletivamente — era muito próximo, com poucas exceções. Ele repetiu o experimento várias vezes. Em cada uma, somente poucas pessoas conseguiam adivinhar com mais precisão do que a média coletiva do grupo.

Para expor a maior diversidade e variedade de pensamento, convide as pessoas a expressarem primeiro o que pensam, de forma independente, antes de se basearem no grupo, por meio da discussão.

Aqui estão algumas maneiras de colocar esse princípio em ação.

Realize pesquisas eletrônicas anônimas às cegas. Com um grande número de participantes ou quando a segurança psicológica* do grupo é baixa ou desconhecida, a pesquisa eletrônica anônima é um bom caminho. Isso permite às pessoas compartilharem o que pensam sem a pressão social e hierárquica para estarem de acordo. Você terá uma perspectiva da multidão sem destacar as pessoas. É essencial evitar mostrar a pesquisa conforme ela se desenvolve, para não estabilizar uma decisão prematuramente. Vimos uma boa variação das respostas rapidamente se tornando mais uniformes quando os resultados em andamento são revelados. Isso acontece mesmo no anonimato, tal é o poder de se encaixar no grupo.

Pergunte questões prováveis, em vez das binárias. No lugar da binária "isso é seguro?" ou "vai funcionar?", pergunte "quão seguro isso é?" ou "qual a probabilidade de funcionar?". A ideia é convidar ao pensamento que considere eventos futuros como uma gama de possibilidades, não como escolha de "vai acontecer" ou "não vai acontecer". Isso significa começar a pergunta com a palavra "quanto". Gostamos de praticar isso com a maioria das perguntas sobre sentimentos, avaliações e até descrições. Por exemplo, em vez de "você gostou do filme?" ou "você fala espanhol", tente "o quanto você gostou do filme?" ou "o quanto você fala espanhol?". Incentivar os outros a responderem em escala (e não com um simples "sim" ou "não") permite que você traga mais nuances e informações para a questão.

Cartões de probabilidade são uma boa ferramenta para facilitar essas reuniões. É um conjunto de cartões que mostra as seguintes porcentagens:

---

* "Segurança psicológica" significa o grau em que sentimos que podemos compartilhar nossos pensamentos e sentimentos em um ambiente como o nosso local de trabalho sem sermos julgados ou avaliados. Quando as pessoas se sentem psicologicamente seguras, fica mais fácil compartilhar as variações hipotéticas e ideias parcialmente formadas, e compartilhar suas ansiedades sobre os projetos. Ambientes psicologicamente seguros permitem que as pessoas sejam vulneráveis. Veja mais sobre segurança psicológica nos livros e pesquisas da professora Amy Edmonson, de Harvard.

1, 5, 20, 50, 80, 95, 99. Nosso foco é nos chamados *outliers* (discrepantes), membros da equipe com os mais fortes sentimentos positivos e negativos.*

Imagine que você está em uma reunião, e é hora de decidir entre lançar um novo software ou adiar para fazer mais testes. Você tem um bom conhecimento da sua parte no projeto, mas talvez tenha uma noção limitada da entrega como um todo e como isso se encaixa na estratégia de negócios. Você, juntamente com as outras doze pessoas na sala, é convidado a votar em "Quão fortemente você acredita que devemos lançar a tempo?", sendo que o número 1 significa total discordância, é de vital importância atrasar, e 99 é de total concordância, é imprescindível lançá-lo no tempo previsto.

Todos têm os mesmos sete cartões. Cada pessoa escolhe um cartão e o move, virado para baixo, para o centro da mesa. Quando todos os votos estão no centro, as cartas são viradas. Os *outliers* (as pessoas que escolheram 1 e 99) são convidados a falar, compartilhando suas ideias com o grupo. As perguntas que gosto de fazer a eles são: "O que você viu que eu não vi?" ou "O que está por trás do seu voto?".

Participei de uma reunião em que as pessoas foram convidadas a votar sim ou não para apoiar um plano de ação proposto. Encerrada a votação, cada um dos que disseram não (apenas dois) foram questionados: "O que faria você mudar do não para o sim?" Tal pergunta não alcançou o resultado planejado porque os colocou em destaque, como obstáculos, com a implicação de que todos deveriam embarcar. A mensagem foi "nós vamos seguir desse jeito. Como podemos superar suas objeções?", e não um honesto "é nessa direção que devemos ir?".

Quando a segurança psicológica é entre média e baixa, muitas vezes é melhor pedir ao grupo para racionalizar a posição de cada *outlier*. Isso

---

* Também evitamos usar 0 e 100 porque uma das coisas que estamos fazendo é levar as pessoas ao pensamento probabilístico e evitar a arrogância da certeza, o que é evitado não dando às pessoas a opção de dizer 0% ou 100%. Isso funciona, também, para perguntas de avaliação como "o quanto você fala de espanhol?"; quase todos sabem falar algumas palavras, como *salsa* e *siesta*, e ninguém sabe perfeitamente. Além disso, é possível que as pessoas escrevam qualquer número de 1% a 99%, mas tê-los já impressos agiliza as coisas, principalmente quando as pessoas os usam uma ou duas vezes. Ao escrever os números, as pessoas passam um tempo decidindo entre, digamos, 60 e 65, o que realmente não importa muito.

traz o benefício de não colocá-los em destaque e exercita nossa habilidade de ver as coisas sob a perspectiva do outro. Se os *outliers* sabem que estão sendo colocados em destaque, isso irá reduzir a tendência das pessoas tomarem posições discrepantes.

Para questões particularmente sensíveis, que exigem alta confiança e vulnerabilidade, mas onde pesquisas eletrônicas parecem exageradas (por exemplo, em grupos com menos de 8 ou 10 pessoas), use papéis em branco ou cartões de 10 por 15 centímetros. As pessoas podem escrever suas respostas nos cartões e deslizá-los virados para baixo. Isso torna mais difícil para os outros analisarem retrospectivamente quem votou no quê, e facilita às pessoas votarem honestamente.

Cartões de probabilidade

Use cartões de probabilidade aberta simultânea (demandam boa segurança psicológica). Desta vez, seguramos os cartões de probabilidade para todos verem em vez de colocá-los no meio da mesa. Na discussão em seguida, convidamos os *outliers* para falar.

Use votação por pontos ou múltipla (demanda boa segurança psicológica). Quando o grupo está tentando selecionar uma no meio de várias opções, os cartões de probabilidade não funcionam, então é preciso ampliar o leque. Neste caso, elas podem escolher suas opções preferidas. Dê às pessoas cerca de um terço dos votos disponíveis (por exemplo: dez opções, três votos). Veja quais opções são mais votadas. Pode ser realizada aberta, secreta ou eletronicamente.

Use a votação de zero a cinco (demanda boa segurança psicológica). Nela, usamos nossas mãos para votar: zero a cinco dedos. É uma votação pública e simultânea, mas é rápida e nos faz usar as ferramentas que temos: nossas mãos. Gosto mais desse modo do que do um a cinco porque, em um grande grupo, fazer a distinção entre um e dois dedos é difícil. Mas, quando se usa o punho fechado, o voto realmente se destaca. O mesmo ocorre quando a mão está aberta. É isso que você quer. Novamente, torna visível os sentimentos mais fortes, positivos ou negativos.

Essa ferramenta simples pode ser usada quando dois fatores são claros: a decisão que tentamos ter não é algo grande, que demande longas discussões, e as pessoas envolvidas sentem-se psicologicamente seguras o suficiente para expressarem abertamente suas opiniões, ideias e pensamentos.

Usamos isso como uma verificação rápida em reuniões no canteiro de obras, em reuniões matinais, em reuniões antes de operações médicas ou antes de iniciar equipamentos. As questões, novamente, devem ser probabilísticas ("quão seguro é?" ou "quão prontos estamos?") em vez das binárias ("é seguro?" ou "estamos prontos?").

Tendemos a usar o zero a cinco para termos uma noção rápida do grupo ("quão pronto você está para uma pausa?") ou uma checagem final antes de passar do bluework para o redwork ("quão prontos estamos?").

Momentos em que podemos usar isso:

- Pouco antes de uma equipe de construção começar a trabalhar.
- Pouco antes de uma equipe de cirurgia iniciar um procedimento.
- Pouco antes de uma tripulação decolar.
- Pouco antes de uma equipe de usina ligar uma turbina.
- Pouco antes de um navio zarpar.

Também funciona durante as atualizações de status do projeto e ao final do mesmo. Uma empresa criativa na Escócia usa um modo punho duplo para cinco para resumir o status do projeto. Uma mão avalia a saúde do projeto, e a outra avalia o quão felizes elas são por estarem no projeto. O diretor-geral me disse que as conversas com votações assim são mais valiosas do que as longas atualizações que as precedem.

Uma reunião ou conversa pode começar da seguinte forma:

- "Antes de estabilizarmos o pensamento de todos, qual você acha que deveria ser o número? Escreva no papel à sua frente."
- "Antes de discutirmos isso, gostaria da melhor estimativa de todos. Em qual dia enviaremos o primeiro produto? Envie sua resposta pelo aplicativo de reunião."
- "Gostaria de facilitar ao máximo possível, para que as pessoas nos digam se não estamos no caminho certo. Em uma escala de 1 a 99, o quão entusiasmado você ficaria com a ideia que estamos propondo? Use os cartões à sua frente."
- "Esse plano é baseado na suposição crítica a seguir. Antes de avançarmos, estou curioso para saber qual é a probabilidade de que essa suposição seja verdadeira."
- "Antes de lhe dizer o que acho que devemos fazer, o que você faria se eu não estivesse aqui?"

Eis um exemplo de como isso foi usado: em uma reunião recente com a equipe de liderança norte-americana de uma multinacional, o CEO apresentou a nova visão para os colegas, a fim de medir os níveis de suporte e engajamento da equipe. Ele pretendia usar o punho para cinco. Mas essa era uma questão crítica sobre os negócios e a equipe se reunia pela primeira vez. As pessoas se sentiriam completamente à vontade para mostrar o que realmente sentiam?

Após um rápido ajuste, o CEO pediu à equipe para avaliar seu suporte à visão em papéis com notas com um alcance de 1 a 99 (uma versão dos cartões de probabilidade anônimos às cegas), que foram reunidos e analisados. O resultado mostrou que as pessoas estavam apoiando, mas uma pequena e importante minoria ainda não tinha comprado a ideia, então o CEO os convidou para uma conversa após a reunião. Ele poderia seguir adiante, sabendo que a maioria das pessoas o apoiava, mas melhor informado da necessidade de ouvir e reconhecer a perspectiva de toda a equipe.

PARA O BLUEWORK: COLABORAÇÃO

Uma equipe exibe cartões de probabilidade em resposta a uma pergunta "como".

Pedir aos dissidentes para discutirem suas preocupações com o líder, em particular, tem algumas vantagens e desvantagens. As vantagens: dá voz às pessoas que não se sentem seguras de falar na frente de um grande grupo, expressando suas opiniões e poupando o tempo dos outros. A desvantagem é que reforça a posição hierárquica do líder como tomador de decisões e priva o grupo de ouvir pontos de visão discordantes, a menos que o líder os leve para os demais. Em um caso em que essa prática era constante, percebi que uma pessoa dava conselhos adicionais ao CEO com frequência, para discutir com ele em privado. Depois de um tempo, ficou claro que aquela pessoa só queria tempo e atenção e estava encontrando razões para agir de forma especial. Os líderes precisam tomar cuidado e corrigir estes inconvenientes.

No geral, porém, essa abordagem é a preferida para fazer perguntas de maneira autoafirmativa ("todos de acordo?") e manter opiniões divergentes adormecidas. Não só o CEO e o grupo serão privados de informações potencialmente críticas, mas os dissidentes, não sendo ouvidos, encontrarão outras formas de sabotar o programa.

Aqui está um exemplo de como isso funciona. Digamos que uma empresa precisa decidir entre lançar um produto ou adiar o lançamento. Houve um anúncio público de que o produto viria a público dali a cinco dias. Há muitos argumentos para seguir com a data: manter a promessa; testes iniciais e feedback de mercado; um senso de realização e celebração. Também há argumentos para o adiamento: uma característica importante não foi totalmente integrada; um ensaio indicou que existem pequenos erros.

A decisão é binária (lançar a tempo ou não), mas não a contribuição para tomá-la. Essa é outra oportunidade de usar os cartões de probabilidade: perguntar ao grupo o quanto eles apoiam não lançar (um voto menor) ou lançar (um voto maior). Há dez pessoas votando, sendo que seis votam a favor do lançamento e quatro contra. O que fazer a seguir?

Abraçar os *outliers*. Comece com o menor dos dois grupos — neste caso, os quatro que votaram contra o lançamento. Será mais difícil para a minoria falar após a maioria fazê-lo. Em um ambiente com boa segurança psicológica, em que um grupo é acostumado a convidar e ouvir os *outliers*, ficamos aptos a perguntar diretamente: "Vejo que temos alguns votos com o número 1. Podemos ouvir suas justificativas?"

Tenha em mente que as pessoas que votam não sabem que serão *outliers* até que os votos sejam revelados. Eles talvez precisem de um momento para reflexão antes de se sentirem prontos para explicarem o que viram e o que sabem. Além disso, se forem "chamados" sempre que votarem 1 ou 99, irão parar de votar dessa maneira. Somente sendo realmente curioso sobre as observações ou informações discrepantes e tornando seguro para que eles falem, que permitirá que continuemos a obter uma boa variedade de expressão.

Se a minoria é pequena em comparação à maioria (digamos, uma ou duas pessoas entre dez) e estou preocupado de que eles possam estar reticentes de falar sobre suas posições, eu faria a pergunta da seguinte maneira:

"O que deve estar por trás de um voto como este?"

"Vamos apresentar alguns motivos pelos quais isso pode estar certo."

"O que poderia explicar este voto?"

"O que uma pessoa que votou desta forma viu que nós não vimos?"

Isso tira a ideia da pessoa e leva o grupo a pensar no lugar do outro. Estamos nos vacinando contra a arrogância de pensar que estamos certos.

2. Seja Curioso, Não Convincente

Ao descobrir pessoas na reunião que veem as coisas diferentemente de você, seu próximo movimento é ter a curiosidade de saber o que eles viram que você não viu, e o que eles pensaram que você não pensou. Na jogada programada pela Revolução Industrial, as pessoas defendem suas próprias posições. Há hora e local para isso, mas a mentalidade dominante do líder deve ser de curiosidade.

Stephen R. Covey, autor de *Os Sete Hábitos das Pessoas Altamente Eficazes*, considera este conceito de "curiosidade em primeiro lugar" tão importante que intitulou seu quinto hábito de "Busque Primeiro Entender, *Depois* Ser Compreendido".

LÍDERES FALAM POR ÚLTIMO

Parte do comportamento por trás de ser curioso, não convincente, é segurar sua opinião para mais tarde. Quanto mais alto for seu cargo na empresa, mais importante é isso porque é mais provável que as pessoas queiram alinhar-se à sua posição. Você fala por último não para provar que é o líder, mas porque falar por último permite às outras pessoas se expressarem primeiro.

Troca de Ideias

Peça às pessoas que defendam a posição oposta. Divida a reunião em pequenos grupos de discussão e convide as pessoas a conversar com alguém que votou no oposto delas, para aprender o que está por trás daquele voto. Isso permitirá a elas praticar serem curiosas em vez de convincentes. Eles podem praticar fazendo perguntas curiosas e perguntas abertas. Esse é um mecanismo para levar as pessoas a ouvir com atenção, sem julgamento nem defesa de outro ponto de vista.

Usando este exercício, vemos com frequência os grupos chegando a um acordo ou compromisso sem a necessidade de o chefe agir como tomador de decisões. Isso acontece porque treina nosso cérebro a pensar consideravelmente sobre outras ideias além das suas e abrir suas perspectivas sobre o que realmente pode ser a situação.

Além disso, permite aos *outliers* se sentirem ouvidos. Mesmo que você não concorde totalmente com eles, o sentimento de ser ouvido minimizará a tendência de um *outlier* em sabotar a decisão posteriormente.

Tive uma experiência que me ensinou o poder de praticar isso — ou, nesse caso, as armadilhas de não fazê-lo. No início dos anos 2000, servi como oficial de ligação militar, escoltando vários importantes empresários da cidade de Nova York para uma reunião com o Estado-Maior Conjunto no Pentágono. São sessões tipicamente cordiais e desinteressantes.

Na época, os Estados Unidos debatiam o tamanho da força a ser empregada numa iminente invasão ao Iraque, caso fosse ocorrer. O presidente norte-americano, George W. Bush, e seu secretário de defesa, Donald Rumsfeld, sinalizaram que a força a ser enviada deveria ser pequena, talvez 150 mil norte-americanos, com os generais apoiando publicamente aquele número. Chamo essa história de "barata e fácil", na qual uma decisão de risco é justificada com a promessa de que será "barata e fácil". No caso da invasão ao Iraque, um contingente maior exigiria a mobilização dos reservistas, o que contraria essa linha.

Um dos homens de negócios escoltados por mim ao Pentágono tinha servido anteriormente no gabinete de um presidente republicano, e eu conseguia ver o ceticismo dele sobre o número baixo de soldados. Quando ele perguntou sobre o nível de força planejado, um dos generais defendeu o tamanho pequeno. Ele falou sobre o que os Estados Unidos aprenderam com a Guerra do Golfo, em 1991, e deu outras razões convincentes de por que um contingente menor era o correto, defendendo a linha do partido.

Então, o hoje ex-secretário apontou que o general John Shalikashvili havia argumentado que a invasão precisaria de um número muito maior. Shalikashvili serviu como chefe do Estado-Maior Conjunto durante o governo Clinton e deu declarações públicas de que os Estados Unidos deveriam ser cautelosos sobre ir à guerra. E, se fossem, deveriam levar uma força muito maior do que a que estava sendo considerada.

"O que levou o general Shalikashvili a chegar a esses números?", perguntou Rumsfeld. "E por que eles são diferentes dos seus?" Inclinei-me para a frente, ansioso pela resposta.

Em vez de responder à pergunta, o general simplesmente repetiu os mesmos argumentos que já tínhamos ouvido, em defesa de um contingente baixo. Olhei em volta da sala. A maioria das pessoas começava a parecer perplexa. Nosso questionador não demonstrou qualquer frustração e, quando o general terminou, ele perguntou novamente: "Não estou perguntando como você chegou a esses números; estou perguntando como o general Shalikashvili chegou aos dele."

Novamente, o general repetiu os mesmos argumentos. Naquele momento, as pessoas na sala ficaram visivelmente frustradas e, como representante dos militares, comecei a me sentir envergonhado. Quando o general terminou, nos envolvemos em outras questões. Perguntei para mim mesmo se o general não podia ou simplesmente não declararia os argumentos para aumentar o efetivo. Nunca obtive resposta.[*]

Os Sete Pecados do Questionamento

Ter curiosidade sobre o pensamento de alguém é a base para boas perguntas. Há uma pergunta ruim: a que é menos curiosa do que as outras. Eis alguns exemplos, que chamamos de Sete Pecados do Questionamento.

1. Perguntas empilhadas

Exemplo: "Então, quantos testes foram feitos? Quer dizer, conseguimos identificar todos os defeitos realmente? Sim, realmente acho importante saber disso — estamos prontos?"

---

[*] Como observação, acho que a explicação foi a de que o número de militares era baseado apenas na campanha militar, enquanto a estimativa do general Shalikashvili foi feita para manter o controle militar do país após uma campanha bem-sucedida. Teria sido um bom debate.

As perguntas empilhadas são aquelas sobre a mesma questão, repetidamente, de diferentes formas ou detalhando uma árvore lógica que você pensa ser a que define o problema. Pergunte uma vez e pronto.

Observamos uma reunião em que um executivo estava propenso a fazer perguntas empilhadas. Era algo mais ou menos assim: "Nós realmente precisamos entender por que os clientes não compram este serviço e o que a nossa equipe está fazendo para resolver isso, seja com relação às nossas comunicações, ou porque eles não possuem as habilidades necessárias, ou porque eles pensam que não é importante, e se nós perguntarmos o que eles diriam, e quais são as nossas medidas de sucesso para isso, quem lidera isso?" Na segunda ou terceira pergunta, ninguém mais estava prestando atenção, e ele acabou bem frustrado com a falta de respostas.

Coloque um ponto de interrogação e, então, fique em silêncio. Isso requer prática, porque você deve pensar na pergunta antes de começar a falar e, depois, resistir à vontade de intervir após dois segundos. Descanse confortavelmente em silêncio.

2. Perguntas principais

Exemplo: "Você já pensou nas necessidades do cliente?"

Uma pergunta importante vem do pensamento de que a pessoa está errada ou de que você tem a resposta. Ouço muito isso de pessoas que pensam ter a resposta correta, mas não querem somente respondê-la, usando o Método Socrático como "momento de ensino". É irritante e arrogante.

Em vez disso, aproveite para ter um momento de aprendizado para si mesmo. Faça questões que pressupõem que a outra pessoa pode estar certa, e não você. Uma forma fácil de começar é usando o neutro "diga-me a respeito disso". Separe temporariamente sua opinião e fique curioso sobre o que eles veem que você não vê, e o que eles pensam que você não pensa. Como é temporário, você pode mergulhar nesta crença e, quando terminar, não precisará concordar ou aprovar a ação.

Outra abordagem é começar a questão com "como": "Como isso irá funcionar?" ou "Como isso se alinha aos nossos objetivos?". Esse é um "como" inquisitivo, que soa "Como isso afeta?" ou "Como você vê isso?".

3. Perguntas "por que"

Exemplo: "Por que você quer fazer isso?"

Este tipo de questão coloca a pessoa na defensiva e revela que você pensa que "isso" é uma má ideia. Muitas vezes é melhor reservar o julgamento e, simplesmente, dizer "diga-me mais sobre isso". Ou perguntar: "O que está por trás da sua decisão?" ou "Como você vê o problema?".

4. Perguntas sujas

Uma pergunta suja é como uma pergunta principal, mas não carrega abertamente a mensagem de que a outra pessoa está errada. Porém, traz preconceitos sutis e, muitas vezes, inconscientes, além de antecipar uma resposta específica. O termo "pergunta suja" vem da Linguagem Limpa, uma forma de falar e perguntar no aconselhamento psicológico que elimina os preconceitos do conselheiro da pergunta e permite que o paciente desenvolva sua própria resposta.

A Linguagem Limpa foi criada por David Grove, nos anos 1980, e se expandiu desde então. Um bom livro sobre o assunto é *Clean Language: Revealing Metaphors and Opening Minds*, de Wendy Sullivan e Judy Rees, publicado em 2008.

Eis um exemplo: digamos que um colega expressou sua frustração com o outro e disse que eles estão em um beco sem saída na hora de fazer com que a outra pessoa conclua o trabalho do qual depende um projeto. Você pergunta: "Você tem coragem de enfrentá-lo?" Isso é uma pergunta suja.

É "suja" porque presume que seu amigo deveria confrontá-lo ao falar, usando a metáfora "enfrentá-lo" em vez de "faça parceria" e, finalmente, que o recurso necessário para o seu amigo é coragem. Isso também implica que é responsabilidade do seu amigo exigir que a outra pessoa faça o seu trabalho.

Uma pergunta limpa eliminaria esses preconceitos e soaria assim: "O que você quer dizer com beco sem saída?" ou "O que você quer que aconteça?". A estrutura desse tipo de questionamento remove os vícios e preconceitos.

Perguntas limpas são uma técnica especificamente projetada para a terapia, quando há muito tempo e uma pessoa dedicada a ouvi-lo. Raramente temos esses luxos no trabalho, mas prestar atenção aos preconceitos que podem estar presentes em nossas perguntas fará com que as questões diárias sejam resolvidas de forma mais colaborativa. Para mim, ouvir minhas próprias perguntas revela o quanto imagino o que a outra pessoa me disse (e o que devemos fazer sobre isso), com base em conhecimento escasso.

5. Perguntas binárias

Exemplos: "Estamos prontos para o lançamento?" ou "Vai funcionar?".

Perguntas binárias restringem as respostas disponíveis a duas: sim ou não. São convenientes para quem pergunta, mas limitadas a quem responde. Em certo sentido, está fazendo com que o receptor assuma a responsabilidade por um lançamento bem-sucedido, provocando um "sim". Ouvimos isso o tempo todo. Outro exemplo é: "Isso é seguro?"

Em vez disso, comece a questão com "o que" ou "quanto". Isso torna impossível a pergunta binária. Por exemplo: "O quanto seguro isso é?" ou "O quanto prontos estamos para o lançamento?". Versões de perguntas "o que" soariam como "O que pode dar errado?" ou "O que precisamos antes de estarmos prontos para o lançamento?".

Descobrimos que a regra simples de iniciar uma pergunta com "o que" ou "quanto" melhora significativamente os nossos questionamentos e a qualidade das informações provenientes da equipe.

Quando usamos "quanto" assim, chamamos de "quanto probabilístico". Estamos usando o "quanto" para buscar uma resposta que vê o futuro em termos de probabilidade, não um sim/não determinista.

Agora pense sobre a fatia de voz e como isso mostra a diferença entre as duas conversas a seguir:

CONVERSA 1

CHEFE: "É seguro?"

MEMBRO DA EQUIPE: "Sim."

A contagem de palavras é de duas para uma.

CONVERSA 2

CHEFE: "O quão seguro é?"
MEMBRO DA EQUIPE: "Creio que uma proporção quatro de cinco."

A contagem de palavras é de quatro para sete, com o líder falando menos do que o membro da equipe e invertendo o padrão típico. A fatia de voz é mais uniforme e o TLC, baixo: 0,20 na segunda conversa e 0,50 na primeira.

6. Perguntas autoafirmativas

Perguntas autoafirmativas são, com frequência, binárias, mas com uma motivação especial: coagir um acordo e fazer com que nos sintamos bem com a decisão que já tomamos.

Exemplo: "Estamos de acordo com o lançamento, certo?"

Como já visto na transcrição, o capitão do *El Faro* dá vários exemplos:

- "Você entende o que estou dizendo?"
- "Vai ficar entre esses dois, certo?"
- "Isso faz sentido?"
- "Tudo certo com o RPM (velocidade)?"

Questões autoafirmativas buscam provar o que queremos que aconteça. O propósito é fazer quem pergunta se sentir bem, e não revelar a real situação.

- "Correto?"
- "Isso faz sentido?"
- "Você tem o que precisa?"
- "Todos de acordo?"
- "Está tudo saboroso nesta noite?"

- "Você teve uma estadia maravilhosa?"

Em vez disso, busque esclarecimento fazendo perguntas que facilitem a exibição de informações desafiadoras. Chamo isso de "autoeducação", não "autoafirmação". Eis alguns exemplos:

- "O que estou deixando passar?"
- "Sobre o que você gostaria de ouvir mais?"
- "O que poderia dar errado?"
- "O que podemos fazer para melhorar?"

Quando o comandante Sullenberger estava pilotando um avião que perdeu ambos os motores e tentava pousar no Rio Hudson, ele perguntou ao copiloto "Tem alguma ideia?" Note que ele não falou "Então, estamos bem, certo?".

7. Perguntas agressivas

Exemplo: direto para "O que devemos fazer?".

Isso pode soar muito agressivo para muitas pessoas porque as provoca a fazer análises sobre o futuro antes de estarem prontas. Quando convidamos alguém a partilhar seus pensamentos, devemos começar por um campo em que a pessoa se sinta segura, e só então mover-se gradualmente às áreas de incerteza e vulnerabilidade. Uma forma de fazer isso é com uma técnica que chamo de "pausar, retroceder e avançar rapidamente".

Comece com a pausa. Ela pede uma simples observação da situação: "O que você está vendo?", "Como você está vendo isso?". A descrição passa segurança porque a parte do nosso cérebro usada não está conectada às emoções. Também parece bastante "conhecível".

Ao conseguir fazer a pessoa falar sobre o que ela está vendo, a próxima fase é retroceder, que diz respeito a repensar como chegamos aqui. "Como chegamos aqui?" ou "O que aconteceu antes disso?". O passado tem mais incerteza, mas ainda é limitado.

Por fim, avance para o futuro com o que acontecerá a seguir e o que cada um deve fazer. Isso requer avaliações sobre o que é menos conhecido e, portanto, é mais provável que esteja errado, por isso, requer maior vulnerabilidade. Saltar direto para "O que devemos fazer?" se arrisca a encontrar um "Eu não sei" como resposta.

Em vez disso, tente passar de menos vulnerável para mais vulnerável com pausa, retrocesso e avanço.

SETE FORMAS DE FAZER MELHORES PERGUNTAS

1. Em vez de empilhar perguntas, faça uma e pronto.
2. Em vez de buscar ser quem ensina, tente aprender.
3. Em vez de uma pergunta suja, tente uma limpa.
4. Em vez de perguntas binárias, comece-as com "o que" ou "quanto".
5. Em vez de perguntar "por que", tente "conte-me mais".
6. Em vez de perguntas autoafirmativas, tente autoeducativas.
7. Em vez de pular ao futuro, comece com o presente, passado, e só então vá ao futuro.

---

3. Estimule a Divergência em Vez de Gerar Consenso

E se não houver *outliers* para envolver na discussão? E se o grupo tem uma posição única e firme? É nesse momento que você tem que fazer a próxima jogada: não conduza a um consenso, convide discordâncias.

A sabedoria da multidão pode ser minada de diversas formas. Ancoragem e conformidade social são duas delas.

No nosso exercício anterior, o número dito pela primeira pessoa a falar ancorou o grupo, quisessem eles ou não. Outros podem argumentar para ajustar o número para cima ou para baixo, mas sempre usarão o valor inicial como referência. Pessoas cujas opiniões ficaram distantes de onde estava o grupo ajustarão seus comentários ou não dirão nada, privando todos de seus pensamentos divergentes.

Quando a maioria começa a formar uma opinião, fica muito mais difícil aqueles que estão em minoria falarem suas divergências. Em um estudo de referência, o psicólogo Solomon Asch convidou estudantes universitários a um "teste de visão". Os participantes foram divididos em grupos e lhes foi mostrada uma linha reta em um cartão. Então, foi mostrado outro cartão, com três linhas de tamanhos variados. A pergunta era: qual das três linhas tinha o comprimento da primeira? Um por um, cada participante daria o seu melhor palpite. A questão é que apenas o último participante estava realmente no estudo — os outros eram figurantes, que selecionaram a mesma resposta errada. Asch queria estudar o poder da conformidade: o participante final, com a resposta certa à sua frente, seguiria o grupo ou se manteria sozinho? Em um terço das vezes, seguia o grupo.

Quando era perguntado aos participantes por que deram aquela resposta, eles diziam coisas como "pensei que estava errado" e "pensei que o grupo sabia de alguma coisa que eu não sabia". O mesmo raciocínio se aplica à sua reunião de negócios. Já que toda inovação começa com o pensamento de um *outlier*, impulsionar o consenso acaba suprimindo a inovação.

Asch também repetiu seu estudo com uma variação interessante: todos os figurantes escolhiam a resposta errada, exceto um, que optaria por outra resposta errada. Quando isso aconteceu, o "feitiço" do participante se quebrou. Em quase nenhuma das situações, a pessoa final (o sujeito do teste) seguiu o grupo. O que era importante ali não era que alguém tinha escolhido a resposta certa, mas que alguém tinha discordado com segurança. Uma vez atravessada a ponte, os participantes se sentiam confortáveis para responder o que achavam certo e se sentiram seguros para discordar.

A lição aqui é tornar fácil e seguro para as pessoas discordarem. Isso pode exigir deliberadamente que a discordância seja introduzida. Você pode pedir a alguém para dar uma opinião oposta, compartilhando por que o grupo pode estar errado ou apenas fazer com que discordem, uma vez que parece que o grupo está se unindo em torno de uma resposta.

Em minha empresa, usamos cartões pretos e vermelhos, chamados de "cartões da discordância", em uma razão de cinco para um (cinco pretos para cada vermelho). Embaralhamos o deck e as pessoas pegam uma carta. A regra é: se você pegar a vermelha, você *tem* que discordar. O cartão

PARA O BLUEWORK: COLABORAÇÃO

torna seguro e necessário fazê-lo. Você não está sendo um idiota — o cartão te obrigou a isso.

Se você tira o cartão preto, ainda pode discordar se quiser, mas não é obrigado. Os cartões pretos contêm lembretes de como devemos responder ao discordante: sendo curiosos, não arrogantes.

Os cartões de discordância são uma ferramenta usada para mudar a prática de um grupo. Eles são utilizados durante o período no qual nos movemos do "difícil de discordar" e da baixa segurança psicológica para o "fácil de discordar" e da alta segurança. Uma vez que a discordância aconteça regularmente em reuniões e ser curioso (e não arrogante) em resposta à dissidência também se torne um hábito, os cartões não são mais necessários.

Vi o incrível poder da discordância em um exercício que passei para um grupo de executivos na China. Os quarenta, todos homens, estavam sentados em quatro mesas de dez. Após assistirem a um vídeo curto, sua tarefa era determinar, com os membros da mesa, havia quantas velas no velho veleiro que aparecia no vídeo. Eles tinham dois minutos.

Observei as mesas. Sem conhecer o idioma, foquei quem falava, qual ordem, e a linguagem corporal. As mesas estavam juntas, mas não observei nenhuma conversa cruzada entre as mesas.

Na hora de compartilhar as respostas, o executivo da primeira mesa levantou, fez um bom discurso sobre terem tido "uma conversa harmoniosa", em que todos foram ouvidos, e afirmou que havia cinco velas.

Em cada uma das três mesas seguintes, um executivo se levantou, fez uma variação do mesmo discurso e disse o mesmo número: cinco.

A resposta era oito. Todas as mesas estavam erradas.

Então, passamos os cartões de discordância (dois vermelhos e oito pretos para cada mesa) e pedimos que repetissem o exercício. As pessoas com o cartão vermelho *tinham* que discordar do grupo. E aqui estava o crucial: eu não mostrei o vídeo novamente, então eles não tinham como rever suas respostas ao olhar mais atentamente. A única informação nova que receberam foi a de que a resposta anterior (cinco) estava errada.

Após dois minutos, era hora de compartilhar os resultados. Desta vez, não houve discurso, mas as respostas foram sete, oito, sete, oito. Eu não podia acreditar. Os grupos ficaram bem próximos da resposta certa apenas com a introdução de um discordante.

A verdade é que não queremos uma "conversa harmoniosa", e sim um retrato fiel da realidade. Harmonioso e errado pode resultar em falência ou vítimas fatais. A harmonia resultou em 33 mortes no *El Faro* e 7 no *Challenger*.

O medo é de que a dissidência seja igual à falta de harmonia, e isso deve ser evitado. Mas em empresas que praticam a dissidência, em que as pessoas discordam tendo os melhores interesses da organização em mente e respondem aos dissidentes com curiosidade, ela não soa como desarmoniosa. Neste caso, a dissidência cria uma sensação de excitação e energia — um salto adiante, um sentimento de alegria, ou seja, aquele pensamento de que "isso pode ser o início de algo novo e interessante".

O comportamento do grupo em relação ao dissidente é importante para sustentar a prática da discordância. Aqui, o grupo deve praticar as sugestões ditas anteriormente sobre como ser curioso, e não convincente. Em vez de discutir com o dissidente e explicar por que ele está errado, os membros do grupo devem levantar questões curiosas.

Tais questões devem ser como essas:

- "O que está por trás da sua fala?"
- "Pode nos dizer mais a respeito?"
- "O que você está vendo que o leva a acreditar nisso?"

... e outras que seguem a tática de "ser curioso, não convincente". Com o tempo, essa prática se tornará um novo hábito do grupo e a cultura será mudada. A equipe se tornará mais resiliente, forte e preparada para tomar decisões. Vidas serão salvas.

Líderes, seu trabalho durante qualquer reunião é examinar toda a sala e prestar atenção especial aos que permanecem quietos. Esses, com frequência, mantêm para si as opiniões diferentes, as quais não se sentem confortáveis em verbalizar. Nesses momentos, a liderança deve soar assim:

- "Liz, reparei que não disse nada. Como você vê as coisas de uma maneira diferente do resto de nós?" Se ela parecer particularmente desconfortável em falar na frente do grupo, você a convida para conversar após a reunião.
- "Paul, você apresentou sua situação. Gostaria de convidar alguém para desafiar esta posição."
- "Parece que estamos unidos na visão de que devemos fazer isso. Agora, gostaria de ver por outro lado e assumir que é uma coisa ruim. Qual seria esse caso?"

Em outras palavras, se você estiver conduzindo a reunião de forma correta e o pensamento divergente ainda não estiver acontecendo, sua responsabilidade como líder é procurá-lo. A ausência de dissidência nunca é uma garantia de você estar no caminho certo. Sua confiança em uma decisão deve estar ligada ao total de pensamentos divergentes que vieram dela.

Agora que você tem todas as informações, a decisão pode ser tomada. Em alguns casos, o grupo pode decidir pelo voto e, em outros, será necessário que uma pessoa decida. O importante é que todas as vozes têm que ser ouvidas. Quanto mais informação, mais pontos de vista e ideias são apresentadas, melhores são as decisões.

Porém, não há obrigação de parar tudo ou dar aos dissidentes o que eles querem. Isso os deixaria com muito poder para impedir ações. Quase sempre haverá pessoas que veem as coisas de forma diferente e não gostam de uma decisão específica. Isso é bom, uma coisa realmente boa. Não há necessidade de convencer essas pessoas de que elas estão "erradas" se uma decisão não seguir seu caminho. Tudo o que precisamos é que os membros da equipe apoiem a decisão com suas atitudes e comportamentos.

4. Dê Informação, Não Instruções

Em tudo à nossa volta vemos placas nos dizendo o que fazer, como "lave as mãos" ou "mantenha a porta fechada". Dizer às pessoas o que fazer dificilmente leva à colaboração. Até agora, você reconhece isso como a velha jogada da Revolução Industrial chamada "coerção".

E qual é a alternativa? Dê informações. Informe às pessoas as consequências de seu comportamento e deixe que elas escolham. Funciona melhor quando elas experimentam as consequências. Se outra pessoa sentir as consequências da sua atitude ruim, o ciclo de comentários é quebrado.

Pedalo com um grupo todos os sábados, às 8h. Nós saímos às 8h, não às 8h02, nem às 8h01. Mesmo que alguém esteja estacionando às 8h, nós não esperamos. A pessoa terá uma manhã difícil tentando nos alcançar. É uma atitude ruim? Dificilmente. Como todos sabem que o grupo não vai esperar, quase nunca alguém se atrasa. Esperar os atrasados é compassivo em curto prazo, e cruel no longo. E extremamente deselegante com quem chegou na hora. Aguardar os atrasados resulta em mais pessoas fazendo o mesmo, o que resulta em mais espera. Chamamos isso de "recompensar o mau comportamento".

A prática de dizer às pessoas o que fazer é tão difundida que mal a reconhecemos quando a fazemos:

- "Estacione aqui."
- "Vá em frente e envie a proposta."
- "Acrescente histórias de usuários."
- "Verifique novamente os números."
- "Esteja de volta às 10h."

Esta última é minha. Eu liderava um workshop e, quando anunciei a pausa, mandei um "estejam de volta às 10h". Isso foi seguido de uma atividade sobre quantas vezes dizemos aos outros o que fazer sem nem mesmo perceber. Ao menos uma pessoa prestou atenção. Ele veio até mim e disse que eu era um "grande hipócrita" (e nem tínhamos chegado à parte de comentários do workshop).

Minha primeira reação foi defensiva, mas acabei perguntando "o que você quer dizer com isso?" no tom mais neutro que consegui.

"Bem, acabamos de perder meia hora sobre dar informações e não instruções, e você acabou de nos dar uma instrução. Tente seguir seus próprios conselhos."

PARA O BLUEWORK: COLABORAÇÃO

Agora eu digo "vamos começar às 10h", e faço isso.

Outra vez foi em um workshop em Medellín, na Colômbia. O organizador do seminário me avisou que estava sendo "muito militarista e norte-americano demais" com a minha agenda. "Este grupo gosta de se atrasar."

Tentei um truque e funcionou. Na primeira vez, havia algumas pessoas circulando pelas cafeteiras, mas comecei exatamente às 10h, sem sermão, sem advertências. Após isso, o cronograma foi seguido à risca. O organizador estava impressionado. Ele jamais tinha visto aquilo antes.

Dê informação, não instruções.

- Em vez de "estacione aqui", tente "vi uma vaga ali".
- Em vez de "vá em frente e envie a proposta", tente "não vi nada que precisasse mudar".
- Em vez de "acrescente histórias de usuários", tente "o dono do produto tem algumas novas histórias de usuários para colocar".
- Em vez de "verifique os números", tente "é importante que esses números estejam certos, e vejo algo que não me parece correto".

Uma forma de prática diária e divertida é ajudar alguém a estacionar. Tipicamente, você acena para a pessoa vir, vir, vir e, de repente, diz "pare!". Isso é você dando instruções. Por ser binário (venha e pare), o motorista não tem aviso. Ele não está diminuindo a velocidade conforme se aproxima e pode passar do ponto. O motorista é reduzido a um robô. Ele não precisa pensar ou se envolver no processo.

Como damos informações nesse caso? Mantenha as mãos afastadas, para indicar a distância do obstáculo. Gradualmente vá aproximando as mãos, para mostrar que a distância está diminuindo. Isso fornece um ciclo de resposta natural. O motorista irá parar exatamente no local que deseja. Aliás, é assim que eles estacionam aviões e é como ensinamos as pessoas a estacionar veículos pesados no exército. Agora que as duas pessoas estão colaborando, elas trabalham juntas. O motorista pensa e age.

Dê informação, não instruções.

ESTABELEÇA A HIPÓTESE CORRETA

A colaboração é usada para diversos propósitos. Colaboramos para ter um melhor senso de realidade. Esse é o botão de pausa. Qual é a situação agora? Onde está o furacão? Qual é o status do sistema de óleo lubrificante?

A colaboração é usada para entendermos como chegamos aqui. É a história que contamos a nós mesmos sobre o que precedeu esse evento. Isso ajuda a entender a relação entre causa e efeito.

A colaboração é usada para a tomada de decisão melhor. É aqui que tomamos o que achamos certo e nos comprometemos com um curso de ação. Devemos tomar a rota do Atlântico ou o Velho Canal das Bahamas?

Mas um dos mais fortes propósitos da colaboração nas equipes é estabelecer as suas hipóteses antes de começar o próximo período de redwork.

O ciclo bluework-redwork-bluework diz respeito ao aprendizado e ao avanço da empresa. Mais do que pensar sobre a decisão como algo a se *fazer* é saber que ela é algo a se *testar*. Em outras palavras, é uma hipótese.

Pense em todas as fases redwork como um experimento. Experiências são boas porque nos ajudam a aprender e melhorar. Por definição, um experimento começa com um palpite que pode ser testado. Chamamos este palpite de "hipótese". O objetivo principal de toda fase de trabalho manual é estabelecer a hipótese. O objetivo principal de toda fase de redwork é testar se a hipótese é válida. Além disso, um experimento bem projetado:

- tem um fim, no qual refletimos o que aprendemos;
- é inteiramente documentado, para que outros possam verificar os seus resultados e desenvolvê-los;
- é conduzido sob situações controladas — por exemplo, alterando uma variável por vez, para evitar confundir os efeitos de múltiplas alterações.

É claro que experimentos puramente científicos não têm obrigação de produzir nada além de um resultado de teste, enquanto experimentos de trabalho precisam obter um resultado de produção também. Vejamos o caso do *El Faro*. Como uma abordagem experimental do redwork teria alterado o resultado?

Após zarpar, a primeira decisão fundamental ocorreu na parte norte das Bahamas: tomar a rota do Atlântico, mais exposta, ou a protegida pelo Velho Canal das Bahamas. Normalmente não seria bem uma decisão, já que o caminho pelo Atlântico é mais curto e eficiente. Não há compromisso. Dessa vez, um furacão ameaçava a rota do Atlântico. A hipótese poderia ter sido declarada assim:

> Estamos tomando a rota do Atlântico. Nossa hipótese é a de que o furacão (a) não irá nos atrasar e tornar a viagem menos eficiente e (b) não se tornará forte o suficiente para ameaçar a embarcação. Por ser uma hipótese, precisamos que todos busquem informações para confirmar ou refutá-la durante a fase seguinte de redwork: tamanho das ondas, velocidade do vento, grau de inclinação etc. Vamos reavaliar no ponto de corte de Rum Cay.

Uma hipótese é mais que um ponto de decisão. Ela é desenvolvida em cima de uma decisão (pegar a rota do Atlântico), com uma justificativa (não acreditamos que a tempestade será tão forte) e um ponto final (o atalho de Rum Cay); e estabelece como mediremos os resultados (tamanho das ondas, a reação da embarcação e outras medidas da intensidade da tempestade). Durante cada experimento, comparamos as condições atuais com as previstas. Por isso, é importante definir as métricas que esperamos ver antes de começar. Ao decidir isso com antecedência, acabamos com a tomada de decisão de custo irrecuperável e impedimos uma escalada de compromisso.

Ao definir assim as hipóteses a bordo do *El Faro*, convidamos a tripulação a agir com base em uma mentalidade de melhoria, que busca o aprendizado e o crescimento. Mais do que simplesmente tentar executar a tarefa de navegar a rota do Atlântico da forma mais eficiente e efetiva possível, ela também estaria questionando se aquele seria o caminho correto a ser seguido. Todos observariam melhor o vento, os mares e a pressão barométrica de forma a facilitar uma decisão futura.

Finalmente, um ponto final predefinido de quando essa hipótese original será reavaliada — neste caso, o corte em Rum Cay — abre uma janela para questionar a rota sem ter que dizer ao capitão que ele está errado. Para a tripulação, o benefício é que eles se tornarão mais observadores e dispostos a compartilhar o que veem e pensam, e fornecerão informações relevantes sobre a necessidade de alterar o curso quando apropriado. Para o capitão, o benefício é o de que ele se prevenirá contra a tendência de manter um compromisso anterior, mas fracassado, poderá ouvir os resultados do experimento e, finalmente, mudar o rumo.

Com a coerção, o melhor que podemos é esperar a conformidade. Com a conformidade, obtemos esforço, mas não um esforço arbitrário. O resultado da colaboração, entretanto, é um compromisso para avançar. Esse comprometimento sinaliza o fim do bluework (adotar a variabilidade) e o começo do redwork (reduzir a mesma).

SAINDO DA COERÇÃO PARA A COLABORAÇÃO

1. Vote primeiro, depois discuta.
2. Seja curioso, não convincente.
3. Estimule a divergência em vez de gerar consenso.
4. Dê informação, não instruções.

COLABORAÇÃO

O movimento de COLABORAÇÃO começa após o controle do relógio.

As empresas da Era Industrial atribuíam a tomada de decisão e a execução a dois grupos de pessoas, respectivamente: os blueworkers e os redworkers. Os blueworkers (gerentes) precisavam fazer com que os redworkers seguissem as orientações que os blueworkers decidiam por eles. Os blueworkers conseguiam isso por meio da coerção.

Coerção parecia uma palavra feia, então, em vez disso, usamos palavras como persuadir, instigar, estimular, influenciar, motivar e inspirar. Os padrões de linguagem na jogada de coerção são altamente distorcidos em direção à voz do líder.

Para a colaboração, precisamos deixar que os executores sejam os tomadores de decisão. Ainda há os trabalhos bluework e redwork, mas não distinção entre blueworkers e redworkers.

A colaboração exige que compartilhemos ideias, sejamos vulneráveis e respeitemos as ideias dos outros. Ela acontece por meio das perguntas que fazemos e requer que admitamos que não temos o controle total. Lá no fundo, precisamos acreditar que os outros podem contribuir para a forma como pensamos e entendemos o mundo.

Por meio da colaboração, fazemos perguntas que começam com "o que" ou "quanto". Estimulamos a dissidência. Treinamos ser curiosos antes de ser convincentes.

A obrigação do líder é ouvir os dissidentes, não segurar as decisões até que todos estejam convencidos da nova orientação. Sempre interromper a ação por causa da dissidência dá muito poder aos dissidentes. Eles trarão obstáculos, inibirão a tomada de decisão e atrasarão as ações.

Os padrões de linguagem na jogada de colaboração são distribuídos de forma uniforme pela equipe. A fatia de voz entre os integrantes do time é mais igual, e o Coeficiente de Linguagem de Equipe é menor.

A colaboração é um processo fundamental do bluework. Quando recorremos à coerção, obtemos conformidade. Ao nos dedicarmos à colaboração, obtemos comprometimento, que é nossa próxima jogada.

CAPÍTULO 5

Deixando o Bluework para Trás: Compromisso

É hora de ajudar Sue, presa no modo azul. Precisamos reduzir a barreira, passando da contemplação para a ação. Essa é a transição do bluework para o redwork. Se colaborarmos efetivamente, o resultado é o compromisso. Se coagirmos, o resultado é a conformidade.

O compromisso vem de dentro, enquanto a conformidade é forçada por uma fonte externa. O compromisso é mais poderoso, porque é um motivador intrínseco. Ele chama à participação total, ao envolvimento e ao esforço discricionário. A conformidade convoca a pessoa a fazer o suficiente para sobreviver, superar ou concluir.

Isso é verdade mesmo quando você está falando sozinho. Digamos que você não queira mais comer doces, mas ao final de um dia longo você se depara com uma tigela de doces. Você pode considerar duas opções de conversa interna: falar que não *pode* comer doces ou que você não *come* doces.

Acontece que dizer a si mesmo que você *não come doces* é muito mais poderoso. Você acaba comendo menos doces com o "não como" do que com o "não posso" porque, usando "não como", a motivação vem de dentro, você é identificado como "uma pessoa que não come doces". Isso passa o poder para você.

Quando você usa o "não pode", a imposição vem de fora. Você é do tipo que come doces, mas uma força externa o impede de fazê-lo (mesmo que você realmente queira). Um argumento de uma força externa é mais fraco do que um do poder interno. Ao final de um longo dia, quando você está cansado e faminto, o argumento mais fraco não será forte o suficiente para impedi-lo de ter o comportamento que você está tentando evitar.

Se você quer manter seus compromissos, tente usar "não vou" em vez de "não posso".

- "Eu não faço seguros", e não "eu não posso fazer seguros".
- "Eu não perco prazos", e não "eu não posso perder este prazo".
- "Eu não perco meu tempo desta forma", e não "eu não posso perder meu tempo desta forma".

O momento em que nos comprometemos com uma ação é quando escolhemos dedicar tempo e energia a alcançar um objetivo em particular. A palavra "compromisso" deriva do latim, combinando o *com* (com) e o *mittere* (enviar). "Missão" também deriva do latim *mittere*. Assim, "comprometer" quer dizer "ir adiante com um senso de missão". É isso que se perde quando vemos baixos índices de engajamento, pessoas apenas cumprindo as tarefas e pouco se importando com as políticas e projetos da empresa.

Comprometer-se é mais do que uma decisão. Podemos decidir que um plano de ação é melhor que outro, mas não fazer nada para mudar. O compromisso junta a ação a essa decisão; transforma o bluework em redwork.

Nos negócios, as empresas precisam realizar tarefas. Ouvimos muito de clientes que desejam criar uma cultura empreendedora, em que as pessoas têm uma tendência ousada à ação e se envolvem em um comportamento pensativo, que assume riscos. Eles vislumbram uma cultura de tomada de decisão deliberada, uma propensão dinâmica para a ação, com foco em alcançar a excelência mais do que evitar erros, e com uma propriedade pessoal e responsabilidade pelos resultados. É por isso que precisamos reduzir a barreira para sair da contemplação (bluework) rumo à ação (redwork).

A chave é que deve haver escolha antes que haja comprometimento. Se uma pessoa não tem outra opção a não ser "sim", o que temos é conformidade. Portanto, enquanto "inspirar" e "empoderar" são mantras comuns no local de trabalho que os empregadores esperam que desencadeie ação e compromisso nos funcionários para realizar as metas desejadas pela empresa, a menos que haja escolha, haverá, na melhor das hipóteses, conformidade.

Às vezes queremos a conformidade. Houve um caso trágico na construção de um arranha-céu em Nova York, onde um funcionário trabalhava perto de um poço de elevador sem o cinto de segurança. Quando uma peça do piso quebrou inesperadamente, ele caiu e morreu. Um supervisor o viu sem o cinto no início do dia, violando os regulamentos de segurança, mas não o advertiu para que ele o colocasse. Não sei por quê, mas às vezes há uma sensação de que dizer às pessoas o que fazer é ruim — às vezes é ruim, mas às vezes é apropriado. Esse é um dos benefícios do pensamento red-blue — entender que, às vezes, é necessário dizer "faça de acordo com o procedimento" e, em outras, "como você vê isso?". Este era um caso em que a conformidade teria salvo uma vida. Use o cinto de segurança, conforme-se com isso.

Indivíduos se comprometem, grupos não. Compromisso é pessoal; vem de dentro.

CONSEQUÊNCIAS DA CONFORMIDADE

Na estrutura tradicional da Revolução Industrial, os executores não tinham escolha sobre em que, quando e como trabalhavam. Logo, não havia compromisso, só conformidade. Ela afeta o local de trabalho. A empresa de pesquisas Gallup faz uma enquete anual com os trabalhadores norte-americanos para medir seus níveis de "engajamento". É considerado engajado o trabalhador que está envolvido, entusiasmado e comprometido com o seu trabalho e o local de trabalho. Em 2018, a pesquisa do Gallup mostrou o maior nível de trabalhadores "engajados" desde que a enquete começou, em 2000. O percentual de trabalhadores engajados era de 34%, mostrando que 66% não estavam engajados ou estavam ativamente desengajados. O baixo nível de engajamento é resultado da cultura da conformidade.

A conformidade dispensa o pensamento e requer que a pessoa apenas siga as regras, instruções e ações determinadas por alguém. É fácil porque dá à pessoa o alívio de não participar do processo confuso de pensar e tomar decisões. Pior, a conformidade dispensa qualquer tipo de responsabilidade. Quando ocorrem muitos erros corporativos e operacionais, a frase mais comum é "estava seguindo ordens". A mensagem real é: eu não sou o responsável. Alguém tomou a decisão. Conformidade.

A conformidade também não requer muito contexto.

"Faça isso."

"Por quê?"

"Porque estou mandando."

"Ah, OK."

Ela alivia os chefes do trabalho demorado e confuso de ter que explicar o que está acontecendo. Mas a falta de contexto cria uma situação frágil.

Tive uma experiência como capitão do USS *Santa Fe* em que disse à equipe onde a embarcação deveria estar à 0h. Não lhes dei explicação sobre por que precisaríamos estar lá ou as consequências de não estarmos. Em outras palavras, eu pedi conformidade. Quando acordei de manhã para checar onde estávamos, fiquei espantado de ver que era fora de posição. Por quê? Tudo veio à tona. Um pesqueiro entrou no caminho, depois um cargueiro apareceu. Uma coisa levou à outra. O oficial de vigília estava fazendo o melhor para *cumprir* minhas instruções, mas sem contexto ele não estava *comprometido*.

Conformidade faz com que seguir o procedimento seja a estrela-guia. O comprometimento faz com que alcançar o objetivo do procedimento seja a estrela-guia. Conformidade é o que Warren Beatty foi coagido a fazer com o cartão do Oscar.

Conformidade soa como:

- A segunda oficial do *El Faro* para um membro júnior da tripulação: "Somos os únicos idiotas aqui."
- O terceiro oficial do *El Faro* para um membro júnior da tripulação: "Confio no que ele está dizendo. Está a apenas 30 quilômetros de distância dos ventos de 100 nós — isso nem parece certo."

Outras frases comuns de conformidade que você deve ouvir:

- "Porque me disseram para fazer."
- "Porque diz isso."
- "Eu só faço o que me mandam."
- "Não sou pago para pensar."

COMO SE COMPROMETER

Enquanto a conformidade era a consequência natural da divisão de pessoas entre decisores e executores na Revolução Industrial, o compromisso é o que queremos agora. A conformidade pode ter funcionado em tarefas simples, físicas, repetitivas e individuais, mas não nas que são mais complexas, cognitivas, personalizadas e coletivas. A conformidade obtém apenas a realização mínima das exigências, enquanto o compromisso convida a um esforço discricionário.

Aqui estão três opções para executar a jogada do compromisso.

SAINDO DA CONFORMIDADE PARA O COMPROMISSO

1. Comprometa-se a aprender, não (apenas) a fazer.
2. Comprometa-se com ações, não com opiniões.
3. Divida em pequenas partes, mas faça tudo.

1. Comprometa-se a Aprender, Não (Apenas) a Fazer

Finalizamos a jogada de colaboração com a ideia de desenvolver hipóteses para testar em vez de tomar decisões para executar. Desenvolver hipóteses exige tomar decisões não somente sobre o que fazer, mas o que aprender. A ideia é que ela nos coloca em uma mentalidade de aprender e melhorar. A hipótese molda o próximo período de redwork não em prol do redwork, mas com a ideia de que aprendemos algo.

Preparar o cenário para o aprendizado no momento em que deixamos o bluework e mergulhamos no redwork nos ajudará de diversas formas no futuro. Primeiro, estaremos mais interessados no redwork em si. No caso do *El Faro*, como os oficiais sentiram ter pouco controle sobre a habilidade de intervir na decisão sobre a rota, observações sobre o vento e os mares foram de pouco interesse. Elas poderiam ter afetado o posicionamento detalhado do navio, mas não seria uma contribuição essencial para uma decisão futura. É a sensação de um senso de controle que aumenta os nossos sentidos com antecedência, pois sabemos que o que sentimos terá importância.

Em segundo lugar, uma mentalidade voltada ao aprendizado e à melhoria no início será reforçada quando sairmos do redwork e voltarmos ao bluework porque desejaremos invocar a jogada de melhoria, não a jogada de provação. A instrução do manual da Revolução Industrial sobre como tratar o redwork diz respeito à provação. Provar que sabemos o que estamos fazendo, provar que nosso produto funciona. Se queremos criar empresas ágeis, adaptáveis e resilientes, buscamos o "melhorar", mas isso será conflitante com o "provar". Definir nossa visão sobre o aprendizado no início do ciclo blue-red-blue tornará a jogada da melhoria mais eficaz quando ela vier.

Outro benefício de estabelecer um compromisso para aprender é que isso nos ajudará a evitar reagir mal a contratempos e desvios.

Focar um objetivo de aprender abaixa a barreira da transição do bluework para o redwork. É irônico, mas ter uma meta de desempenho na verdade torna mais difícil entrar no âmbito da produção. Lembre-se de Sue, presa no modo azul. Ela é propensa a refletir e debater, e hesita tomar uma decisão, um compromisso de começar a fazer. Uma das coisas que assusta Sue é que ela vê o compromisso iminente com o redwork como um período em que ela precisa provar alguma coisa, que tomou a decisão correta, que a equipe consegue finalizar o trabalho. Isso é assustador. Isso está deixando-a travada.

Em vez disso, se Sue pensar no próximo período de redwork como parte de um ciclo de aprendizado (fazer uma previsão, então testar a previsão, observando o que acontece, e depois refletir sobre as observações, com respeito à nossa previsão), será mais fácil para ela fazer a transição da ruminação e do planejamento para a ação.

A razão pela qual é mais fácil nos comprometermos com a ação quando nos colocamos no modo de aprendizado, assim como a de sermos mais resilientes em ação diante de contratempos, é que isso influencia a maneira como nossos cérebros são conectados. Os humanos (mamíferos em geral) gostam de explorar, descobrir e aprender novas coisas. Nossos cérebros estão preparados para responderem positivamente à novidade de ver o que há na próxima esquina ou no próximo topo da montanha. Os psicólogos chamam isso de "sistema de busca". Quando nos colocamos em um período de fazer e temos uma curiosidade lúdica sobre o que pode acontecer, estamos ativando o nosso sistema de busca — e a vida se torna mais divertida e interessante.

As palavras de abertura da série mundialmente famosa *Star Trek* (o primeiro episódio foi em 1966!) exploram esse desejo.

> Espaço: a fronteira final. Estas são as viagens da nave estelar *Enterprise*. Sua missão contínua: explorar novos mundos estranhos,

procurar nova vida e novas civilizações, ir corajosamente aonde ninguém nunca esteve antes.

Então, a pergunta a se fazer no final de uma reunião de bluework não deveria ser somente "O que vamos fazer?", mas também "O que vamos aprender?".

2. Comprometa-se com Ações, Não com Opiniões

Quando nos comprometemos ou buscamos que membros da equipe assumam um compromisso, um erro é tentar fazer as pessoas "entrarem a bordo" — em outras palavras, não só fazê-las alinharem-se às suas ações e comportamentos, mas também a mudar a mentalidade. A melhor forma é, simplesmente, comprometer-se com ações. Para qualquer decisão significativa, é provável que você tenha pessoas que escolheriam caminhos diferentes. O que a empresa precisa é que a organização inteira se alinhe com as ações necessárias para apoiar a decisão. Tentar convencer as pessoas de que elas também precisam alinhar suas mentalidades acrescenta um fardo que atrasa o avanço e exige que elas admitam que "estavam erradas". Uma vez que a ação aconteça imediatamente após a decisão ser tomada, não sabemos quem estava errado, se é que alguém estava.

Imagine que você tem que tomar uma decisão sobre uma proposta de um funcionário. Seu colega afirmou que pretende alterar uma campanha publicitária de uma certa maneira. Na hora em que você ouve o plano, sente uma reação negativa. Sua experiência pessoal lhe diz que é uma má ideia. Você acredita que vai, por exemplo, perder vendas ou desperdiçar recursos. Não é uma questão ética nem ninguém vai morrer, mas simplesmente não é a melhor coisa para a empresa. Ainda assim, como isso acontecerá no futuro, como todas as decisões, você não tem 100% de certeza.

O compromisso que você pode assumir, como líder, é apoiar a decisão com suas ações e ver o que acontece. Você não tem que acreditar que é uma boa ideia, apenas que há uma chance suficiente de arriscar quais recursos limitados serão gastos nela. Você também está avaliando o impacto de aprendizado desse colega e da organização. Isso é bom para a empresa.

O mesmo princípio se aplica se a situação for invertida. Se você pede à sua equipe para executar uma decisão em particular e há pessoas nela que não acreditam que aquela é a melhor forma de agir, você não tem que convencê-los daquilo. Você deve deixá-los se apegarem às próprias ideias. Desde que se comprometam a apoiar a decisão por meio de ações, os objetivos da empresa serão alcançados.

Tomada a decisão, não tente convencer os dissonantes e os *outliers* de que seus pensamentos estão errados. Ninguém pode saber se a decisão está correta — pelo menos não até depois do período de redwork, durante o qual você testará a hipótese na qual baseou sua escolha.

Ella's Kitchen é uma empresa de comida orgânica para bebês nos arredores de Londres. Seus líderes trabalharam para construir uma cultura mais colaborativa, em que as pessoas contribuem com suas ideias. Uma das ideias da equipe de produção era um biscoito macio a ponto de ser mastigável apenas com a gengiva chamado "melty sticks", que pudesse ser consumido por crianças de sete meses. As crianças gostariam de colocá-lo na boca e sentir que derretia enquanto mastigavam.

Tecnicamente, era um produto difícil de fazer — se ficasse muito duro, o deixaria afiado e assustador; se ficasse muito mole, derreteria rápido demais. Além disso, precisaria de uma embalagem especial, aumentando os custos de empacotamento e transporte do produto.

Por essa razão, a liderança não viu como um produto viável. Mas os líderes se comprometeram a construir essa cultura mais participativa e concluíram que precisavam cumprir sua parte no acordo, deixando a equipe tentar suas próprias ideias. Vendo como uma oportunidade de aprendizado, a liderança aprovou a produção.

Um ano depois, os melty sticks se tornaram o produto número um da empresa.

3. Divida em Pequenas Partes, Mas Faça Tudo

Imagine que você tem uma tigela de molho mexicano de sete camadas em mãos e, por alguma razão, se comprometeu a comer tudo. Como fará?

É claro que com uma mordida por vez, mas há duas formas de fazê-lo. Você pode primeiro comer todas as azeitonas do topo, depois o queijo, depois a salsa e assim por diante. Mas, agora, você transformou o processo de comer um molho mexicano de sete camadas em comer um molho de uma camada sete vezes. Instintivamente, você sabe que para ter a experiência total preferia comer uma colherada profunda, pegando todas as camadas em uma fatia fina, a fim de ter todos os sabores na mesma porção.

Esse é o conceito de "divida em pequenas partes, mas faça tudo".

Veja como poderia ter funcionado no *El Faro*:

Como sabemos, antes mesmo de deixar Jacksonville, na Flórida, o capitão decidiu fazer a rota completa até Porto Rico pelo Atlântico, mais exposta. Ele não pensou na viagem como uma série de pequenos desenvolvimentos de redwork, dividida por pontos de decisão de bluework.

Ações operacionais, como comandar uma embarcação de Jacksonville para Porto Rico, tendem a ter certos pontos de decisão que ocorrem naturalmente, determinados pela geografia, leis da natureza, momento e interação com outras organizações. Para o *El Faro*, a geografia da parte leste das Bahamas criou pontos naturais de decisão, onde deveria ter ocorrido o bluework. Entre eles, havia períodos de redwork para fazer a embarcação navegar conforme planejado.

Pensar na jornada em termos de um trecho contínuo até Porto Rico significava que qualquer possível ponto de decisão era sobrecarregado com a resposta padrão de que eles continuariam na rota exposta do Atlântico, a menos que fossem convencidos a trocá-la. Isso também significava que pegar o Velho Canal das Bahamas poderia parecer uma mudança nos planos, que exigiria justificativas adicionais.

Para decisões significativas como essa, seria melhor que ambos os planos fossem debatidos com a mesma probabilidade, para que uma decisão fosse tomada com base, tanto quanto possível, nas condições atuais e naquelas esperadas no mar, não nas esperadas na nossa mente. Isso ajuda a nos defender contra outra armadilha mental: o aumento do compromisso.

Inovações, novo design de produto e melhoria nos processos de manufatura podem não revelar as pausas naturais no bluework, como uma ação operacional faz. Neste caso, precisamos deliberadamente dividir o ciclo de melhoria em pedaços discretos e pequenos, mas cada um deve resultar em um produto completo, testável no mercado.

Aqui vai uma regra sobre a duração do ciclo blue-red-blue: curtos períodos de redwork aumentam o aprendizado, mas reduzem a capacidade produtiva, e vice-versa. Portanto, em ambientes e sob condições de alta incerteza e imprevisibilidade, precisamos de períodos de redwork mais curtos. À medida que o produto ou as condições externas se tornam mais definidas, podemos aumentar a duração do redwork.

Comprometer-se com um pequeno desenvolvimento também nos livra de ficarmos completamente engolidos pelo trabalho, mas por um curto período de tempo. Não precisamos guardar parte de nosso cérebro para monitorar se estamos no caminho certo, porque sabemos que teremos uma interrupção pré-planejada em breve.

Queremos assumir um forte compromisso emocional com uma pequena explosão de atividade (redwork) para atingirmos o propósito de aprender algo. Queremos nos comprometer com um pequeno desenvolvimento, mas também fazer tudo.

Às vezes penso nisso tudo como uma data de validade. Estamos nos comprometendo com um período de redwork, mas há um prazo para expirar. Nesse ponto, precisamos verificar se estamos no caminho certo.

COMO SÃO AS DECLARAÇÕES DE COMPROMISSO?

- "Pretendo iniciar a próxima fase do projeto. Nossa próxima pausa para o bluework será em dez dias."
- "Estamos planejando seguir em frente com a opção 1. Vamos fazer uma pausa e refletir no dia 15."
- "Estamos começando a próxima etapa de produção. Vamos montar 10 mil unidades e marcar uma reunião para revisar os nossos dados."

As declarações de compromisso devem incluir uma resolução para executar o redwork e um plano para voltar ao bluework, com base em atender alguma condição ou alguma duração de redwork.

Convocar uma declaração de compromisso de um membro da equipe pode ser feito dessa forma:

- "O que você está planejando fazer?"
- "Quando você vai voltar ao redwork?"
- "Quanto tempo você vai ficar no redwork antes do seu próximo período de pausa e reflexão?"
- "O que desencadeará uma pausa para esta próxima fase do projeto?"
- "Como saberemos se nossa hipótese foi testada?"
- "Qual é a data de validade deste compromisso?"

Na jogada de colaboração, discuti o poder de começar perguntas com "o que" e "quanto". Ali, havia o "como" probabilístico e o inquisitivo. O probabilístico soa como "Quanta certeza você tem?" ou "Qual a possibilidade de essa suposição ser verdadeira?". O inquisitivo nos ajuda a fazer perguntas neutras, abertas e curiosas sem julgamento. O "quanto" inquisitivo soa como "O quanto isso afeta?" ou "Qual a sua visão?".

Eis aqui uma terceira forma útil, a forma aspiracional. Nela, usamos o "o que" ou "como" para converter o bluework em uma resolução na qual podemos nos comprometer profundamente. A forma aspiracional pode ser usada na seguinte forma:

- "Como podemos começar?"
- "Como podemos testar de forma rápida e barata?"

Descobri que a forma aspiracional transforma o pensamento das pessoas em preocupação com os obstáculos e barreiras para considerar o que podemos fazer com o tempo e os recursos que temos. Isso transforma o foco, passando do que não podemos fazer para o que podemos fazer. A forma aspiracional nos leva até lá.

"O que" e "como" também ajudam aqui:

- "Como seria a menor divisão que podemos atingir?"
- "O que podemos fazer?"
- "Como seria isso?"
- "Como seria o primeiro passo?"

PODERIA, GOSTARIA, DEVERIA

Aqui está mais uma ferramenta para fazer com que uma pessoa ou equipe saia do bluework para o redwork. Ela é útil caso pareça que já tivemos planejamento, reuniões e discussões suficientes sobre algo e está na hora de se comprometer — deixar o bluework para trás e começar a fase de ação do redwork.

Quando temos conversas sobre compromisso, há uma sequência natural de "poderia", "gostaria" e "deveria" que vem nesta ordem exata. Isso ocorre porque partimos do "poderia" (o que é possível) para o "gostaria" (a condicional) e, finalmente, chegamos ao "deveria" (que transmite um senso de obrigação).

Alguns membros da equipe chegam para conversar sobre a ideia para um novo produto. A hipótese é que existe mercado para esse artigo inédito, que os clientes consideram consistente com a nossa marca. A equipe deve debater o que fazer e você quer ajudá-los a ir do compromisso à ação.

Você pergunta: "O que poderíamos fazer primeiro?"

"Bom, podemos fazer um site, colocar algumas fotos e ver se temos encomendas. Ou podemos conduzir uma pesquisa e ver quantas pessoas estariam interessadas em um produto como esse."

Então, "O que gostaria de fazer se fosse eu?".

"Gostaria de fazer o site, porque está testando pedidos reais e poderíamos colocá-lo no ar hoje."

"Ok, então o que deveríamos fazer?"

E eles começam dali. Se os membros da equipe parecerem presos no bluework, como nossa amiga Sue, preste atenção à linguagem para ver onde eles estão no padrão poderia-gostaria-deveria e os convoque para dar o próximo passo.

Esse é um dos poucos casos em que "deveria" não o deixará em apuros. No geral, eu vejo essa palavra ser usada de muitas formas inúteis. Por exemplo:

- "Deveria estar pronto."
- "Deveria funcionar."
- "Você deveria fazer assim."
- "Você não deveria se sentir desse jeito."
- "A empresa deveria nos dar cadeiras melhores."

TANTO POR UM CENTAVO QUANTO POR UMA LIBRA: A ESCALADA DE COMPROMISSO

Outra razão pela qual queremos pequenos aumentos e dividir o redwork em pedacinhos é que os compromissos tendem a se autorreforçar. É por isso que a decisão anterior do capitão de pegar a rota do Atlântico ganhou muito peso com o passar do tempo, tornando-se tão difícil de derrubar. Uma vez que nos comprometemos com um pequeno passo, temos a tendência de continuar o compromisso naquela direção. Eles não fazem uso pleno do bluework para avaliar se o próximo passo *deve* ser dado — pelo contrário, selecionam a informação que apoie suas decisões anteriores. O que está por trás disso?

A resposta se encontra em um fenômeno psicológico chamado "escalada de compromisso", o que significa que, uma vez selecionado um plano de ação, teimosamente o cumprimos, mesmo diante de evidências de que ele está falhando. A escalada de compromisso é a razão pela qual investidores se mantêm em posições de perda por muito tempo. É por isso que muitas empresas continuam colocando dinheiro em produtos fracassados. É por isso que o governo continua perseguindo políticas fracassadas. Esse é o fenômeno que resulta em pessoas que justificam decisões que deram errado ao redefinir o sucesso após o fato.

A escalada de compromisso funciona dessa forma: nos deparamos com uma decisão e tomamos uma. Agora, nos sentimos responsáveis pelo resultado dela, mas as coisas não aconteceram da forma como planejamos. Há evidências de que a decisão estava errada.

A coisa racional a se fazer nesse caso é parar, reavaliar e mudar o curso, mas isso não é o que a maioria dos seres humanos faz. Eles acabam insistindo em tentar mudar a decisão perdedora para uma vencedora. Às vezes, isso é louvável (por exemplo, quando você tem um alto grau de controle sobre o resultado). No entanto, em alguns casos em que a decisão se baseia em fatores amplamente fora do seu controle, essa não é a abordagem mais eficaz. Você tem que ser cauteloso aqui, porque superestimar sua habilidade em controlar a situação o levará mais prontamente à escalada de compromisso. Ela também pode alimentar uma sensação de futilidade entre os membros da equipe sobre o valor de se expressar e pode corroer sua autonomia e controle.

Em 1974, o professor Barry Staw dirigiu um experimento para investigar se e por que as pessoas investiriam mais em uma decisão perdida. Ele ficou perturbado com o processo de tomada de decisão que levou os Estados Unidos a se envolver cada vez mais no sudeste da Ásia e na Guerra do Vietnã. Ele queria entender a base psicológica para a péssima tomada de decisão.

A Guerra do Vietnã completava 18 anos e os Estados Unidos tinham encerrado seu envolvimento militar direto apenas um ano antes. O conflito foi altamente perturbador na sociedade e na política norte-americanas, e a escalada e envolvimento contínuo na década de 1960 foram considerados como exemplo de gastar dinheiro na esperança de recuperar o mau investimento.

Em memorando ao presidente Lyndon Johnson em 1965, George Ball, secretário de Estado à época, apontou o caso da escalada de compromisso:

> Uma vez que um grande número de tropas norte-americanas está comprometido com o combate direto, elas começarão a sofrer baixas pesadas em uma guerra na qual estão mal equipadas para lutar em uma zona não cooperativa, se não totalmente hostil.
>
> Depois de sofrermos grandes baixas, teremos iniciado um processo quase irreversível. Nosso envolvimento será tão grande que não poderemos — sem uma humilhação nacional — deixar de alcançar nossos objetivos completos. Das duas possibilidades, acho que a humilhação seria mais provável do que alcançar os nossos objetivos, mesmo depois de termos pago um preço terrível.

O memorando de Ball foi tornado público no caso Documentos do Pentágono (*Pentagon Papers*, em inglês), no ano de 1971.

O Dr. Staw criou um experimento inteligente para testar essa hipótese. Estudantes de MBA foram colocados em uma simulação na qual deveriam tomar uma decisão sobre um investimento. Eles eram executivos de uma empresa manufatureira que estava tendo vendas reduzidas e lucros decrescentes. Além disso, eram os responsáveis por dividir um investimento de US$20 milhões em pesquisa e desenvolvimento entre duas divisões da empresa: as de bens de consumo e de produtos industriais. Como parte da simulação, houve uma decisão similar cinco anos antes, e os estudantes tiveram acesso aos dados dos resultados daquela decisão. Metade deles tinha números que mostravam que a escolha anterior tinha sido um sucesso e a outra metade, dados que apontavam um fracasso.

Mas aqui estava outra diferença. Eles, então, dividiram o grupo ao meio novamente. Metade somente tinha lido sobre a decisão anterior, enquanto a outra foi selecionada porque, na verdade, havia tomado a outra decisão, como parte do estudo anterior.

Quando confrontados com a evidência de uma má decisão que eles mesmos tomaram, os estudantes de MBA investiram uma média de US$13 milhões, ou dois terços dos fundos disponíveis, na divisão que apresentava perdas. Quanto aos alunos que só leram a decisão anterior, o dinheiro foi dividido de maneira mais uniforme, favorecendo a divisão lucrativa e alocando uma média de US$9 milhões para a que estava no vermelho.

Quando o professor Staw publicou seu estudo no *Journal of Organizational Behavior and Human Performance*, em 1976, chamou-o de *Knee-deep in the Big Muddy* ("atolado na lama até os joelhos", em tradução livre para o português) — uma referência à Guerra do Vietnã, que os soldados chamavam de "the Big Muddy" ("o Grande Lamaçal").

Embora a história ainda esteja se desenrolando, há evidências de que a primeira-ministra britânica, Theresa May, ficou presa à escalada de compromisso ao lidar com o processo do *Brexit*. Ela reagiu às críticas de sua abordagem, tentando ser convincente ao dizer "o *Brexit* é o *Brexit*" e que a Grã-Bretanha sairia da União Europeia em 29 de março de 2019 por diversas vezes.

Ao ser confrontada com fortes evidências de que sua abordagem não estava funcionando (a maior derrota na história do Parlamento), ela simplesmente reforçou seu compromisso.

No mundo do redwork, a escalada de compromisso soa dessa forma:

- "Nós começamos, agora vamos terminar."
- "Já tomei minha decisão."
- "Nós vamos fazer isso. Resistir é inútil."
- "Vamos lá!"
- "Estamos perdendo tempo à toa."
- "Falhar não é uma opção."

A bordo do *El Faro*, essas foram as declarações de escalada de compromisso:

- "Então, temos que resolver apenas isso."
- "Você não pode fugir (de) todos os padrões climáticos."
- "Nós vamos ficar bem — não devemos — nós vamos ficar bem."

Em resposta ao comentário de que estavam indo direto para o furacão:

- "Eu não teria feito isso de outra forma."
- "(Tudo) deve ficar bem."
- "Esse navio consegue aguentar."
- "Ah, não, não, não! Nós não vamos dar meia volta — não vamos dar meia volta!"
- "Bem, isso é um dia normal no Alasca. É assim."

O capitão até falava em pegar o Velho Canal das Bahamas na volta em e-mail enviado à corporação de operações, para obter permissão. Ele também mencionou isso algumas vezes na ponta de comando, à tripulação. Então, o que torna tão fácil falar sobre pegar o Velho Canal das Bahamas na volta, mas tão difícil fazê-lo na ida? A escalada de compromisso.

Em outro exemplo, a Kodak inventou as câmeras digitais em 1975. A Polaroid também desenvolveu a tecnologia nos anos 1990. Mas, em ambas as ocasiões, as câmeras digitais ameaçavam os enormes lucros das empresas com a venda de filmes. Todas as decisões anteriores colocaram mais peso ao compromisso com o filme. Ambas perderam o momento da transição e acabaram falindo.

Vendedores conhecem há muito tempo o impacto que a escalada de compromisso causa nas pessoas e o usam para incentivar possíveis clientes em potencial a se inscreverem ou participarem em alguma coisa pequena, a fim de "fisgá-los" para algo maior.

Para se proteger contra a escalada de compromisso, reformule esses períodos de redwork como uma oportunidade de aprender, assim como de fazer. A ideia é facilitar ao máximo que uma equipe saia de um redwork que eles determinaram ser errôneo ou potencialmente errado.

SEPARAR O TOMADOR DE DECISÕES DO AVALIADOR DE DECISÕES

A ameaça do ego — a ideia de que os outros (ou nós mesmos) nos verão como incompetentes — é o maior culpado na escalada de compromisso. Em um artigo publicado no *Psychology Today*, em 2013, o autor de *Dar e Receber,* Adam Grant, afirma que uma maneira de nos proteger contra a tendência da escalada é separar o tomador de decisões do avaliador de decisões. Isso impede que o avaliador de decisão seja levado pelo investimento emocional que o tomador de decisão teve na decisão.

Foi isso que Andy Grove e Gordon Moore, da Intel, alcançaram emocionalmente quando conduziram um experimento mental no qual haviam sido demitidos e outras pessoas determinaram a direção futura da empresa. Na época, eles comandavam a Intel, e se tornaram ricos e famosos ao fabricarem chips de memória. Mas o mercado se tornou saturado e as margens estavam sob pressão. A decisão de bluework deles era se a empresa devia ou não apostar em um novo produto: os microprocessadores. O experimento mental permitiu que eles se separassem de suas decisões anteriores, dando-lhes a habilidade para sair e seguir em uma nova direção. Foi a separação psicológica como avaliadores de decisão atuais, deles mesmos, mas como tomadores de decisão originais (de, originalmente, construir chips de memória), que os protegeu contra persistir nos velhos hábitos. Funcionou.

Os programas de rotação corporativa (quando executivos alternam posições) também ajudam a reduzir a probabilidade da escalada de compromisso. O novo executivo, sem qualquer vínculo com as decisões tomadas pelo anterior, está mais apto a largar um projeto que não tem chances de sucesso. Um estudo realizado com gerentes de um banco na Califórnia que lidava com empréstimos inadimplentes constatou que a tendência dos gerentes em continuar emprestando dinheiro a pessoas que não podiam pagar suas obrigações anteriores era menor quando havia maior rotação.

Uma forma prática de separar o avaliador de decisão do tomador de decisão é fazer com que o funcionário sênior da organização atue como avaliador e um dos juniores seja o tomador de decisão. Não é desta forma que a maioria das empresas é organizada e, em muitas delas, é o funcionário sênior quem normalmente avalia e faz cada escolha.

No caso do *El Faro*, o capitão era tanto o tomador quanto o avaliador de decisões. Ele que decidiu tomar a rota do Atlântico. Após a escolha ser feita, a localização, o caminho e a força da tempestade não correspondiam ao que foi assumido antes dela; a formação dos mares, a direção dos ven-

DEIXANDO O BLUEWORK PARA TRÁS: COMPROMISSO

149

tos e a resposta da embarcação começaram a dar pistas de que aquela foi uma má decisão. No entanto, o capitão, como membro sênior da embarcação e aquele que avaliou se a escolha foi boa ou não, se viu no papel de julgador de sua própria deliberação. Psicologicamente, era necessário que ele admitisse que a decisão anterior estava errada. Embora as pessoas possam fazer isso (uns mais facilmente que outros), isso coloca uma barreira. Uma estrutura mais resistente faria um oficial júnior "tomar" a decisão e manteria o capitão, unicamente, em um papel de avaliador. Ao ser apresentado com a informação de que sua decisão anterior em tomar a rota do Atlântico era um curso de ação errado, o capitão não conseguiu mudá-la.

Além disso, vimos como era difícil para os outros oficiais contestar o capitão em uma decisão que ele havia tomado, por causa da autoridade e da posição de capitão, além da cultura de "trabalhar contra o relógio".

Como é a alternativa nas empresas? Ela reside na palavra "pretensão". Nessas firmas, os membros júnior vêm aos líderes e dizem o que pretendem fazer. Também explicam a razão por trás da decisão, incluindo os componentes técnicos e de segurança da escolha, e o objetivo e o alinhamento dela com os objetivos da organização. Eles pedem opiniões aos colegas e permitem aos líderes sênior vetarem a decisão. Porém, se não houver o veto, eles seguem adiante.

Um proprietário de um produto, considerando o compromisso entre o lançamento no prazo e o seu atraso para adicionar algum recurso (especialmente se for o desejo do chefe) pode falar: "Nós pretendemos lançar o produto no prazo" e, então, dar as razões para tal.

Um supervisor de produção, após encontrar defeitos inesperados em uma amostra de produto de saída, pode relatar: "Pretendemos atrasar o envio para realizar uma segunda inspeção", dando as razões para tal.

O comprador de uma empresa de manufatura, insatisfeito com os produtos de seu fornecedor, pode declarar: "Pretendemos mudar para um novo fornecedor destas peças" e, então, mostrar a pesquisa que o comprador fez entre outros fornecedores.

Um vendedor, percebendo a chance de abrir um novo mercado, pode declarar: "Pretendo dar a este cliente descontos maiores do que o normal."

É importante reconhecer que a declaração de intenção inicial é apenas o começo da conversa e não estará completa sem a lógica por trás da decisão. Vários dos resultados sobre fazer negócios dessa forma se devem aos tomadores de decisão de nível júnior terem forte senso de propriedade, começam a pensar como membros seniores e possuírem um comportamento de agir porque decisões simples não são sustentadas em comitês.

Agora que estamos comprometidos com a ação, podemos mergulhar no redwork até completarmos o próximo período desse processo. Nossa próxima jogada está completa.

SAINDO DA CONFORMIDADE PARA O COMPROMISSO

1. Comprometa-se a aprender, não (apenas) a fazer.
2. Comprometa-se com ações, não com opiniões.
3. Divida em pequenas partes, mas faça tudo.

COMPROMISSO

A colaboração nos prepara para o compromisso. A coerção resulta na conformidade. O compromisso é melhor que a conformidade porque libera o esforço arbitrário nas pessoas. Para um trabalho de equipe complexo, cognitivo e personalizado, esse esforço é tudo.

As equipes em redwork têm a tendência de permanecer no redwork e o mesmo acontece com as equipes no modo bluework. Este ponto de transição ocorre quando executamos a jogada do compromisso.

Ao mesmo tempo, precisamos nos proteger contra a escalada de compromisso, com a qual tendemos a nos apegar a decisões passadas e continuamos investindo em um plano de ação errôneo.

As três formas de fazer o movimento do COMPROMISSO foram projetadas para minimizar as barreiras da ação e defender nossa organização contra a escalada de compromisso.

O compromisso vem de dentro; a conformidade é imposta externamente. O compromisso é ligado à motivação intrínseca, enquanto a conformidade é relacionada a uma motivação extrínseca.

Após o compromisso, podemos mergulhar no redwork até que COMPLETEMOS o próximo período desse processo, que é nossa próxima jogada.

O Fim do Redwork: Concluir

Henry Ford revolucionou a mobilidade humana em 1908 ao introduzir o Modelo T, que apresentou muitos elementos no carro que são familiares aos motoristas hoje. Alimentado por um motor de gasolina lubrificado a óleo de quatro cilindros, o Modelo T tinha pedais no chão à frente do motorista, quatro pneus de borracha inflados, dois faróis, para-brisas e um volante. Dias após o lançamento, Ford recebeu 15 mil pedidos. Mais de 15 milhões de Modelos T seriam vendidos nas duas décadas seguintes.

O pensamento de Ford para organizar suas equipes de produção foi altamente influenciado por Taylor, sobre quem falamos no Capítulo 2. Mais uma vez, a ideia era a de que a liderança descobrisse a forma (*One Optimal Way*) de produzir em massa (*One Optimal Design*). O ciclo de produção subsequente seria continuado pelo maior tempo possível. Essa abordagem reduziu os custos de redesenho, reformulação e reciclagem. Os carros foram produzidos com tanta eficiência que até as pessoas que os construíram puderam comprar. Em 1908, essa foi uma ideia revolucionária.

A Ford foi altamente bem-sucedida ao supervisionar o design e a produção do Modelo T. Sua abordagem disciplinada baixou o preço do carro de US$825, quando foi lançado, para US$260 em 1925. Na época, a linha de montagem da Ford podia produzir um Modelo T em 90 minutos. Por alguns anos, a Ford produziu mais carros do que todos os outros fabricantes somados.

Na época da Ford, o ritmo da inovação não era como hoje. James Watt criou o primeiro motor a vapor eficaz em 1776. Em 1859, 83 anos depois, Éttiene Lenoir desenvolveu o primeiro motor de combustão interna comercialmente bem-sucedido. Foram mais 27 anos até Karl Benz patentear o primeiro automóvel, em 1886, que parecia mais uma carruagem com um motor preso na parte traseira do que um carro moderno dos dias de hoje. *Outros 22* anos passaram até a Ford fabricar o Modelo T.

Compare essa linha do tempo com um exemplo moderno: em 2008, a Tesla atiçou o mercado ao lançar o Roadster, um sofisticado e atrativo carro elétrico. Dentro de uma década, praticamente todos os principais fabricantes lançaram um veículo elétrico viável.

Projetistas e engenheiros da Ford trabalharam no papel, arduamente desenhando e redesenhando seus modelos — não havia ferramentas como o CAD para tornar o trabalho dos projetistas mais fácil. Além disso, reformular a fábrica para melhorar qualquer aspecto do veículo era um esforço longo e caro. Fazia sentido travar o projeto e continuá-lo o maior tempo possível, minimizando as interrupções no processo de fabricação. Na visão de Henry Ford, a melhor forma era começar o redwork e deixar os redworkers se concentrarem em seus trabalhos, sem uma pausa planejada, até ser literalmente impossível continuar.

Mas o mundo estava mudando. O poder de compra dos consumidores aumentou durante os anos 1920, impulsionando a demanda por carros com apetrechos modernos e looks chamativos. A essa altura, Alfred Sloan havia sido nomeado presidente da General Motors Corporation. Além de refinar o processo da linha de montagem, Sloan experimentou a introdução de atualizações anuais em seus veículos. Os consumidores preferiam muito mais os modelos atualizados do que a aparência cansada do Modelo T.

As vendas do T atingiram seu auge em 1923, com 2 milhões de unidades vendidas. Em 1924 e 1925 elas despencaram, mesmo com as vendas de automóveis continuando, de um modo geral, a crescer. O mercado mudou. Após finalmente reconhecer o problema, Ford parou suas linhas de montagem por seis meses — interrompendo o redwork — para fazer uma reformulação. Mas foi muito pouco e feito muito tarde. A pausa de Ford deu à GM a oportunidade de alcançar e ultrapassar completamente o rival, tomando o que antes era uma liderança inalcançável.

Hoje, a combinação de um mundo em rápida mudança com custos de projeto reduzidos significa que a ênfase mudou da produção (fabricar ou fazer o que sabemos) para o aprendizado (O que é preciso para fazer ou fabricar?). Enquanto estamos no redwork, nos beneficiamos de uma mentalidade de provação. No entanto, nossa mentalidade geral guiando o ritmo de redwork-bluework é voltada à melhora. Quando nos preparamos para o redwork com uma mentalidade geral de melhoria de aprendizado e crescimento, estamos aptos a extrair o máximo possível de informações úteis de cada fase da produção para alimentar a inovação seguinte.

Algumas jogadas feitas por Ford aqui incluem:

- Obedeça ao relógio, não controle-o.
- Divida a organização entre executores (trabalhadores) e tomadores de decisão (gestores).
- Concentre os trabalhadores em fazer, não pensar.
- Uma vez na produção do redwork, devemos mantê-lo, o que podemos chamar de...
- Continuar. Continuar a produção ininterruptamente. Continue, não conclua e reflita.

Hoje, a maioria dos carros passa por um redesign fundamental a cada quatro ou seis anos.

Lembre-se do pobre Fred, nosso executivo sobrecarregado; ele herdou o manual de instruções de Ford. Assim como Ford, Fred trabalha obedecendo ao relógio; é focado em exigir que as pessoas façam as coisas, tem uma mentalidade de provar e executar e trabalha para manter tudo em movimento. Ao contrário da época de Ford, no entanto, inovação e mudança estão acontecendo mais rápido do que nunca e as pessoas que ele gerencia são muito mais instruídas do que a força de trabalho de Ford. Além disso, o trabalho que Ford treinou sua equipe para fazer (tarefas simples, repetidas, físicas e individuais) é bem diferente do trabalho em equipe complexo, cognitivo e em constante mudança de que a companhia de Fred necessita.

Fred precisa do nosso novo manual e da próxima jogada: CONCLUA.

NOSSAS JOGADAS ATÉ AQUI...

CONTROLE O RELÓGIO, não o obedeça.

COLABORE, não coaja.

COMPROMETA-SE, não cumpra.

E agora...

CONCLUA, não continue.

A conclusão marca o fim do período de redwork. Fazer a jogada completa significa pensar na tarefa em termos de pequenos pedaços do trabalho de produção (redwork) e intervalos frequentes para reflexão, colaboração, melhoria e criação de hipóteses (bluework). Concluir significa...

- Acabamos de coletar dados sobre esse experimento. Agora, vamos analisá-lo.
- Acabamos essa operação. Agora, vamos refletir sobre o que fizemos.
- Acabamos aquele ciclo de produção. Agora, vamos melhorá-lo.
- Acabamos essa versão do software. Agora, convidamos comentários.
- Atingimos a data de vencimento para essa decisão. Agora, vamos revisá-la.
- Terminamos essa fase do projeto. Agora, nós comemoramos.

- Estamos no final de um período de trabalho recorrente (por exemplo, no final de um trimestre durante o qual executamos um processo recorrente a cada semana). Agora, vamos comemorá-lo e melhorá-lo.

CONCLUIR É CRUCIAL

O manual da Revolução Industrial foi projetado para maximizar o tempo que a equipe gasta no redwork, na produção. Imagine a linha de montagem funcionando ininterruptamente pelo maior tempo possível. É por isso que as jogadas de gestão que adotamos hoje seguem todos os mesmos padrões: primeiro obedeça ao relógio, depois coaja as pessoas a fazerem o que queremos que elas façam, consiga que elas cumpram e continue o redwork pelo máximo de tempo possível. Maximize o tempo de produção por unidade. Qualquer parada na linha de montagem ou no redwork significa tempo ocioso e perda de recursos.

Uma forma de ajudar a manter esses longos períodos de produção é erguendo barreiras contra interrupções. Elas são a resposta às seguintes questões: "O que impede Beatty e Dunaway de pararem o Oscar?" e "O que está no caminho dos oficiais do *El Faro* para desviarem o navio para o Velho Canal das Bahamas?" Esta aversão a parar o relógio resulta em uma aversão a concluir processos.

Estamos programados a continuar: continuar o trabalho, continuar a próxima tarefa. Em uma linha de produção, mesmo que uma unidade esteja completa, o trabalho continua. A tarefa é repetida incessantemente. Não há senso de conclusão. Continue.

Em uma prestadora de serviços, um membro da equipe traz ao chefe um modelo para um novo panfleto de marketing. Após ler, as palavras do chefe são: "Bom, aqui estão algumas edições." Continue.

Em uma empresa de varejo, a equipe trabalha duro para desenvolver um recurso de protótipo para o site. Após disponibilizá-lo para um pequeno grupo de consumidores, o chefe pergunta: "Para quando posso esperar a próxima versão?" Continue.

Um funcionário toma a iniciativa de oferecer ao cliente uma solução inovadora para um problema de longa data, o que deixa o cliente feliz e traz uma boa vontade significativa para a empresa. A resposta da gerência é o silêncio. Continue.

Qual é o problema com isso? Por que precisamos concluir?

Bem, são três razões.

Primeiro, a falha em tratar a conclusão como uma etapa deliberada do processo se traduz em uma falha em ver o trabalho em elementos menores; é um erro que traz riscos. Um deles é a escalada de compromisso, porque vemos séries de produção ou ciclos operacionais mais longos ligados à decisão original. Isso torna a empresa menos propensa a mudar de rumo quando necessário. Continuar a produção do mesmo carro, como feito por Ford; continuar com o lançamento do foguete, como a NASA; continuar lendo o roteiro, como Beatty e Dunaway; e continuar a rota pelo Atlântico, como a tripulação do *El Faro*, são os tipos de erros que resultam da falha na conclusão. Ver o trabalho como uma ação longa e contínua significa que qualquer alteração imediata precisa superar a inércia do plano antigo antes de ser uma opção viável. Opções legítimas nos pontos de decisão provisórios são deficientes. Elas não estão competindo em igualdade de condições com os compromissos anteriores.

Conforme o redwork continua, começa a divergir da otimização porque o mundo ao seu redor está mudando. Foi o que aconteceu com Ford. O gosto do cliente muda, a tecnologia muda, o clima muda. Ciclos de longa duração e falta de oportunidades de conclusão carregam o risco de perder tempo, energia e recursos em atividades abaixo do ideal.

Segundo, uma falha na conclusão também afeta as pessoas na empresa. Não ter momentos de conclusão significa não ter momentos de celebração. Uma hora se funde à próxima; um dia ao outro. Sem conclusão, não sentimos um senso de progresso pelo que realizamos ou aprendemos. Não há oportunidade de contar a história ou de reforçar os comportamentos que nos permitiram ter sucesso. As pessoas ficam desanimadas e perdem o interesse. Comportamentos que apoiam a organização tendem a desaparecer.

Por fim, concluir serve para controlar o relógio proativamente, nos tirando do redwork e lançando-nos no bluework. Controlar o relógio nos dá a pausa operacional necessária para refletir e melhorar os nossos processos (melhorar será nossa próxima jogada). Além disso, o distanciamento psicológico dos nossos esforços anteriores, que ocorre após uma sensação de conclusão e depois da celebração, nos prepara para executar com êxito a jogada da melhoria. A menos que nos sintamos seguros em deixar nossos esforços passados para trás, nosso apego a esses esforços anteriores impedirá a exploração completa de como podemos melhorar.

A JOGADA CONCLUIR substitui a jogada de continuar da Revolução Industrial.

CONTINUE O PROCESSO

Vimos o movimento de continuidade com Ford e no *El Faro*. O capitão enxergou a jornada até San Juan, em Porto Rico, como uma longa ação contínua; e uma vez iniciada, assim como a produção de Ford, o manual cultural ergueu barreiras para interromper os processos. Se em ambos os casos a jogada de concluir tivesse substituído a de continuar, eles teriam pensado na tarefa como vários pontos em que o plano seria, deliberadamente, reavaliado. O ciclo de redwork-bluework teria incluído:

1. Bluework. Decisão. Quando e se deve partir do porto.
2. Redwork. Sair do porto e ir para o extremo norte das Bahamas.
3. Bluework. No extremo norte das Bahamas, decidir se deseja pegar o Velho Canal das Bahamas ou seguir a rota do Atlântico.

Desenvolver uma hipótese em que o clima dará suporte à rota do Atlântico.

4. Redwork. Navegar do extremo norte das Bahamas, ao longo da rota do Atlântico para Rum Cay, coletando informações para dar suporte à próxima decisão, que é...

5. Bluework. No ponto do atalho em Rum Cay, chamar a equipe para colaborar na decisão de seguir a rota do Atlântico ou rumar ao Velho Canal das Bahamas. Então..

6. Redwork. Ir de Rum Cay a San Juan ao longo da rota desejada.

Na descrição anterior, usei uma redação deliberada para a decisão no ponto de corte em Rum Cay para dar um peso igual a ambas as opções. Se pensarmos em termos da jogada da continuidade, poderíamos dizer: "Determine se continuamos pela rota do Atlântico ou se desviamos para o Velho Canal das Bahamas." Isso influencia sutilmente a decisão de continuar o plano existente.

O que aconteceu a bordo do *El Faro* foi que o capitão traçou a decisão original de pegar a rota do Atlântico até Porto Rico. Isso significa que pegar o protegido Velho Canal das Bahamas parecia um desvio do plano, criando uma grande barreira para ser ultrapassada. Os oficiais precisariam convencer o capitão a alterar um plano predeterminado. Pensar na viagem em pequenos pedaços, com mais pontos de decisão, ajudaria a preveni-los da escalada de compromisso de que falei no Capítulo 5.

Tomar decisões em meio à continuidade significa que, quando chegarmos a uma bifurcação na estrada, não a reconhecemos como tal. Em vez disso, parece uma estrada reta (continue) com uma saída (mudança de planos). A troca deve ser justificada, ao passo que simplesmente continuar o que estamos fazendo não precisa de justificativa. Continuar será o que faremos se não apresentarmos um motivo para não fazê-lo.

Imagine que sua filha está indo para a faculdade. Vocês vivem em Tampa e ela vai para Austin. É uma viagem de mais de 1.800 quilômetros. Você pergunta a ela quais são seus planos. Ela pode responder de duas formas. A primeira é "Vou dirigindo até Austin", e a segunda divide a viagem em pequenas partes: "Vou para Austin, mas vou começar indo até Pensacola, depois Baton Rouge, Houston e, por fim, Austin. Em cada lugar, vou ver o quanto estou cansada e se eu devo ou não parar para dormir."

Nesse segundo plano, dirigir é o redwork, enquanto parar e analisar o nível de cansaço é o bluework. É um plano melhor, estruturado para incluir períodos de bluework. É mais provável que ela pare quando cansar.

E como seria a jogada de continuar da Revolução Industrial?

Para o Sr. Beatty e a Sra. Dunaway, continuar a premiação.

Para a Kodak e a Polaroid, continuar produzindo filmes fotográficos.

Para a Blockbuster, continuar alugando DVDs.

Para Ford, continuar produzindo o Modelo T.

Para a tripulação do *El Faro*, continuar pela rota do Atlântico.

Esse desejo de seguir o que está sendo feito não está limitado aos locais de trabalho do passado. Trabalhei com uma empresa líder em tecnologia de hardware e os gerentes me contaram uma história. Eles continuaram produzindo milhões de unidades de um produto de tecnologia que não estavam mais vendendo, mesmo após ficar claro para "todos" que o mercado tinha mudado para um formato diferente. Agora, eles tinham que descartar as unidades obsoletas. Eles pagaram para fazê-las, para transportá-las, para armazená-las e, por fim, para se livrar delas. Por sorte, a força de seus outros produtos manteve a companhia durante essa queda. Mas nem todos têm tanta sorte.

Se todos os dias no trabalho (ou na vida) parecem iguais, é como se fosse, simplesmente, uma continuação do que você estava fazendo ontem, sem um fim claro à vista — então você está preso no modo continuar. Quanto disso descreve o seu trabalho? E o das pessoas mais abaixo na hierarquia da empresa? Na Marinha, costumávamos dizer "SSDD" (*Same stuff, different day*) ou "mesma coisa, dia diferente" em português.

COMO CONCLUIR

A jogada de concluir é o momento em que saímos do redwork e voltamos ao bluework, e muito ligada ao controle do relógio. Em alguns casos, serve para controlar o relógio de forma planejada e pré-programada. Planejar a duração dos períodos de redwork e a frequência das interrupções de bluework é um elemento-chave do projeto de andamento operacional para as organizações. Para influenciar o aprendizado e o crescimento, planeje períodos de redwork mais curtos, com mais conclusões. Para influenciar a produção, use longos períodos de redwork com menos conclusões.

Concluir serve para resetarmos mentalmente nossas decisões anteriores. A celebração é um momento essencial da jogada de concluir, pois nos dá a sensação de encerramento das atividades anteriores e, sentindo-se bem com o que foi feito, nos permitimos ir adiante. Esse desapego psicológico serve para nos proteger contra a escalada de compromisso e é fundamental para preparar o cenário para a autorreflexão e melhoria das críticas.

Aqui estão quatro formas para executar a jogada da conclusão.

SAINDO DA CONTINUIDADE PARA A CONCLUSÃO

1. Divida o trabalho em frequentes conclusões no início e poucas para mais tarde.
2. Celebre *com*, não para.
3. Concentre-se no comportamento, não nas características.
4. Concentre-se na *jornada*, não no *destino*.

1. Divida o Trabalho em Frequentes Conclusões no Início e Poucas para Mais Tarde

No início de um projeto ou no desenvolvimento de novos produtos, quando há uma grande variedade de opções na tomada de decisão, o ritmo de redwork-bluework deve ser influenciado pelo bluework, com ênfase no aprendizado. Isso significa muitas interrupções de bluework para o redwork e foco no crescimento, aprendizado e melhoria. Conforme o projeto avança, o espaço de decisões se fecha. Há poucas opções. A ênfase, agora, deve ser mudada para o fazer — e os períodos de redwork podem ser maiores, e as interrupções de bluework menos frequentes.

Imagine seu trabalho como um longo conjunto de escadas, não uma passarela em movimento. A parte plana da escada é o piso, que é a forma de seguir adiante (a parte redwork), de fazer as coisas.

A parte vertical da escada é a sua elevação, que é a parte da melhoria (a parte bluework), de fazer as coisas ficarem melhores. Não perdemos o foco do redwork em tentar fazer bluework e não contaminamos o bluework tentando finalizar o redwork. São pisos perfeitamente nivelados e elevações perfeitamente verticais.

À medida que o ritmo redwork-bluework muda de bluework pesado para redwork pesado, os pisos ficam mais extensos e as elevações, menos frequentes. Então, a escada não está uniforme ao longo de um projeto, de um programa ou da vida. Ela é íngreme no início e depois começa a ficar mais achatada, como uma ponte em arco.

O FIM DO REDWORK: CONCLUIR

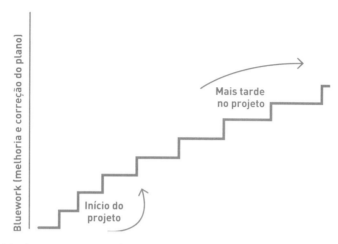

No início de um projeto, você deseja períodos mais curtos de redwork e períodos mais frequentes de bluework, visando a aprender e melhorar. À medida que o projeto amadurece, você deseja estender os períodos entre cada bluework para permitir mais tempo na produção de redwork.

Ao mesmo tempo, a mentalidade predominante durante a vida de um projeto muda: melhorar e crescer no início, e depois provar e executar. Nenhuma das mentalidades é monolítica, mas há muito a melhorar e pouco a provar no início; e muito a provar e pouco a melhorar no final. Após encerrar o projeto, temos então um longo período de bluework, pensando sobre melhorar a tarefa como um todo.

O líder tem o papel de ditar o ritmo de redwork-bluework para dar a ênfase apropriada ao bluework no início e ao redwork no final.

Aposto que você, provavelmente, já sentiu isso durante um projeto. No início, o produto pode seguir várias direções diferentes, porém, mais tarde, você só quer paz para finalizar o trabalho.

Frequente a poucos, é quando deve ser feita a jogada da conclusão.

Concluir Convida à Celebração

Concluir nos permite celebrar. Sem um sentimento de conclusão — de uma fase, marco, projeto, produto, trimestre —, há apenas um senso de continuar e nada para comemorar.

Mas "Por que eu deveria celebrar?" é uma questão que ouço frequentemente. "Afinal, eles estão somente fazendo seu trabalho. Eles podem comemorar quando receberem o pagamento." As pessoas que pensam dessa maneira são influenciadas pela estrutura e linguagem da Revolução Industrial, época em que os chefes pensavam dessa maneira. O trabalho é transacional, então por que parar para celebrar o trabalho da sua equipe, especialmente se isso vai impedi-los de trabalhar mais?

Feito corretamente, celebrar representa muito: dá uma sensação de realização, permite desapegar do passado e passar para a próxima fase e, se bem feito, reforça os comportamentos que nos permitiram ter sucesso.

Nos locais de trabalho de hoje, onde pensar, criar, inovar e tomar decisões são tão importantes, seria fácil para as pessoas fingirem que deram o melhor de si — e você, como líder, não teria como saber. Se queremos que as pessoas sejam totalmente envolvidas, precisamos recompensar o comportamento que desejamos, e isso significa celebrar aquele investimento.

Em um evento de treinamento de líderes, quatro executivos com capacetes de realidade virtual participaram de uma simulação imersiva de liderança. Ok, realmente era uma simulação de liderança *submersa*, porque eles estavam em um submarino, em uma missão de resgate. Trabalhando juntos, conseguiram salvar os passageiros de uma embarcação naufragada com sucesso. Mas não houve comemoração, aplausos, nem celebração de qualquer tipo, em reconhecimento aos esforços da equipe. Tão logo a missão foi completada, eles simplesmente continuaram para a próxima.

Na conferência de liderança de uma grande empresa de tecnologia, o CEO fez um anúncio: a companhia ganhou um grande prêmio por qualidade. O anúncio foi recebido com silêncio. Após um momento, o CEO continuou com outros assuntos em questão.

Em uma pequena empresa de consultoria, uma funcionária mandou uma mensagem para sua chefe com ideias para um novo produto, junto com alguns esboços. Sua chefe, atualmente viajando em um continente diferente, rapidamente responde: "Ótimo, mas e se..." e, então, sugeriu três melhoras no produto. A interação ocorreu logo depois.

Em uma multinacional de tecnologia, um veterano de 32 anos de casa que vive, come e dorme pela empresa está se aposentando. A firma tem a reputação de ser um dos melhores lugares para se trabalhar, com uma liderança esclarecida e fundadores que se importam com os funcionários. Mas os fundadores saíram há muito tempo. Por um lapso, o RH omitiu seu nome da lista de funcionários que estão saindo para a reunião geral que celebra os movimentos da empresa. Nenhum prêmio ou certificado de agradecimento foi entregue. De fato, nenhuma menção é feita à sua partida. Seus chefes e colegas, sem noção ou vontade de interromper o processo, nada disseram para resolver o problema.

São apenas alguns exemplos de formas em que, rotineiramente, erramos em celebrar nossas conquistas no trabalho. Aposto que você já viu alguns desses "exemplos" citados anteriormente.

Você pode ser muito cortês e respeitoso para deixar a aposentadoria de um colega passar despercebida, mas pense como você reage em situações mais cotidianas: qual é a sua resposta típica quando alguém da sua equipe mostra o trabalho que fez em um projeto? É uma pausa para observar e celebrar ou você está ansioso para seguir para a próxima coisa?

O que atrapalha uma comemoração?

Três coisas.

Primeiro, a pausa para celebrar toma tempo do trabalho de produção, reduzindo a eficiência e criando desperdício. Segundo, nos preocupamos que nossa equipe se tornará complacente e não estará motivada para continuar a próxima fase. Terceiro, não vemos os componentes do trabalho em pedaços, apenas uma grande esteira. Portanto, nunca chegamos ao fim de nada e não há nada a comemorar porque "não terminamos nada ainda".

A pausa para celebração é uma interrupção no redwork. E se durante ela os trabalhadores decidirem que algo não faz sentido ou receberem ideias sobre como fazer as coisas de maneira diferente quando voltarem ao redwork? Não há tempo para isso no chão da fábrica! Quando os líderes operam sob a velha mentalidade de obedecer ao relógio, coagir e realizar tarefas, a participação dos seus subordinados no processo de tomada de decisão pode minar seu senso de autoridade. Daí o implacável senso de urgência por parte dos líderes, o desejo de obedecer constantemente ao relógio. Não há tempo para pensar ou refletir; só para fazer. O que redworkers precisam é de advertência constante para seguirem concentrados no trabalho.

Na Revolução Industrial, quando havia uma clara distinção entre executores e tomadores de decisão, isso fazia sentido. O custo de administrar por métricas, objetivos e prazos, no entanto, é que os trabalhadores procuram atender, apenas, aos requisitos mínimos. Como não há satisfação pessoal no trabalho, porque o trabalho já é uma série de tarefas desagradáveis para serem concluídas, por que ir um centímetro acima ou além do necessário? Quando tudo o que você sabe é redwork, se torna especialista em prever exatamente a rapidez necessária para atingir o mínimo requerido no último momento possível. Você aprende a manter a cabeça baixa e cumprir a cota.

À medida que a proporção entre bluework e redwork aumenta para executores e tomadores de decisão (e como a fronteira entre os dois continua a se dispersar), esse fracasso em comemorar não faz mais sentido. Como você determina o esforço mínimo no bluework ou se o mínimo foi alcançado? Em uma construção, você pode contar os tijolos em uma parede e saber que o trabalho foi feito. Mas como você sabe se um empregado gerou ideias ou visões suficientes, ou se escolheu compartilhar todas as que teve?

Uma pausa na celebração custará uma certa e imediata quantidade de tempo de redwork da equipe, e os benefícios serão incertos no futuro. Quando pressionado, o custo imediato e certo substitui os ganhos futuros incertos. Quando paramos para celebrar, porém, reconhecemos o trabalho que vemos e os trabalhadores se sentem valorizados. Nossa equipe se sente melhor por seu trabalho e isso se traduz em maior engajamento, maior pensamento criativo e rotatividade reduzida. Se sentir valorizado motiva a pessoa a contribuir, por isso estabelecemos um futuro positivo. A comemoração valida tanto o bluework quanto o redwork; é um componente vital para um local de trabalho saudável.

Como a Comemoração Afeta o Comportamento

Em *Bringing Out the Best in People*, Aubrey Daniels analisa a estrutura do que causa mudanças de comportamento. A forma é chamada ABC.

A = Antecedente. O que acontece antes do comportamento.

B = O comportamento (*behavior*, em inglês) em si.

C = Consequência do comportamento. Isso o segue.

O que Daniels descobriu é que somente as consequências afetam a mudança de comportamento em longo prazo. Infelizmente, muitas pessoas, pais e líderes gastam energia com os antecedentes. Por exemplo, se queremos que as crianças arrumem a bagunça do quarto, nós persuadimos, ameaçamos, manipulamos, prometemos recompensas ou usamos outras táticas antes da arrumação. O que importa é o que acontece após a arrumação do quarto. Se for um rápido "que bom, você finalmente terminou", o comportamento tenderá à extinção, ou seja, a frequência desse comportamento diminuirá com o tempo. Seus filhos vão parar de arrumar o quarto. A mesma coisa acontecerá no trabalho. Se não virmos e reconhecermos o comportamento, os bons comportamentos também sumirão.

O trabalho de Daniels foi além. Ele classificou as consequências em três dimensões:

- imediata ou tardia;
- positiva ou negativa;
- certa ou incerta.

Acontece que recompensas imediatas, positivas e certas são mais poderosas para estabelecer e manter um comportamento. De um modo neurológico, isso explica por que fumar é tão viciante. A dose de nicotina que vem depois de fumar é imediata, positiva e certa. Embora os fumantes saibam logicamente que fumar aumenta o risco de câncer, a consequência é tardia, negativa e incerta.

Como líderes, a forma de sair da persuasão e manipulação, e esperar por certos jogos comportamentais é se concentrar em recompensas psicológicas imediatas, positivas e certas após observarmos os comportamentos que são úteis e eficazes nos negócios.

Vi isso em primeira mão. Quando assumi como capitão do USS *Santa Fe*, os oficiais e a tripulação pareciam os piores da frota. Seus uniformes eram colocados de forma desleixada e muitos não usavam crachás, que é parte do uniforme, mas parece desnecessário, pois é claro que sabemos o nome um do outro. Na nossa reunião matinal, do primeiro dia, chamei o único oficial que usava o crachá e agradeci a ele. No dia seguinte, vários oficiais também o usavam e eu fiz o mesmo. Em pouco tempo, todos os oficiais não estavam somente usando seus crachás, mas os uniformes estavam limpos e passados. Então, como em um passe de mágica, os chefes (os próximos na hierarquia) começaram a copiar os oficiais. Dentro de um mês, mais ou menos, toda a equipe se vestia de forma profissional. Então, eu escolheria outra coisa para reconhecer (como ser proativo e declarar a intenção) e mudaríamos isso.

Estou nomeando celebração como a consequência positiva que seu pessoal experimentará, que fará com que eles mantenham o bom comportamento. Mas ela é mais do que um simples comentário de "bom trabalho".

2. Celebre *Com*, e Não *Para*

Mesmo quando uma realização não é ignorada ou subestimada e há um reconhecimento, geralmente ele é superficial, seguido quase que imediatamente por críticas. Estou certo de que você já ouviu (ou falou): "Bom trabalho! Agora, eu mudaria isso..." Há muitos problemas com esse tipo de celebração, pois ela não se concentra por tempo suficiente na realização. Além disso, não convida a pessoa a contar a sua história, incluindo quaisquer problemas enfrentados, ou o que ele vê como possíveis próximos passos. Não revela nenhuma observação útil. Vem de um local de autoridade, não de colaboração. Por fim, a celebração é *para* alguém, não *com* alguém.

Celebração não significa "louvar". Muitos de nós fomos condicionados (normalmente, por nossos pais) a agradar pessoas de fora. De fato, os elogios tradicionais são inúteis no trabalho porque são controladores, manipuladores e condescendentes.

O FIM DO REDWORK: CONCLUIR 169

- "Bom trabalho."
- "Estou orgulhoso de você!"
- "Você realmente se superou aqui."

Aí estão alguns exemplos de celebração *por*. Eles são chamados assim por estar me apropriando de bons sentimentos de celebração (pais fazem isso) e estou me estabelecendo como juiz. Há uma transferência da recompensa para nós em vez de deixá-la com a pessoa, como é o caso de "Estou orgulhoso de você!". Estou me apropriando da sua recompensa psicológica (eu que me sinto tão orgulhoso). Esse é o meu bom sentimento. Ao alvo do elogio, a motivação é vista como extrínseca, não intrínseca. Em vez de ser uma satisfação interna por causa da própria realização, ela vem de uma fonte externa: fazer seus pais ou chefe felizes.

Além disso, esses tipos de observações assumem que um gerente ou líder tem o direito de julgar. Mais ainda, o objetivo claro dessas declarações é aumentar a frequência do comportamento elogiado. Isso é manipulação e estimula somente uma mentalidade de agradar as pessoas.

Para celebrar *com*, não *por: aprecie, não avalie; observe, não julgue; e premie, não elogie.*

Celebrar descrevendo o que você observou e sinalizando apreço pelos comportamentos pode soar desta forma:

- "Vejo que você organizou a apresentação em três seções — agora tenho os seus pontos organizados na minha cabeça."
- "Parece que o produto será lançado a tempo. Sua equipe coordenou o processo com todos os departamentos."
- "Vi que a proposta foi enviada ontem. Obrigado. Isso permitirá ao cliente vê-la antes do fim de semana."

Declarações descritivas podem começar com "eu vejo", "eu percebi" e "parece".

Você pode treinar isso agora. Feche o livro e ande por seu escritório ou sua casa. Encontre alguma coisa que outra pessoa tenha feito e diga o que você reparou. Por exemplo: "Percebi que o e-mail que você enviou ao cliente ofereceu um caminho claro para o projeto", ou "vi que você encheu o tanque do carro, o que me ajudou porque não teria tempo de fazê-lo amanhã de manhã, antes de ir para o aeroporto". Seja específico e deixe o julgamento e a avaliação de fora. Somente descreva a ação e como aquilo melhorou as coisas.

Aprecie, não avalie. Em vez de falar "Você mostrou grande liderança, fazendo com que sua equipe entregasse a tempo", diga "Eu o vi coordenando frequentemente com sua equipe para entregar a tempo; pareceu ser um processo de entrega disciplinado". A primeira declaração apresenta o comportamento da pessoa como "grande liderança" — conforme avaliado por você. Isso encoraja o indivíduo a tentar repetir o mesmo comportamento, de forma igual, para receber mais elogios. Também é uma avaliação deles por meio dos seus olhos e uma coisa sob a qual eles têm zero controle. A segunda declaração empodera o indivíduo, estimulando o aprendizado e comportamentos que encarem o risco. Essa declaração também rotula um comportamento (esforço) que *está* no controle deles.

3. Concentre-se no *Comportamento*, Não nas *Características*

A psicóloga Carol Dweck descobriu que elogiar alguém por meio de atributos ("Você é tão inteligente" ou "Você é tão talentoso") leva a pessoa a se identificar com aquele atributo. Uma vez que aquilo se torna parte da sua identidade, a pessoa tende a evitar cenários que desafiem aquele atributo. Essencialmente, traz o efeito oposto do que o pretendido.

No estudo de referência de Dweck, crianças de cinco anos foram solicitadas a montar um quebra-cabeça simples o suficiente para qualquer idade. Quando elas conseguiam, metade era elogiada por sua habilidade própria de resolver a brincadeira ("Você é um ótimo solucionador de quebra-cabeça!") e a outra, por seu comportamento ("Você trabalhou duro para montar o quebra-cabeça!"). Então, ela perguntou às crianças qual quebra-cabeça queriam resolver a seguir: um fácil (parecido com o que tinham acabado de finalizar) ou outro mais difícil. Das que foram elogiadas pelas habilidades, menos da metade escolheu o mais difícil. Mas, entre as elogiadas pelo trabalho duro, mais de 90% optaram pelo mais desafiador.

Adultos não são diferentes. Em resumo, se estivermos condicionados a pensar em nós mesmos como "o mais inteligente", vamos evitar desafios que realmente testem nossa inteligência e seus limites. Obviamente, enfrentar estes desafios é a única maneira de aprender e crescer. Portanto, o tipo errado de elogio se torna estúpido, minando a disposição em aprimorar nossas maiores forças.

Como líder, você precisa estar consciente de como um comentário positivo pode ter consequências negativas se for entregue de forma inadequada. Então, como regra geral, reconheça o comportamento que é controlável (tais como a dedicação para encarar os obstáculos, revisão cuidadosa antes de agir e convidar outras pessoas a dar sua opinião antecipadamente sobre uma ideia) em vez de elogiar alguém por uma característica ou capacidade intrínseca, como ser um "pensador profundo" ou um "líder natural".

Para melhorar a performance, celebre o que as pessoas conseguem controlar (seus esforços), e não as coisas que eles não conseguem (os resultados). Por exemplo, digamos que uma equipe de desenvolvedores de software conclua um período de redwork. Em vez de falar "Estou orgulhoso que vocês conseguiram", tente algo como "Parece que foi necessária uma coordenação difícil entre os departamentos para entregar esse produto".

Quando a equipe de produção interrompe uma linha porque defeitos do material estão causando discrepância em um produto, não recorra a frases como "Bom trabalho parando a linha de produção", ou pior, "O que é dessa vez?". Prefira assim: "Obrigado. Detectar essa falha e pedir uma pausa nos ajudará a resolver isso da forma correta, de uma vez por todas."

4. Concentre-se na *Jornada*, Não no *Destino*

Um requisito para fazer observações é ter visto o suficiente das batalhas internas para constatar isso.

Normalmente pais e orientadores têm sempre o benefício de observar diretamente a criança ou o cliente, permitindo comentários sobre comportamentos específicos em vez de resultados. Nos locais de trabalho de hoje, as equipes podem ser distribuídas, e pessoas podem trabalhar remotamente ou em locais diferentes. Simplesmente por causa da natureza do bluework, podemos não ter uma linha direta de visão sobre o que o indivíduo fez durante o redwork. Então, como descobrimos? Nós perguntamos.

A pausa para celebrar nos dá a oportunidade de convidar a outra pessoa para contar sua história. Somente prestar atenção enquanto o indivíduo descreve as ações que tomou (dar um telefonema, conduzir uma pesquisa, colaborar com os colegas) envia uma mensagem poderosa.

Aqui estão algumas perguntas específicas para convidar alguém a contar sua história:

- "Diga-me que decisões fundamentais você teve que tomar."
- "Quais foram alguns dos obstáculos que seu time teve de superar?"
- "Como você teve essa ideia?"
- "Qual foi a parte mais difícil desse projeto?"
- "O que fez esse projeto ser divertido ou gratificante?"
- "Quais foram algumas das inspirações que você usou ao trabalhar nesse projeto?"
- "Diga-me mais sobre..."
- "Como você superou isso?"

Quando as pessoas estão contando suas histórias, tente detectar os pontos de virada no processo. Preste atenção a frases fundamentais como "Então nós decidimos que", "Chegamos numa encruzilhada" ou "Nós atingimos um obstáculo. O protótipo não estava funcionando, então nós...". Essa é a sua deixa para se aprofundar e fazer outras perguntas, como:

- "Que tipo de obstáculo foi esse?"
- "O que o levou a essa ação?"
- "O que aconteceu depois?"
- "O que te preocupou?"

Novamente, comece suas perguntas com "o que", "quanto" e "como". Mantenha-as curtas — tenha a certeza de deixar um espaço depois de fazer suas perguntas para deixar a brecha para uma resposta completa.

É a Jornada

The Biggest Loser é um programa norte-americano que acompanha 16 participantes durante 30 semanas para ver quem consegue perder mais peso. Vemos como essas pessoas vivem em um acampamento onde suam e passam fome (o vencedor da oitava temporada perdeu incríveis 108 quilos).

Todo o foco está no desfecho — atingir o objetivo e ser aquele que perde mais peso. Mesmo vendo alguns dos comportamentos que resultam na perda de peso e como os competidores estão imersos em um ambiente diferente e repleto de apoio, a estatística com a qual somos atualizados é, antes de mais nada, a pesagem. É um exercício de redwork completo, combinado com uma mentalidade de provação.

No último episódio, há uma grande celebração. Chove confete em cima do vencedor, no estúdio de TV, milhões aplaudem e eles são levados para Nova York para conhecer celebridades.

Infelizmente, a maioria deles recuperou o peso. Em 2016, um estudo publicado no jornal *Obesity* seguiu 14 dos 16 participantes da oitava temporada, que se encerrou em 2009. Treze deles ganharam peso e somente um estava mais magro que ao fim do programa. E quatro ficaram mais pesados do que quando o programa começou.

O que acontece depois que as pessoas atingem uma meta? No geral, nos negócios e na vida, nós *queremos* continuar com o comportamento que resultou em nosso sucesso ao alcançar um objetivo, mas não é isso que acontece. Acontece que, com essa informação, podemos ajudar outras pessoas e nós mesmos. Quando pensamos em atingir o objetivo como uma jornada e pensamos sobre o comportamento que nos permite chegar lá, estamos mais propensos a continuar com esse comportamento, com o resultado de que continuaremos a manter nossa meta, como no peso corporal. Quando pensamos no objetivo como um desfecho, um destino — a forma como o programa de TV nos leva a pensar sobre isso —, e o foco está no peso em si, então a probabilidade de manter os comportamentos que resultaram em alcançar o objetivo é menor. Acabamos engordando novamente.

Convidar pessoas a contarem a história de como alcançaram seus objetivos as leva a pensarem na consecução da meta como um marcador de quilômetros, em uma grande viagem, e não somente no marco final. Quando as pessoas pensam assim sobre suas realizações, estão mais propensas a continuar com o comportamento que resultou no alcance do objetivo. Esta é outra lição do estudo de *The Biggest Loser*.

Isso também é apoiado por pesquisas.

Em um estudo conduzido pela Escola de Negócios da Universidade de Stanford, as professoras Szu-Chi Huang e Jennifer Aaker acompanharam 106 alunos que concluíram um programa de educação executiva em Gana. Imediatamente após a graduação, os participantes foram conduzidos a uma "entrevista de saída", que era uma intervenção disfarçada de estudo. A alguns foi pedido para falarem sobre seus feitos usando uma metáfora da jornada, enquanto outros falaram sobre suas realizações usando uma metáfora de destino. Também havia outro grupo de controle sem introdução de metáfora. A metáfora da jornada é o que é preparado pela abordagem "conte a sua história". A metáfora de destino é a preparada pela abordagem de *The Biggest Loser*. Estas entrevistas foram limitadas a 30 minutos.

Seis meses depois, os pesquisadores concluíram que "quando executivos foram orientados a descrever sua meta alcançada como uma jornada, eles estavam mais propensos a continuar com um comportamento alinhado à meta". É mais provável que eles tenham mudado alguns dos processos de suas empresas para equiparar-se com negócios globais bem-sucedidos, conforme ensinado no curso.

No estudo, chamado de *The Progress Principle* ("O Princípio do Progresso", em tradução livre para o português), a professora Teresa Amabile, da Escola de Negócios de Harvard, e o pesquisador Steven Kramer descreveram pesquisas que confirmaram a eficácia de celebrar pequenas vitórias. Eles analisaram 12 mil entradas em um diário para determinar o que gera satisfação no trabalho. Um dos principais fatores era a recompensa de concluir uma tarefa e celebrar sua realização. Isso não pode acontecer se os líderes não estiverem dispostos a reconhecer e comemorar a conclusão, sempre respondendo com "Ótimo! E aqui estão três coisas que eu mudaria", antes de voltarem ao que estavam fazendo.

Chamo essa ação de liderança de "observar e celebrar" porque é muito importante parar, agradecer e demonstrar apreciação antes de passar a descrever esse esforço, sem falar na decisão sobre os próximos passos ou possíveis melhorias.

Em outro estudo liderado pelas professoras de Stanford, Huang e Aaker, 386 pessoas participaram de um programa de caminhada de 14 dias, seguido de um período de monitoramento pós-programa de três dias. A meta era andar um total de 100 mil passos em 14 dias. Os participantes concluíram uma pesquisa sobre o programa usando uma metáfora da jornada ou a de destino. Como antes, pensar no objetivo como parte da jornada é mais efetivo para ajudar a continuar o comportamento. Os que usaram a metáfora da jornada deram 50% de passos a mais durante o período extra de três dias de monitoramento.

Mas o estudo adicionou mais uma variável. Eles variaram o tempo em que as pessoas foram preparadas para pensar no programa em termos de objetivo ou jornada. Quando a pesquisa chegou perto do fim do programa, mas antes de os participantes atingirem a meta, a jornada da metáfora não teve o mesmo efeito. Esse era o grupo do "ainda não", as pessoas que estavam próximas do objetivo, mas "ainda não" tinham alcançado.

No trabalho, esse é o sentimento que temos ao final de um projeto em que o foco muda para a conclusão, e aumenta a duração dos períodos de redwork em relação aos de bluework.

Para os líderes, gerenciar a frequência da jogada de conclusão controlando a duração dos períodos de redwork e a frequência dos de bluework nos permite ter uma abordagem proativa para controlar o relógio. Se tirarmos uma fatia fina de compromisso e planejarmos a conclusão do redwork, nos protegemos em um grau elevado contra o gasto contínuo de tempo e recursos em um curso de ação falho. Preparamos o cenário para o próximo período de bluework. Essa é somente outra forma de pensar sobre a jogada de controlar o relógio e planejar a próxima pausa.

A conclusão nos dá não somente um senso de cumprimento, mas também uma separação psicológica da atividade anterior. Fechar os livros em nosso período prévio de redwork nos permite o desapego do ego dessas atividades e, também, que dediquemos recursos cognitivos que seriam atribuídos a esse projeto para um diferente, ou outro completamente novo. Pense nisso como dar um reboot em "seu" computador, permitindo um reset total, limpando toda a memória desnecessária e começando de novo. Ter celebrado a conquista anterior, relembrado a jornada e os comportamentos que nos fizeram ter sucesso e desapegado do ego que vem do senso de conclusão são precondições essenciais para aprimorar o próximo período de redwork... o que nos leva à jogada seguinte: MELHORAR.

SAINDO DA CONTINUIDADE PARA A CONCLUSÃO

1. Divida o trabalho em frequentes conclusões no início e poucas para mais tarde.
2. Celebre *com*, não para.
3. Concentre-se no comportamento, não nas características.
4. Concentre-se na *jornada*, não no *destino*.

CONCLUIR

Concluir marca o fim do redwork e é o sinal de que voltamos ao bluework. Porém, antes de chegarmos à colaboração do bluework, descansamos e comemoramos.

A conclusão trata do senso de progresso e realização. O progresso alimenta o progresso. A jogada de CONCLUIR também nos permite testar nossas hipóteses e as decisões que tomamos até agora.

Quando celebramos, devemos ter cuidado para não manipular ou fazer com que o louvor seja o objetivo da comemoração. O senso de cumprimento deve vir da conclusão da tarefa em si.

Ao comemorar, evite expressões como "ótimo, mas..." porque elas não permitem tempo suficiente para que alguém sinta que seus esforços foram apreciados.

Em vez disso, precisamos ouvir a história por trás da conquista. Isso nos permite entender os comportamentos. Sem entendê-los, estamos tentados a elogiar, não a valorizar, e a levar as nossas observações em direção às características, e não ao comportamento. Elogiar atributos como inteligência ou capacidade de liderança tende a programar as pessoas para evitar riscos, quando muitas vezes queremos o contrário. Em vez disso, observe as ações, os esforços e comportamentos que resultaram nos objetivos desejados que você está comemorando.

Isso significa que, quando celebramos, nós...

Concentramos no *comportamento*, não nas características e;

Concentramos na *jornada*, não no *destino*.

Executar a jogada de CONCLUIR também traz uma sensação de desapego psicológico de suas ações anteriores. Este senso de "continuar" e "deixar seguir" nos permite ver desapaixonadamente as nossas ações e decisões passadas, com o objetivo de nos tornar melhores. Executar a jogada de CONCLUIR nos leva à jogada de MELHORAR.

CAPÍTULO 7

Completando o Ciclo: Melhorar

A equipe que trabalhava em *Frozen* estava em apuros. Eles tinham acabado de fazer uma exibição-teste da versão inicial do filme, que gerou comentários bem negativos. *A Rainha da Neve*, animação baseada no conto de Hans Christian Andersen, contava a história de Elsa, nessa versão uma vilã fria e calculista, que enfrentava Anna, uma corajosa heroína sem parentesco algum com a rival. Aquilo não estava funcionando. Os criadores também não tinham muito tempo para diagnosticar e consertar o filme. A Disney já tinha anunciado a data de lançamento para menos de 18 meses.

Após avaliar cuidadosamente todos os comentários, o diretor de criação da Disney, John Lasseter, parou o relógio para o produtor e a equipe criativa: "Vocês devem levar o tempo que for necessário para encontrar as respostas." Ele não disse que o prazo não importava, mas ao usar estas palavras, ele fez a jogada de controlar o relógio, dando à equipe permissão para sair do redwork e se engajar no bluework, que não responde bem à pressão de tempo.

COMPLETANDO O CICLO: MELHORAR

Considerando o prazo e as chances, ninguém poderia culpar a equipe por se desesperar com a situação, ficar na defensiva por conta do bom trabalho que já tinham feito ou simplesmente acabar paralisada pela indecisão. Alguns times ficariam tentados a usar a jogada de provação da Revolução Industrial. Ela diz respeito a mostrar sua competência, provando que você é uma pessoa digna e merece seu trabalho e salário. A equipe explicaria seriamente por que tomou aquela decisão, justificando logicamente por que eles fizeram aquilo e perdendo tempo enraizados no passado, bloqueando o progresso futuro. Independentemente disso, nenhuma dessas coisas ajudaria a transformar um filme ruim em ótimo.

Na manhã seguinte, o produtor de *Frozen*, Peter Del Vecho, falou à equipe: "Em vez de focar as coisas que não estão funcionando, quero que vocês pensem sobre o que poderia dar certo. Quero que vocês visualizem suas maiores esperanças. Se pudéssemos fazer qualquer coisa, o que vocês gostariam de ver na tela?" Ele não estava perdendo tempo na jogada de se provar, mas trazendo à tona a de melhorar.

"Elsa tem que ser uma vilã?"

"E se Elsa e Anna fossem irmãs?"

"E se ela tivesse medo de quem ela é? E se ela tivesse medo de magoar aqueles que ela ama?"

Uma vez dada a permissão para se desvencilhar de qualquer coisa da versão atual, os criadores ficaram mais à vontade lançando novas ideias na mistura, sem se preocuparem em magoar ninguém ou em criar mais trabalho para si mesmos. Ao considerarem a ideia de Elsa e Anna serem irmãs, imaginaram um personagem tridimensional, sobrecarregado por (ou incerto sobre) seus poderes, em vez de um personagem sem graça representando uma rainha má que fazia o mal simplesmente por fazer. Eles também repensaram o final, deixando de lado o "príncipe beija a princesa e está tudo bem". Livres da pressão do "apenas faça" que o modo redwork traz, de repente eles conseguiram imaginar uma abordagem nova e surpreendente para contar uma história já conhecida.

Nesta versão de *Frozen*, Elsa teme seus poderes, afastando-se de sua irmã mais nova, Anna, para protegê-la. Enérgica porém ingênua, Anna busca restabelecer o vínculo com a irmã, criando o conflito central. Conforme o novo roteiro se desenvolvia e os temas apareciam, ficou claro que a jornada de Elsa era sobre medo, e a de Anna, sobre amor. Para explorar mais profundamente essa dinâmica de irmãs, o estúdio convidou funcionárias para compartilharem as próprias experiências com suas irmãs. Foi feita até uma "conferência de irmãs", para explorar essa relação como parte principal do novo roteiro, em uma tentativa de tornar as interações entre Elsa e Anna as mais reais e relacionáveis possíveis.

Após abandonarem a ideia de Elsa como vilã, os compositores Robert Lopez e Kristen Anderson-Lopez viram a oportunidade de compor para a personagem um novo sucesso, chamado *Let It Go*, sobre "uma menina apavorada, lutando para aceitar e controlar seus dons".

Frozen se tornou o filme da Disney de maior bilheteria de todos os tempos. *Let It Go* foi um sucesso, atingindo o topo da parada da *Billboard*, faturando muitos milhões e sendo ouvida online por outros bilhões.

Muitas das estratégias que "descongelaram" *Frozen* são componentes da jogada de melhorar. A melhoria — que provém da análise detalhada e sem influência pessoal de ações passadas e de uma profunda reflexão sobre o que poderia ser melhor — é o propósito principal do bluework, que é feito para melhorar o redwork. Isolado, o bluework não tem utilidade. Ele é relevante somente na medida em que melhora o redwork: mais eficiente, mais relevante, mais resiliente, mais responsivo. Melhorar requer que todos os membros da equipe estejam curiosos e com a mente aberta.

Contemplação e autorreflexão são componentes essenciais do aprendizado, da criatividade e da inovação. Mas a contemplação em si não basta. É por isso que a jogada é sobre melhorar, não contemplar. Lembre-se da história da executiva Sue, que ficou muito tempo no azul, analisando dados e mais dados, presa em infindáveis sessões de planejamento, pedindo garantias precisas quando não era possível e bloqueando o progresso. É por isso que prefiro a jogada de melhoria, que vincula a atividade mental feita durante o bluework ao resultado desejado, melhorar o redwork.

QUANDO MELHORAR

Para preparar a jogada de melhoria, precisamos relaxar nossas mentes e tirar a pressão do tempo. É por isso que essa jogada só pode ser feita uma vez que tenhamos controlado o relógio e pedido uma pausa. No modo de produção, sob a pressão de um prazo, é extremamente difícil se engajar no pensamento inclusivo, divergente, diverso e autodesafiador necessário para melhorar.

Quando podemos começar a jogada de melhorar? Primeiro, vamos ver quando *não* começar.

Sua equipe está trabalhando ativamente em um produto ou projeto. Eles estão no redwork. Como líder, você notará as possíveis melhorias que eles poderiam fazer enquanto estão no processo. Você se sentirá tentado a intervir e "ajudar" — redirecionando o foco, dando sugestões e ideias — ou seja, quanto tempo você deixará a equipe trabalhar na direção errada?

Resista a essa tentação.

Isso levará ao redirecionamento, desperdício, controle excessivo do processo e instabilidade. Em vez disso, anote suas "boas ideias" (junto com as de outras pessoas) e as reveja na próxima sessão de bluework, após uma pausa deliberada. Isso requer disciplina e autorregulação.

W. Edwards Deming, inventor do programa Liderança de Qualidade Total (*Total Quality Leadership* ou TQL, em inglês) que discutimos anteriormente, elaborou um experimento para demonstrar aos executivos o perigo de interferir no trabalho. Imagine um enorme funil, preso a um suporte, acima de uma mesa sobre um alvo, marcado por um X. O objetivo é posicionar o funil de maneira que você jogue algumas bolas de gude dentro dele, uma de cada vez, e elas passem pelo buraco e caiam da forma mais próxima possível do X. A única coisa que você pode fazer para controlar isso é posicionando o funil. Cada bola deve ser jogada da mesma forma (repare no objetivo pensado da Revolução Industrial de reduzir a variabilidade).

Você joga a primeira bola. Devido aos caprichos das minúsculas imperfeições na bola e no funil, ela gira e cai um pouco à direita do X. Você melhora o processo ao mexer o funil um pouco para a esquerda para compensar?

Mesmo que você mova o funil, cada bola cai fora do X. O resultado, à medida que você continua ajustando o funil para essas variações aleatórias, é realmente aumentar a distribuição das bolas ao redor da marca. Em outras palavras, a sua interferência piora a qualidade do processo, causando uma dispersão maior.

O que você tem que fazer é jogar algumas bolas sem mover o funil. Considere a quantidade delas como uma quantidade de redwork. Se há um comportamento sistemático por causa de uma força comum (talvez haja um amassado na parte inferior do funil), então faça um pequeno ajuste para corrigir isso. Caso contrário, deixe o funil onde está, posicionado diretamente sobre o X. A aglomeração será mais concentrada e a qualidade, mais alta.

Esse experimento mostra o efeito de interferir em um processo baseado em pequenas variações aleatórias. Mantenha-o em mente quando você estiver tentado a interferir no processo de redwork da sua equipe antes que a etapa seja concluída. Agora, a decisão principal é quantas bolas jogar antes de ajustar? Se forem poucas, estaremos interferindo no processo; se muitas, deixamos um erro sistêmico se prolongar.

Isso traz de volta a importância da jogada da conclusão. Se você não programou o fim do redwork e colocou a próxima sessão de conclusão no calendário, ficará inquieto, preocupado porque a equipe não está melhorando, e as boas ideias, se perdendo. Controlar o relógio, marcar a conclusão do redwork e a jogada de melhoria subsequente são as atividades que nos permitirão descansar com a certeza de que nossas ideias serão ouvidas dentro do prazo e, da mesma forma, impedirão de interferir na equipe durante o redwork.

Faça a melhoria após o final do redwork planejado. Você também desejará realizá-la após um erro significativo no processo que precisa ser entendido. Na frota de submarinos, chamamos essas falhas de "críticas". Elas tendiam a ser difíceis de resolver porque as pessoas sentiam que estavam sendo criticadas. E apesar de ser verdade que suas ações estavam sendo criticadas, descobrimos que se a equipe se acostuma a executar a melhoria como rotina, seja a última sessão de redwork boa ou ruim, eles ganharam força para serem mais eficazes durante as críticas.

Pode ter acontecido um pouco disso na mente "presa em azul" de Sue. Mesmo antes de ela e a equipe se lançarem no período de ação e execução de redwork, ela pode pensar em formas pelas quais isso não será possível ou pode ser melhorado. O que pode ajudar Sue a reduzir a barreira da ação é ver a transição para o redwork como um simples passo no processo de aprendizado que será repetido — e perceber que, até que façam algo, eles não saberão o quão boas são as ideias.

BUSQUE A MELHORIA DESCONTÍNUA

Nesse sentido, acho que o termo "melhoria contínua" não descreve com precisão como a melhoria ocorre. A melhoria acontece em lotes, em incrementos, assim como com as bolas de gude caindo. Temos repetidos períodos incrementais de aprimoramento (o bluework) em que mudamos o processo ou o produto, como ajustar o funil acima do alvo. E os seguimos com períodos de teste e experimentação (o redwork), em que interagimos com o mundo e observamos os resultados. A imagem correta do processo de melhoria (o processo de aprendizado) é uma escada, não uma rampa.

Atrapalhei minha equipe com meu próprio desejo de "melhoria contínua". Você já deve ter feito isso. Chamamos as pessoas que agem dessa maneira de "fadas das boas ideias", porque elas aparecem inesperadamente para oferecer sugestões de melhoria sem muita consideração sobre como ela deve ser feita no processo em andamento. Reparei que agi como uma fada das boas ideias quando coloquei minha equipe no redwork em um projeto sem especificar a saída dele (algo tão simples quanto perguntar: "Quando você deseja mostrar seus primeiros resultados?"). Não havia nenhuma data de validade atribuída. Logo após o time começar, tive uma nova ideia na conferência onde estava palestrando. Ela me pareceu convincente e urgente, achei que minha equipe precisava ouvi-la imediatamente. Entreguei uma nota para eles contando sobre a ideia fantástica.

Isso não aconteceu somente uma vez. Meu padrão era o de mandar a equipe para um plano de ação em comum acordo, só para interrompê-los depois com o que pensava serem ideias e sugestões úteis.

A equipe não compartilhava meu sentimento de empolgação. Eles se sentiam açoitados por essas ideias e as percebiam como indecisão, falta de foco e confusão. O que eu deveria ter feito era manter todas as minhas ideias em uma lista de pendências até o próximo período de bluework e, após celebrar o progresso que fizemos, analisá-las com a equipe, no contexto de suas próprias ideias e reflexões sobre a última fase de redwork, deixando-os decidir quais levar adiante.

Planejar o próximo período de bluework e a jogada da melhora quando estamos no redwork nos dá a disciplina para manter essas ideias em uma lista e trazê-las quando apropriado. Esse é o conceito por trás de planejar o próximo período de bluework em um movimento de controlar o relógio e a ideia de se comprometer com uma pequena fatia no próximo período.

TODOS JUNTOS AGORA

O movimento de melhorar sempre existiu, mas aqui está a grande mudança: na Revolução Industrial, quando os trabalhadores eram separados em classes (blueworkers e redworkers), os blueworkers eram os responsáveis pela melhoria. Eles tinham que observar e avaliar os redworkers. Essa era a essência do trabalho de Taylor. Não foi pedido aos redworkers que se autoavaliassem, e a confusão psicológica da autoanálise era evitada.

Quando Deming surgiu com o TQL, ele sugeriu: "Vamos perguntar aos redworkers o que eles veem e sentem." Isso era melhor, mas não o suficiente, porque, no fim das contas, a classe dos blueworkers ainda era a que tomava as decisões sobre melhorias.

Agora, precisamos de pessoas que realizem tanto o redwork quanto o bluework; todos somos redworkers e blueworkers. Isso exige que possamos abandonar os nossos papéis como produtores e ver a nossa produção com o olhar imparcial de quem busca a melhoria. Essa mudança, em que não há mais redworkers e blueworkers, apenas pessoas envolvidas em cada um dos processos por um tempo, é a importante mudança que está tornando irrelevantes os velhos modelos de liderança e design organizacional.

Isso é um problema, porque as pessoas são, geralmente, ligadas ao trabalho anterior e, agora, precisamos que elas admitam que isso poderia ser melhorado. Precisamos ajudá-las a mudar da mentalidade de provação para a de evolução. Precisamos deixar a mentalidade de provar para trás e, praticamente, pensar em nós mesmos como observadores independentes do que fizemos anteriormente. Nós convocamos aquele "eu" que quer se apegar ao nosso trabalho anterior, querendo que seja reconhecido como bom, o "seja bom", que precisa ser domado para ativar o "seja melhor".

"SEJA BOM" X "SEJA MELHOR"

O simples ato de pedir às pessoas para participarem da jogada da melhoria cria um conflito. Durante essa jogada, discutimos o que poderia ser feito de forma diferente na próxima vez. A implicância condenatória é a de que, se alguém tivesse tido mais perspectiva ou fosse mais competente, isso teria sido feito de forma diferente da última vez. A mentalidade de melhorar coloca o "seja bom" contra o "seja melhor".

O "seja bom" precisa se sentir competente, eficaz, credível — um bom trabalhador. Ele precisa proteger sua reputação não só contra o grupo, mas também contra si, em termos de autoestima. Todos temos uma parte "seja bom" — a que nos faz sentirmos bem com o nosso trabalho.

As ameaças à personalidade "seja bom" são levadas a sério e repelidas. Pessoas falando sob a perspectiva do "seja bom" soam assim:

- "Eu não fiz nada de errado."
- "Fizemos o melhor que pudemos."
- "Eu faria o mesmo da próxima vez."
- "Presumi que era isso que você queria."

- "Sempre fizemos desse jeito."
- "Faço isso há muito tempo."
- "Você acha que sabe melhor de repente?"
- "Bem, você é novo aqui. Você vai aprender por que fazemos isso assim."

Quando questionado ou mesmo apresentado a uma perspectiva alternativa, o modo "seja bom" entra no modo defensivo. Se a equipe de *Frozen* tivesse invocado o "seja bom", teria defendido o trabalho feito até então.

Mas também temos uma parte "seja melhor", que busca aprender e crescer; é o eu que busca. Ele é intrigado por desafios, curioso em saber o que as outras pessoas veem e falam e tem um desejo aberto de aprender e melhorar. Quando entramos na exploração e na descoberta, nos deliciamos ao encontrar um novo restaurante ou comparamos os resultados de hoje com os de ontem, estamos alimentando o "seja melhor".

O "seja bom" e o "seja melhor" não são amigos. Para ser efetivo, o traço "seja melhor" precisa manter distância de decisões, crenças e conhecimentos antigos, a fim de promover o aprendizado e o crescimento. Se a autoestima está ligada ao comportamento passado, a mudança positiva se torna uma forma de autodestruição. Como a equipe de *Frozen* invocou o seu lado "seja melhor", se tornou apta a ver claramente como melhorar o filme, mesmo tendo sido eles mesmos a fonte do trabalho existente.

Pessoas falando a partir da perspectiva do "seja melhor" soam assim:

- "Diga-me mais a respeito."
- "Como você vê isso?"
- "O que você acha que veio antes disso?"
- "Como podemos ver isso de forma diferente?"
- "O que isso parece, na sua perspectiva?"
- "O que poderíamos fazer de diferente?"
- "Como eu poderia ter me saído melhor?"

Os comportamentos defensivos do lado "seja bom" inibem ativamente e excluem o comportamento da personalidade "seja melhor".

COMPLETANDO O CICLO: MELHORAR

Para evoluir, precisamos ativar o "seja melhor", seu conjunto de comportamento e linguagem. Fazemos isso acalmando a ameaça "seja bom". Também devemos ter o papel de ajudar o resto da equipe a se inclinar na mesma direção.

A pesquisa de Amy Edmondson, da Escola de Negócios de Harvard, mostra como é difícil ativar o "seja melhor" para aprender e melhorar em empresas que não têm uma cultura de suporte. Em um relatório de 2002, ela escreveu: "Agir nessas situações envolve o comportamento da aprendizagem, incluindo perguntas, buscar ajuda, experiências com ações não comprovadas ou busca por comentários. Embora essas atividades estejam associadas a resultados desejados, como inovação e desempenho, envolver-se nelas envolve para o indivíduo o risco de ser visto como ignorante, incompetente ou talvez apenas perturbador."

Pessoas em times têm a escolha entre o comportamento protetor ("seja bom"), destinado a criar uma imagem de efetividade, e o comportamento aberto ("seja melhor"). O risco é ser visto como ignorante ou incompetente. Se a equipe como um todo não estimula ou recompensa uma atitude "seja melhor", nossas chances de aprender e desenvolver novas soluções inovadoras são reduzidas. Se você viu um erro que cometeu, mas ninguém mais notou, é tentador ficar quieto. Você, provavelmente, vai se safar.

Edmondson também enfatizou a "tentativa e reflexão iterativas" como algo necessário para o aprendizado. A tentativa sobre a qual ela se refere é o que chamamos de redwork, o fazer, enquanto a reflexão é o bluework, a contemplação. Sozinhos, tanto o redwork como o bluework não resultam em aprendizado. Os dois processos, trabalhando em conjunto, é que impulsionam o crescimento. Enquadrar o próximo período de redwork como de aprendizado em vez de um de realização resulta em mais persistência diante dos obstáculos.

Uma troca de ideias verdadeiramente livre durante a contemplação exige que as pessoas também questionem as ideias e ações dos outros. Em uma organização em que todos adotam o "seja melhor", isso não cria qualquer tensão porque todos são gratos pelos comentários. Infelizmente, esse caso é raro e, uma vez que todos nós sentimos um puxão do pensamento "seja bom", sabemos que os outros também sentem isso. Por causa disso, questionar os outros é um tabu social. Arriscamos a alienação do grupo quando o fazemos. De novo, "seja bom" atrapalha "seja melhor".

A participação plena em uma sessão de melhoria também apresenta o risco de perda de autonomia. As pessoas se preocupam com o fato de que admitir qualquer inadequação convida o chefe a retomar o controle de seu trabalho, deixando-as com menos liberdade. Portanto, em vez de operar com transparência total, permitindo ao resto do time ver o funcionamento interno de nossos trabalhos, divisões e departamentos, tendemos a revelar as coisas seletivamente, oferecendo transparência suficiente para tranquilizar os outros de que tudo está bem e sob controle.

Nossos vícios psicológicos causam mau comportamento em ambos os lados: se deixarmos ver tudo, o chefe interfere em nossos trabalhos. Isso nos leva a esconder informação para evitar interferência futura e perda de autonomia. Quando os líderes percebem que não estão vendo o panorama geral, eles interferem ainda mais, exigindo relatórios e atualizações, levando os funcionários a serem ainda menos transparentes do que antes.

O ritmo de bluework-redwork-bluework é uma defesa natural contra esse mau comportamento. Sabendo que um período de bluework está por vir permite à equipe adiar a implementação de mudanças até que a etapa acertada de redwork esteja completa. Durante o próximo período de contemplação de bluework, o próximo lote de "boas ideias" pode ser avaliado, classificado e decidido.

Como podemos motivar nosso pessoal a adotar uma mentalidade "seja melhor" em vez de "seja bom"?

NOSSAS TRÊS NECESSIDADES EMOCIONAIS

A separação dos executores e dos tomadores de decisão na hierarquia tradicional da Revolução Industrial significa que os gestores têm que usar motivadores extrínsecos para coagir os trabalhadores a realizarem um trabalho que eles não decidiram fazer por conta própria.

A motivação extrínseca é a de punições pelo comportamento ruim e incentivos pelo bom. Ela traz a ideia implícita de que os superiores ganharam o direito de julgar os inferiores.

A "lógica" da motivação extrínseca está ligada aos seres humanos nos níveis mais fundamentais do cérebro: prejudicar os que nos machucam e recompensar aqueles que nos ajudam. O problema é que esta lógica de nível básico não é eficaz em um ambiente de trabalho moderno. Um dos problemas centrais com a motivação extrínseca é que ela não ajuda as pessoas a mudarem para a perspectiva do "seja melhor", que, como vimos, é essencial para o aprendizado e o crescimento.

Uma vez que você vai além das tarefas simples e físicas, as pessoas se saem melhor quando a motivação vem de dentro. Isso ocorre porque há muito mais em um projeto de pensamento criativo que poderíamos fazer. A distância entre "bom o suficiente" e "incrível" em um projeto de pensamento criativo é enorme, enquanto a mesma diferença é pequena em uma linha de montagem porque há um alcance limitado dos resultados esperados para qualquer trabalhador individual.

A motivação intrínseca vem de dentro. Os psicólogos Edward Deci e Richard Ryan estudaram a importância dela na condução de comportamentos humanos saudáveis. Em sua pesquisa, Deci e Ryan identificaram três componentes fundamentais da motivação intrínseca: competência, afinidade e autonomia. Um crescente corpo de pesquisa mostra que essas são, de fato, necessidades humanas fundamentais que quase todas as pessoas sentem:

- Competência é o sentimento de domínio.
- Afinidade é a sensação de conexão com outros seres humanos.
- Autonomia é o sentimento de estar no controle das coisas que importam na vida.

Deci e Ryan chamam isso de Teoria da Autodeterminação.

Veja por que isso importa para você. Refletir abertamente com sua equipe sobre como suas ações poderiam ter sido melhores é acertar em cheio nas três principais necessidades humanas implícitas na motivação intrínseca. Admitir que poderia ter feito algo melhor ameaça seu sentimento de competência. Apontar os erros dos outros ameaça sua relação com eles. Ser transparente sobre o que você fez e o porquê ameaça a sua autonomia.

A Teoria da Autodeterminação explica a importância da motivação interna e o poder do "seja bom". Está conectado a nós.

Como se percebe quando as pessoas estão tentando atender a uma dessas necessidades básicas em meio ao movimento de melhorar?

- "Não fui treinado nisso." Isso externaliza responsabilidade por uma falta de competência.

- "Bem, deixe-me explicar por que fiz dessa forma." Isso alega domínio do assunto na tentativa de dissociar o comportamento da pessoa do resultado negativo.

- "Claro, teria feito isso se tivesse tempo suficiente..." Transfere a responsabilidade pelo resultado a um recurso restrito, de forma que a própria competência não fosse um problema.

- "Eu sei que Joe fez o seu melhor, mas..." Defende a competência de Joe, para proteger a afinidade.

- "Acho que todos fizeram seu melhor — gosto de ver o lado positivo." É uma tentativa de evitar criticar os outros para proteger a afinidade. Podemos ver os outros sob uma luz positiva sem exigir perfeição. De fato, se as pessoas tivessem de ser perfeitas antes que pudéssemos pensar positivamente sobre elas, teríamos um problema.

- "Não se preocupe com isso. Temos tudo sob controle." Usa a imprecisão para proteger a autonomia.

- "Tudo o que os clientes precisam saber é que estamos cuidando disso." Novamente, é uma tentativa de usar a imprecisão para defender a autonomia no trabalho.

ESSA É A MINHA VIDA

Por fim, o propósito do aprendizado e da inovação é uma mudança no comportamento. Se não há intenção de fazer qualquer coisa diferente no futuro, você pode poupar-se do trabalho mental de aprender algo novo.

Um senso de controle, que é visto pelas pessoas como autonomia ou liberdade, relaciona-se positivamente com a inovação, a criatividade e o aprendizado. Teresa Amabile, da Escola de Negócios de Harvard, estudou a inovação em empresas, olhando tanto para os fatores individuais quanto os culturais que inibem ou promovem a criatividade.

Em sua pesquisa, Amabile descobriu que o principal fator organizacional que impulsiona a inovação é a "liberdade em decidir o que fazer ou como completar a tarefa; um senso de controle sobre as próprias ideias de trabalho". Em outras palavras, funcionários com autonomia para decidir como resolver problemas ou alcançar objetivos inovam. Aqueles constrangidos a operar como seus superiores instruem não o fazem.

Faz sentido que a liberdade esteja intimamente ligada à inovação. Primeiro, sem o poder de mudar nada, não há motivação para desenvolver melhorias. Em segundo lugar, ambientes sem liberdade, em que as pessoas são constantemente instruídas ao que fazer e como, não desafiam nem fortalecem o pensamento criativo de ninguém. Sem autonomia, o crescimento fica estagnado.

A equipe que trabalhou em *Frozen* se empenhou porque eles estavam escrevendo a história e acreditavam que a nova versão seria aceita. Se pensassem que os gestores iriam tomar uma decisão sobre o filme independentemente do que eles apresentassem, o esforço livre aplicado nessa difícil jogada de melhoria seria reduzido.

A Asda é a segunda maior rede de supermercados do Reino Unido. No início dos anos 2000, a liderança da empresa tentava entender o número de ausências de funcionários nas lojas. Essas faltas eram imprevisíveis e prejudiciais à equipe e à produção. Conversas com os funcionários revelaram que muitas das faltas ocorriam quando os empregados eram chamados para cuidar dos filhos ou dos parentes doentes.

O plano existente para agendamento de turnos era controlado pelos supervisores, que determinavam os horários de cada um. Essa determinação deu poder aos supervisores sobre os turnos de trabalho. Quando foi sugerido que os funcionários organizariam seus próprios horários, incluindo conseguir substitutos quando necessário, os supervisores resistiram. Afinal, isso significava uma perda de poder para eles.

A Asda persistiu com a experiência e funcionou. O número de faltas caiu e as práticas flexíveis de trabalho tornaram-se parte da cultura da Asda. Eles chamaram isso de "troca de turno". O desempenho nos turnos melhorou, os funcionários ficaram mais felizes e os supervisores puderam se concentrar em outros assuntos. Todos saíram ganhando.

SUPERANDO O DESAMPARO APRENDIDO

A reclamação que mais ouço de líderes é que eles tentam dar o controle às pessoas, mas elas "não o querem".

Pode haver várias razões para isso, incluindo uma segurança cultural, o tamanho da mudança e experiência prévia na tomada de decisão. Mas acredito que há um vínculo entre a nossa história de liderança de comando e controle (separando os trabalhadores entre os que mandam e os que obedecem) que condicionou muitas pessoas a acreditarem que a resistência é fútil. Seus esforços iniciais em trazer boas ideias e sugestões foram ignorados. Eles aprenderam que estavam desamparados no local de trabalho.

Esse é o fenômeno psicológico conhecido como desamparo aprendido, demonstrado pela primeira vez pelos psicólogos Martin Seligman e Steven

Maier. Em um estudo desconcertante, eles sujeitaram cachorros a uma série de choques, em várias condições. Em alguns casos, o cão pode escapar do choque tomando alguma ação, outros casos, o animal não conseguia escapar do choque, seja qual fosse sua ação.

Seligman e Maier observaram que os cachorros que não conseguiam escapar dos choques acabavam se tornando resignados com a situação, deitavam e ficavam choramingando. E a parte mais assustadora é que, mais tarde, mesmo quando era dada uma chance de eles escaparem do choque, não faziam nada. Eles aprenderam que estavam desamparados.

O mesmo ocorre com seres humanos. Se não temos controle sob nossa habilidade para melhorar, então aprendemos que qualquer esforço nesse sentido é inútil e uma perda de tempo. Até resistimos ao incentivo para melhorar quando sentimos que não temos controle, porque sabemos que é apenas da boca para fora.

Podemos ensinar pessoas a "desaprenderem" o desamparo aprendido?

A contribuição de Seligman à ciência não é só a descoberta sobre o desamparo aprendido, mas como curá-lo — ele é o pai da psicologia positiva. Seligman e Maier descobriram uma correlação entre como o pensamento sobre o mesmo evento em duas pessoas diferentes pode causar a depressão resultante do desamparo aprendido em uma e não na outra.

Pessoas que tendiam à depressão pensavam nos eventos negativos como permanentes, pessoais e notáveis. Eles sempre acontecerão, ocorrem "só comigo" e podem surgir em qualquer situação. Pessoas que pensam em termos temporários, impessoais e limitados tendem a não afundar na depressão. Sua abordagem pode ser resumida em "vai passar" e "não tem nada a ver comigo".

Como líder, o que você pode fazer para ajudar seu pessoal a superar essa armadilha?

COMO MELHORAR

Veja quatro formas de fazer a jogada de melhoria:

> **PARA A JOGADA DE MELHORIA, USE UMA LINGUAGEM QUE CONVIDA A UM FOCO MENTAL QUE SEJA:**
>
> 1. De ir adiante, não para trás.
> 2. Externo, não interno.
> 3. Concentrado no processo, não nas pessoas.
> 4. Concentrado em atingir excelência, não em evitar erros.

1. Ir Adiante, Não para Trás

Existe um forte vínculo entre acreditar que podemos crescer e ter o controle sobre o nosso comportamento. Essa é a chave de invocar o "seja melhor". É por isso que o nosso foco avança durante a jogada de melhoria.

Podemos ativar isso com perguntas como:

- "O que queremos fazer diferente da próxima vez?"
- "Como podemos mudar o processo durante nosso próximo período de redwork?"
- "O que funcionou bem que queremos manter e não mudar?"
- "Se você pudesse voltar no tempo, o que diria a si mesmo?"
- "O que queremos lembrar sobre isso para a próxima vez?"

2. Externo, Não Interno

Focar os outros, em vez de si mesmo, é outra maneira de diminuir nosso desejo instintivo de proteger a nós mesmos e aos outros da equipe de saber como algo pode ter sido feito melhor. Aqui estão algumas frases que estabelecem o foco nos outros:

- "Se alguém tivesse que assumir esse projeto, o que você diria para torná-lo ainda mais bem-sucedido?"
- "Quais mudanças a diretoria quer que façamos aqui?"
- "O que poderíamos fazer para melhor atender nossos clientes?"

Definitivamente, a linguagem certa pode encorajar um senso de melhoria contínua, passando a perspectiva da equipe de evitar erros para uma de alcançar a excelência:

- "Vamos nos concentrar no que está acontecendo aqui para que possamos crescer."

Foi exatamente isso que Peter Del Vecho estava fazendo quando pediu aos criadores de *Frozen* para não focar o que não estava funcionando, mas sim pensar no "que poderia ser certo" e partir dali. Isso ajudou-os a adotar a mentalidade necessária para a verdadeira inovação.

3. Concentrado no Processo, Não nas Pessoas

Concentrar-se no processo também reduz a motivação para ficar na defensiva sobre o que foi feito no passado. Isso muda a atenção da pessoa para as suas decisões ou ações. Aqui estão frases que estabelecem um foco no processo:

- "Pensando no trabalho em si, o que achamos que poderia ser melhorado?"
- "Como isso poderia ser feito melhor?"
- "Que melhorias poderíamos fazer no processo?"

4. Concentrar em Atingir Excelência, Não em Evitar Erros

Evitar erros na organização resulta em uma tendência de inatividade e nos enraíza no "seja bom". A melhor forma de evitar erros é evitando ações e decisões. Sem ação, sem erro. Além disso, evitar erros não é um motivador inspiracional. Poucas pessoas se inspiram pelo objetivo negativo de serem menos ruins em algo do que antes. Mas as pessoas são inspiradas e movidas pela possibilidade de alcançarem algo grande, excelente.

Ao colocar o "seja melhor" diante do "seja bom", em alguns casos a fraca motivação de simplesmente não ser tão ruim como antes não é poderosa o suficiente para superar o domínio da personalidade "seja bom". O que precisamos é da importante motivação oferecida pela possibilidade de alcançar algo verdadeiramente especial. Pense nas motivações da equipe da Disney trabalhando em *Frozen*.

USANDO A LINHA DO TEMPO COMO FERRAMENTA

Uma das ferramentas básicas da jogada de melhoria é começar com o que aconteceu. Se houve um erro operacional significativo, então a melhoria se torna um evento de aprendizado organizacional mais formal.

Crie uma linha do tempo. A mais básica é a do redwork. Para o *El Faro*, alguns fatos podem ser descritos assim:

- Dia/hora. Partiu de Jacksonville.
- Dia/hora. Tempestade Tropical Joaquin evoluiu para furacão de categoria 1.
- Dia/hora. Chegou ao curso 120. Continuou para Porto Rico pela rota do Atlântico.
- Dia/hora. Ondas de seis metros.
- Dia/hora. Timoneiro encontrando problemas para manter o navio no curso. Alarme de direção desativado.
- Dia/hora. Desligamento do sistema de óleo lubrificante.

Quando escrevemos cronogramas descritivos, de redwork, nos referimos às pessoas pelo papel que desempenharam, não por seus nomes. Outra forma de pensar nisso é a linha do tempo do redwork e as condições físicas ao nosso redor.

O próximo nível de linha do tempo é a do bluework, que identifica as decisões importantes e quem as tomou. É um cronograma que resulta do bluework, decisões tomadas e hipóteses formadas.

- Dia/hora. Atualizações meteorológicas sobre a tempestade tropical no Atlântico recebidas. O capitão decidiu pegar a rota direta do Atlântico, de Jacksonville para Porto Rico.
- Dia/hora. O engenheiro-chefe recomendou começar com as seguintes degradações materiais na planta de propulsão: nível de óleo lubrificante baixo, mas dentro da tolerância.
- Dia/hora. Tempestade Tropical Joaquin promovida a furacão de categoria 1. O capitão decidiu continuar na rota pelo Atlântico.
- Dia/hora. Ponto de atalho de Rum Cay passado. O capitão direcionou a embarcação para continuar a rota pelo Atlântico.
- Dia/hora. Capitão ordenou abandonar o navio.

Algumas vezes, as equipes têm dificuldade em identificar o tomador de decisão ou ficam reticentes em fazê-lo. Se a equipe não consegue identificar quem tomou qual decisão, isso geralmente é um sintoma de papéis de domínio incertos e tomadas de decisão confusas.

Ficar magoado com quem tomou a decisão é um sintoma de baixa segurança psicológica e de como a empresa lida com os erros. Em uma firma que culpa as pessoas, há uma relutância em se identificar como tomador de decisões. Pior, haverá relutância em tomar decisões. Em companhias que veem as decisões de seus integrantes como resultado dos incentivos oferecidos, será menos ameaçador identificar quem tomou a decisão. Ainda assim, nos referimos à posição, não à pessoa.

As decisões são tomadas por indivíduos, não por equipes. As empresas precisam poder se mover rapidamente, tomar decisões ousadas (hipóteses) e testá-las. Nem todos estarão "a bordo" com cada decisão. Tudo bem. Tentar convencer cada dissidente de que a decisão é a certa dá muito poder a eles para impedir o progresso. Convidará mais obstrucionismo por causa do poder e da atenção que isso traz. Porém, é fundamental que cada pessoa sinta-se capaz de expressar livremente sua opinião, e que isso foi honestamente e respeitosamente considerado no processo de tomada de decisão.

A linha do tempo final é um cronograma interno de bluework, que descreve como as decisões foram tomadas. Aqui está o que eu esperava que estivesse escrito na linha do tempo do *El Faro*:

- Dia/hora. Atualização meteorológica de que a Tempestade Tropical Joaquin foi promovida a furacão de categoria 1. Reuniu os oficiais da embarcação para determinar qual rota seguir: do Atlântico ou a do Velho Canal das Bahamas. A equipe estava dividida, com o engenheiro-chefe e o terceiro oficial a favor do Velho Canal das Bahamas. O capitão decidiu pegar a rota do Atlântico. Segundo ponto de decisão determinado no ponto de corte de Rum Cay. Expectativa de alcançar esta posição à 0h.

PENSANDO COMO UMA EQUIPE

Todo esse esforço para executar adequadamente a jogada de melhoria como equipe, enquanto se afasta do pensamento "seja bom" vale mesmo a pena? Os grupos podem, realmente, ser mais inteligentes que as pessoas? Sim, sob as circunstâncias corretas. Para se engajar no bluework com os outros, todos precisamos saber o que cada um de nós sabe e vermos o que cada um de nós vê. Lembre-se do Capítulo 4, o jogo de adivinhar o peso do boi conduzido por James Galton e contado no livro de James Surowiecki, *A Sabedoria das Multidões*. Surowiecki explora vários casos em que a multidão erra e quando a multidão pode ser consistentemente melhor do que quase todos os indivíduos do grupo. Essas condições ideais de pensar em grupos incluem diversidade de pensamento e julgamento independente. Se você usar a linguagem correta para estabelecer essas condições para uma equipe, ela pode tomar decisões mais inteligentes do que seus membros fariam por conta própria. A propósito, também é por isso que "vote primeiro, depois discuta" é uma ferramenta tão importante para tornar o bluework eficaz.

Vamos olhar o *El Faro* à luz disso. Lembra quando o terceiro oficial chamou o capitão antes de 0h? Sua linguagem era indecisa, hesitante e autonegativa. A essa altura, ele já estava prejudicado porque o trânsito até o ponto intermediário em Rum Cay não havia sido enquadrado como uma atividade de aprendizado. Assim, ele estava enfrentando todas as normas sociais que impedem as pessoas de se manifestarem quando acreditam que um erro foi cometido. Falar isso poderia ameaçar o sentimento de afinidade do terceiro oficial com o capitão.

Novamente, após 0h, quando a segunda oficial chamou o capitão, ela estava prejudicada pelo mesmo medo. Se somente um dos oficiais tivesse apresentado comportamento deferente, poderíamos explicar isso como algo único desse indivíduo. Como foi algo consistente entre vários oficiais, precisamos olhar mais de perto o ambiente estabelecido pelo capitão.

A passagem para Porto Rico não foi estruturada como oportunidade de aprendizado. Portanto, a equipe não estava preparada para coletar informações relevantes para a decisão de corte em Rum Cay ou para contemplar o plano de ação atual. Isso não significa que eles não se engajaram em nenhuma contemplação. Só que, se o fizeram, foi apesar da configuração organizacional, não por causa dela.

ESTUDO DE PILOTOS MOSTRA QUE É TUDO VERDADE

Pesquisadores do Instituto Federal de Tecnologia de Zurique (ETHZ, na sigla em alemão), na Suíça, conduziram um estudo com 1.751 membros do cockpit e tripulação de companhias aéreas, em que foram solicitados a pensar em uma situação em que não se manifestariam sobre uma questão relevante à segurança e o motivo para tal. Um capitão, que escolheu não corrigir um subordinado, disse: "Algumas vezes, é difícil saber quando você é um colega e quando é o chefe. Geralmente, tenho uma relação aberta e de confiança com meus primeiros oficiais e não quero ser o tipo de capitão 'quatro listras que sabe de tudo'."

Essa declaração é sobre defender a afinidade, que é a sensação de conexão com outros seres humanos. Isso é a causa mais frequente citada por capitães para não falar. De fato, a afinidade foi associada a 77% dos casos em que os capitães ficaram em silêncio, apesar de seu melhor julgamento.

Enquanto isso, um primeiro oficial explicou por que ficou quieto após um erro do capitão, dizendo: "Sim, temos uma hierarquia fixa no cockpit e todos eles dizem que devemos falar. Mas, ao mesmo tempo, muitos mandam sinais sutis de que eles realmente não querem ouvir o que temos a dizer."

Para os oficiais juniores, 11% não se manifestaram quando necessário por causa de problemas de nível de poder. Quando mais júnior for a pessoa, maior a diferença de grau e o efeito: 40% dos comissários de bordo mencionaram o nível de poder como fator para o silêncio.

Em nenhum caso um capitão ficou quieto por causa de problemas de grau de poder. Da mesma forma, em nenhuma situação um capitão permaneceu quieto por medo de ser punido. Por outro lado, esse mesmo medo atingiu 81% dos comissários de bordo. A razão para essa disparidade é simples: a punição diminui conforme o nível de poder aumenta, não o oposto.

Os pesquisadores usaram "sentimentos de futilidade" como uma categoria de razão para não se manifestar. Mais uma vez, enquanto nenhum capitão citou tais sentimentos, os oficiais apontaram isso em 33% dos casos e os comissários de bordo, em 51%. Sentimentos de futilidade têm ligação com a autonomia e o controle. Em outras palavras, importa mesmo se eu falar? Não fará diferença, de qualquer jeito.

Um comissário disse: "Sabe, muitas vezes você é considerado um idiota. É difícil falar quando você sente que tem tão pouco poder. Nem tento mais." Outro disse: "É claro que sei que sempre devo falar alguma coisa — eles sempre dizem isso no treinamento e em cada briefing. Mas quando trata-se disso, eles não querem ouvir ou pensam que somos covardes e, simplesmente, riem de nós. Eu desisti." Claramente, esse não é um problema de treinamento ou protocolo. Qualquer regra explícita permite correção, mas o gradiente invisível de poder ainda se coloca no caminho da ação certa.

UMA LIÇÃO DE GERENCIAMENTO ÁGIL

Como introduzido no Capítulo 2, as práticas de administração ágil têm uma estrutura interna que permite o ritmo de redwork-bluework. O fim do ciclo inclui uma retrospectiva, que é uma discussão sobre como a equipe poderia trabalhar melhor junta. É uma sessão de melhoria. Porque os executores são decisores na administração ágil, essa prática coloca o "seja melhor" diante do "seja bom". Uma de suas práticas para ajudar a domar o "seja bom" é a leitura da diretiva primária no início dessas sessões retrospectivas. Aqui está:

> Independentemente do que descobrimos, entendemos e acreditamos realmente que todos fizeram o melhor que puderam, dado o que sabiam na época, suas capacidades e habilidades, os recursos disponíveis e a situação em questão.

> — NORM KERTH, *PROJECT RETROSPECTIVES:*
> *A HANDBOOK FOR TEAM REVIEWS*

O propósito da diretiva primária é permitir que o "seja melhor" tenha mais importância que o "seja bom". Isso faz com que uma retrospectiva se torne uma reunião de equipe eficaz para aprender e encontrar soluções para melhorar a maneira de trabalhar.

Algumas vezes, a equipe recita isso; em outras, lê; em outras, cola na parede. Independentemente disso, a ideia é focar o futuro, aceitar que todos fizeram o melhor na época, reconhecer que há espaço para melhorias e que a nossa intenção coletiva é melhorar. Isso nos ajuda a lembrar que deve haver uma premissa de boas intenções.

PARA IR DE PROVAR PARA MELHORAR, O FOCO DEVE SER...

1. De ir adiante, não para trás.

2. Externo, não interno.

3. Concentrado no processo, não na pessoa.

4. Concentrado em atingir excelência, não em evitar erros.

MELHORAR

Melhorar é uma jogada específica, assim como o objetivo do sistema operacional redwork-bluework.

Melhorar é sobre refletir o que você fez e torná-lo melhor.

Melhorar coloca o "seja melhor" diante do "seja bom". O desejo do "seja bom" de se defender irá impedir os esforços para melhorar. Para nos abrirmos para a melhoria, precisamos domar os medos do "seja bom".

Melhorar acontece por meio da colaboração. O resultado da jogada de MELHORIA é a próxima hipótese a ser testada. Melhorar nos prepara para nos comprometermos e nos joga de volta ao redwork.

A Jogada da Habilitação: Conexão

Você pode encontrar petróleo nas profundezas do oceano, sob uma pressão esmagadoramente alta. Extraí-lo requer uma engenharia rigorosa. É um trabalho difícil, exigente e perigoso.

Na plataforma de petróleo *Deepwater Horizon*, com sede no Golfo do México, operadores preparavam o poço para bombear. Não é uma tarefa fácil. Para impedir que o óleo pressurizado suba pelo tubo de maneira descontrolada, há uma espécie de tampa: uma coluna de fluido viscoso, conhecida no meio como "lama". Para bombear o óleo, a lama precisa ser lavada e substituída por água do mar. A dificuldade nessa parte da operação é que a substância é pesada — e tem de ser assim, para manter todo o óleo pressurizado. A água do mar em si não é pesada o suficiente para contê-lo.

Se o processo de descarga não funcionar corretamente, as bolhas de óleo e o gás altamente pressurizado começarão a subir no poço. Isso desloca a água do mar e qualquer lama restante, reduzindo ainda mais a pressão que segura o óleo e piorando o problema. À medida que a pressão cai, as bolhas de gás se expandem em 300%, agravando ainda mais a situação. Eventualmente, o óleo e o gás entram em erupção no topo do poço, com consequências catastróficas.

Isso é chamado de "chute".

Funcionários do ramo sabem sobre o chute e tomam medidas para evitá-lo. Uma delas é o preventor de ruptura, instalado no fundo do mar, uma válvula de US$50 milhões e cinco andares de altura, que pode selar o poço em caso de problema. Se o processo de preparação do poço der errado por qualquer motivo, tubos infláveis criam uma vedação leve, para dar aos trabalhadores a chance de corrigir o problema. Caso eles não deem conta, o preventor de ruptura é capaz de cortar o tubo do poço. Esse interruptor de desconexão de emergência (*Emergency Disconnect Switch* ou EDS, em inglês), é uma solução mais permanente, usada apenas como último recurso. A ativação do preventor de explosão em uma plataforma de petróleo é chamada "EDSing" (algo como "EDSar" em português).

Durante um chute, o poço deve ser selado *antes* que a mistura do óleo e gás passe pelo preventor de explosão. Uma vez ativada, a válvula de segurança interromperá a alimentação do fogo, mas qualquer gás e óleo que já tiver passado irá para a superfície. Novamente, com resultados catastróficos.

Em 20 de abril de 2010, a bordo da estação de perfuração *Deepwater Horizon*, funcionários preparavam o poço para remover a sonda de perfuração e conectar uma plataforma de bombeamento mais barata. Para esse procedimento, são realizados testes para garantir a integridade do poço abaixo do solo do oceano. Esses testes convenceram os operadores de que era seguro começar a substituir a lama com a água do mar.

À medida que a lama sobe pelo poço durante esse processo, seu volume deve corresponder aproximadamente ao da água do mar bombeada para substituí-lo. Se em algum momento o volume da lama exceder o da água do mar, você pode ficar diante de um chute. Foi exatamente o que aconteceu a bordo do *Deepwater Horizon*. Medições indicaram que muita lama estava vindo pelo poço. O petróleo e o gás superaram o peso da lama e da água do mar acima dele e começaram a subir incontrolavelmente, disparando os alarmes. Os trabalhadores ativaram a vedação temporária, mas isso não foi o suficiente para diminuir a pressão.

Era hora do EDS, certo? Mas ninguém o ativou.

Quando a mistura de óleo e gás chegou à plataforma de petróleo, ela entrou em erupção no topo do poço. Por nove minutos, hidrocarbonetos combustíveis fizeram estrondo pela plataforma. Nenhum alarme geral tocou. Finalmente, quando a concentração de gás era alta o suficiente para explodir, prontamente encontrou uma fonte de ignição. A plataforma de petróleo foi engolida pelas chamas imediatamente.

De acordo com o relatório do governo norte-americano sobre o desastre, veja o que aconteceu a seguir:

> A essa altura, (um dos executivos da Transocean) começou a se perguntar por que a torre ainda estava coberta em chamas. O preventor não foi ativado, lacrando o poço e cortando o combustível para o fogo? Ele foi para a ponte. (O capitão) disse: "Não temos energia, não temos água, nem gerador de emergência."
>
> (O engenheiro-chefe) ainda estava em sua estação na ponte e notou... (um dos operadores) próximo ao painel do interruptor de desconexão de emergência (EDS) para o preventor de ruptura.
>
> (O engenheiro-chefe) gritou (para o operador): "Você fez o EDS?"
>
> (O operador) respondeu que precisava de permissão. (O engenheiro-chefe) perguntou (ao executivo da Transocean) se estava tudo OK e o executivo disse que sim.
>
> Alguém na ponte gritou: "Ele não pode fazer o EDS sem a aprovação do gerente de instalação offshore (*Offshore Installation Manager* ou OIM, em inglês)."
>
> (O operador de plataforma sênior da Transocean), ainda atordoado e um tanto cego e ensurdecido, também havia chegado à ponte, assim como o (executivo sênior) da BP.

Com a sonda ainda "travada" ao poço Macondo, (o operador de plataforma sênior da Transocean) estava no comando.

(O engenheiro-chefe) gritou: "Podemos fazer o EDS?"; e (o operador de plataforma sênior da Transocean) gritou de volta: "Sim! EDS, EDS."

(O operador) abriu a tampa que cobre o painel e apertou o botão.

(O engenheiro-chefe): "Preciso de confirmação de que fizemos o EDS."

(O operador): "Sim, nós fizemos."

(O engenheiro-chefe): "(Operador), preciso da confirmação novamente. Nós fizemos o EDS?"

(O operador): "Sim."

Não está claro por que nove minutos se passaram antes dessa conversa finalmente acontecer. De qualquer jeito, quando foi ativado, o preventor de ruptura não operou corretamente e falhou em lacrar o poço. A investigação imediata revelou problemas com a montagem da manutenção do dispositivo, incluindo baterias descarregadas e bobinas mal conectadas. A demora na tentativa de selar o poço pode ter sido um fator que contribuiu para o desastre acontecer.

Com o poço aberto, a mistura do petróleo e gás foi capaz de fluir rapidamente para a plataforma, alimentando o fogo já existente. Onze pessoas morreram. Pelos próximos 400 dias, 5 milhões de barris de petróleo foram derramados no Golfo do México, tornando o derramamento da *Deepwater Horizon* um dos piores desastres ambientais da história.

Aqui está a questão no coração deste capítulo: como uma pessoa pode ter mais medo de apertar um botão sem permissão do que morrer em uma explosão?

HIERARQUIA EM PRIMEIRO LUGAR

Muitas empresas dizem "segurança em primeiro lugar", mas as ações das pessoas, como as dessa tripulação, revelam que, na verdade, é "hierarquia em primeiro lugar".

Nunca subestime o poder do medo para distorcer o senso comum em ambientes com uma forte cultura de controle e conformidade. Quando as empresas aplicam estrita e repetidamente a ideia de que as pessoas devem fazer o que lhes foi mandado sem questionar ou sofrer sérias consequências, elas aprendem a ter certeza de que qualquer ação é correta antes de fazê-la. Uma camada sufocante de dúvida começa a inibir qualquer comportamento proativo.

Em uma plataforma de petróleo em chamas, um engenheiro adia a ação.

No Oscar, o senhor Beatty não pede uma pausa.

No *El Faro*, os oficiais seguem rumo à tempestade.

A questão é que todos *sabiam* que havia um problema, mas o poder da hierarquia inibiu a ação necessária.

No *El Faro*, os oficiais *sabiam* que estavam a caminho de um furacão. Com suas vidas em jogo, eles tinham a capacidade de alterar o curso, ordenando ao timoneiro que fizesse uma curva. Em vez disso, eles sugeriram a manobra ao capitão, comunicando-o de uma maneira tensa, autodepreciativa e ambígua. Se a situação era grave e a necessidade de mudar os planos era imediata e urgente, por que a comunicação com o capitão foi tão pouco clara e convincente? E isso após o capitão falar para "não hesitarem" em chamá-lo ou tomarem uma medida.

O que houve nessas culturas que impediram ações quando necessário, as decisões por parte das pessoas que conheciam o problema e a comunicação aberta e direta sobre ameaças sérias?

Novamente, medo, grau de poder acentuado e ausência de segurança psicológica.

A jogada da conexão é o antídoto para esse medo. A conexão torna seguro dizer o que vemos e pensamos, mesmo que ninguém veja e pense da mesma forma, mesmo que não estejamos com 99% de certeza. Ela cria condições culturais que estimulam a diversidade de pensamento e variedade de opiniões. A conexão é o que nos permite sair da paralisia em direção à ação. É a chave do bluework efetivo, da tomada de decisão efetiva — mas também é o que nos move do pensamento para a ação, portanto também sustenta a nossa capacidade de realizar as tarefas no redwork.

Mas a conexão não está no nosso manual da Revolução Industrial; conformar é a jogada deste manual. Nos conformamos com os nossos papéis. Eu sou o gerente; você é o funcionário. Você é o capitão; eu sou da tripulação. Eu sou o pai; você é o filho. Você é o professor; eu sou o aluno. Não eliminamos necessariamente as conexões, mas simplesmente as evitamos e desencorajamos. Em ambientes onde há blueworkers e redworkers, chefes e empregados, a conexão é vista não apenas como desnecessária, mas indesejada. Em vez disso, conforme-se mais que tudo com sua posição na hierarquia. Se você está na posição de subordinado, seja um bom jogador de equipe, não aborreça as pessoas, não traga problemas óbvios sobre os quais ninguém quer discutir e não confronte uma decisão tomada pelo chefe. Se você está na posição superior, distancie-se emocionalmente, mantenha uma relação distante e use seu poder para coagir as pessoas a *fazerem* as coisas.

Os chefes da Revolução Industrial queriam locais de trabalho estéreis, desprovidos de emoções. A única função dos gestores era fazer os trabalhadores executarem o que a gerência decidiu que eles cumprissem. Isso significa coagir e controlar as pessoas, e conseguir que elas se conformem. Não usamos essas palavras hoje, claro, dizemos coisas como "motivar" ou "inspirar". Porém, o que queremos dizer é "manipular" e "coagir".

Se você está decidindo o que os outros devem fazer, você tem que manter certa distância deles; conexão é contraprodutivo. A Marinha é um dos ambientes de trabalho com a mais alta estrutura de trabalho e hierarquia, com regras estritas contra a fraternização. O objetivo dessa regra é evitar que a amizade influencie as decisões sobre tarefas e promoções.

Esse é outro problema de Fred, para quem o trabalho parece vazio e insatisfatório, e cuja equipe está presa no vermelho. Ele trabalha em um local que separa os redworkers dos blueworkers. Como líder (blueworker), sua missão é fazer os redworkers executarem as tarefas que ele, Fred, decidiu. E não os redworkers. Isso o leva à jogada da coerção, da Revolução Industrial. Como ele se envolverá nisso, certamente será melhor se permanecer distante dos trabalhadores. Melhor não conhecê-los muito bem. O que Fred faz o dia inteiro é negar a sua humanidade para se conformar ao seu papel. Não é à toa que ele chega em casa exausto.

Não havia lugar para a conexão na Revolução Industrial. Afinal, você só precisa de emoções se necessita que sua equipe pense, tome decisões e tome medidas — como lacrar o poço durante uma situação de vida ou morte.

A jogada da conexão é sobre cuidar — cuidar do que as pessoas pensam, cuidar de como elas se sentem, cuidar de seus objetivos pessoais. Em vez de julgar (a partir de uma posição de poder), caminhamos juntos (em uma posição de encorajamento). Isso não significa aceitar qualquer coisa que as pessoas pensem ou façam, nem protegê-las das consequências de seu próprio comportamento, e sim remover os inibidores desnecessários e artificialmente induzidos no local de trabalho para se sentirem seguras. As pessoas não se sentirão cuidadas se não se sentirem seguras. Elas não podem se esforçar para atingirem metas ou ficar à vontade para dizer o que pensam.

Quando as empresas dizem "segurança em primeiro lugar", geralmente falam da segurança física dos trabalhadores e equipamentos, mas o caminho para tornar um ambiente de trabalho mais seguro é permitir que todos vejam, pensem e se sintam livres para fazer diferentes observações e opiniões divergentes. Essa segurança psicológica não é criada pela supressão de declarações desafiadoras, opiniões discordantes e pontos de vista desconfortáveis, mas é projetada deliberadamente para incentivar tais demonstrações e as discussões subsequentes. A segurança vem de uma cultura de estimar e valorizar opiniões diferentes, sem julgá-las, afastá-las ou evitá-las.

Existem quatro opções para executar a jogada da CONEXÃO.

A JOGADA DA HABILITAÇÃO: CONEXÃO

> **CONECTAR-SE É CUIDAR. PARA FAZER ISSO:**
> 1. Achate o gradiente de poder.
> 2. Admita que você não sabe.
> 3. Seja vulnerável.
> 4. Confie primeiro.

Conexão é a jogada especial, pois não se encaixa no ciclo blue-red-blue. Em vez disso, é um bloco de construção básico subjacente, que permite todas as outras jogadas. Os comportamentos que sustentam algumas das execuções anteriores ajudam na conexão, como observar e celebrar, e convidar colegas a contar suas histórias. Outros são fortemente capacitados pela conexão, como criar o sentimento de segurança que permite que todos se manifestem e abandonem a personalidade "seja bom".

A urgência da Revolução Industrial de se conformar com nossos papéis e responsabilidades definidos traz um obstáculo muito importante à execução das outras jogadas que discutimos até agora. Conectar-se é o antídoto necessário. A conexão nos permite sermos mais efetivos em controlar o relógio, colaborar, comprometer-se, concluir e melhorar. Por sua vez, todas as outras jogadas ajudam a estabelecer uma cultura de conexão.

1. Achate o Gradiente de Poder

Uma das formas mais simples de se pensar sobre conexão é por meio do gradiente de poder, que é a distância social entre uma pessoa e outra. Lembre-se do estudo sobre segurança entre os membros da tripulação aérea, no qual 40% dos comissários de bordo e 11% dos oficiais júnior não falavam por causa dos problemas ligados ao grau de poder. Quanto maior ele for, mais difícil será dizer ao seu chefe algo que ele não quer ouvir.

Essa distância social é difícil de medir, mas sempre pode ser sentida.

Aqui estão diversos indicadores para medir o grau de poder: salário ou taxa de remuneração, tamanho do escritório, grossura do carpete, separação física (como vagas reservadas e locais privados de refeição), acesso restrito e inclusão em reuniões privadas, listras nas mangas, localização do assento (distância do chefe principal), número e aparência dos assistentes (homens ou mulheres), quantidade de tempo de conversa alocado, tolerância a atrasos e até se as pessoas riem de piadas idiotas.

Mas alguns dos indicadores são sutis e aparecem em várias reuniões, desde se o encontro não começar até o membro mais sênior aparecer, até quem preside a reunião, quem resume a discussão e quem distribui ações. Até para quem olhamos. Em algo tão mundano quanto uma reunião em grupo, a pessoa que fala olha e fala à equipe ou olha para o chefe? O manual da Revolução Industrial determina que coisas como a atribuição de tarefas e o direito de fazer perguntas provocativas são atribuídas ao líder sênior. Um ritual interessante para ajudar a entender o gradiente de poder é observar como as pessoas interagem com um executivo sênior nos dias anterior e posterior à pessoa ser selecionada como o próximo CEO.

Existem alguns limites em que o grau de poder é particularmente agudo: médico para enfermeiro, parceiro para não parceiro, nomeado político para funcionário do governo, piloto à tripulação da cabine, proprietário para empregado. Se o seu chefe ganha mais do que você, então é provável que você sinta mais o gradiente de poder do que se ganhasse o mesmo que ele.

Aqui está a regra dos gradientes de poder: a censura da informação é diretamente proporcional à posição. Tenha uma estrutura hierárquica bem definida e os empregados vão censurar cuidadosamente suas comunicações com o chefe. Eles editarão as más notícias, rascunharão e reformularão os e-mails e permanecerão em silêncio quando o chefe sugerir uma ideia, independentemente de ser boa ou não. Eles atenderão à mentalidade de provar.

Em gradientes acentuados de poder, também estamos limitados a comunicações "um passo de cada vez", nos quais "atropelar a cadeia de comando" é proibido social e hierarquicamente. Foi assim no desastre do ônibus espacial *Columbia*[*], em 2003. As pessoas se manifestaram, mas os líderes, convencidos de que haviam criado uma cultura de abertura após o desastre do *Challenger*[†], em 1986, não reagiram. De fato, quando perguntaram a Rodney Rocha, que liderava a Equipe de Avaliação de Detritos (*Debris Assessment Team*, em inglês), por que ele havia redigido, mas não enviado, um e-mail confrontando as decisões da liderança de não investigar os danos sofridos pelo *Columbia* no lançamento, que acabariam resultando na explosão fatal, ele disse que não queria passar por cima da cadeia de comando. Tendo já levantado a necessidade de ter uma análise do orbitador, ele passaria à gerência a decisão sobre fazer isso. Um passo de cada vez.

Esse erro, comum em organizações, ocorre ao tratar todas as comunicações, ordens e informação do mesmo jeito. De preferência, as ordens devem seguir a cadeia de comando, mas a informação precisa fluir livremente pela organização.

Um gradiente de poder mais plano resulta em menos censura por que as pessoas se sentirão mais seguras. Funcionários mais abaixo na hierarquia falarão a verdade ao poder, falarão como é, admitirão erros e darão más notícias; serão capazes de domar o "seja bom" para adotarem o "seja melhor". Agora, como o gradiente de poder se manifesta principalmente como um sentimento, é possível às pessoas que têm muito mais poder do que você fazer com que se sinta mais valorizado e relativamente igual, o que o deixa mais à vontade para falar. Como líderes, temos que ser sensíveis ao gradiente de poder e tomar medidas deliberadas para achatá-lo.

Repare que disse "relativamente" igual. Não estou defendendo um gradiente de poder perfeitamente plano. Mesmo que fosse possível obter um (o que nunca vi, apesar de dizerem que existe), isso convidaria uma ambiguidade desnecessária. As pessoas ficam confusas sobre quem tem quais direitos de decisão e, na ausência de barreiras claras, o comportamento normal é agir de forma segura, sem forçar a barra.

---

[*] O *Columbia* explodiu durante a reentrada, em 2003, porque um pedaço da espuma isolante que caiu durante o lançamento havia danificado uma das asas.

[†] O *Challenger* explodiu após o lançamento, em 1986, porque um dos foguetes auxiliares queimou pela vedação.

Penso nisso como um rio que quero atravessar remando, indo e voltando. Se ele é muito íngreme, você tem corredeiras fortes, que virarão sua canoa e impedirão o movimento para cima. Se for muito plano, você terá uma água estagnada, sem nenhum senso claro de direção, e isso é ruim. O que você precisa é de água fluindo tranquilamente. Está claro em que direção a água flui, mas não é tão rápida a ponto de não poder remar rio acima.

Enquanto o gradiente de poder plano apresenta seus próprios desafios, o que encontramos com mais frequência em empresas é um gradiente acentuado. Se sua posição lhe dá mais autoridade ou poder, então usar a jogada da conexão significa achatar o gradiente de poder em relação aos que estão abaixo de você.

No mundo do gerenciamento de Taylor, em que a separação dos executores e dos tomadores de decisão é um objetivo deliberado, o gradiente de poder é reforçado de várias formas. Separação física, locais de refeição de executivos, vagas reservadas, roupas e capacetes em cores diferentes. A remoção de tais armadilhas é um ótimo primeiro passo para aplainar o gradiente.

Em 2005, o Royal Bank of Scotland (RBS) abriu sua nova sede em Gogarburn, nos arredores de Edimburgo, na Escócia. O local tinha um amplo salão executivo, que se tornou conhecido como "câmara de tortura". Entrar na ala executiva do RBS costumava ser extremamente difícil, mesmo para aqueles que tinham uma longa carreira no banco. Os seguranças foram colocados do lado de fora da entrada, sob ordens estritas de permitir somente a entrada dos principais executivos (separação física). O escritório do CEO, Fred Goodwin, era uma cobertura no nível superior e tinha impressionantes 20 metros de comprimento (tamanho do escritório).

Em três anos, o RBS encarou o colapso e só sobreviveu graças ao socorro de £45 bilhões do governo do Reino Unido. Pergunte a qualquer gerente mediano que trabalhou em Gogarburn durante aquele período e ele dirá que todo mundo sabia que o banco estava sobrecarregado bem antes de precisar do socorro. Mas é lógico que, com um gradiente de poder tão acentuado, não importa quantas pessoas duvidassem da estratégia — elas nunca seriam ouvidas.

Felizmente, o salão executivo virou um núcleo para startups.

O partilhamento de voz também é um indicador do gradiente de poder. Como vimos na transcrição do *El Faro*, em todas as conversas de que o capitão participou, ele falou mais do que qualquer outra pessoa. Então, houve uma queda acentuada do oficial da embarcação para o marinheiro. Por exemplo, a terceira pessoa na ponte de comando, um marinheiro de primeira classe, disse três palavras em um período de três horas, enquanto o capitão e o oficial estavam falando.

Em algumas casas, as regras das crianças (não fale a menos que seja requisitado e seja visto, não ouvido) agora tinham sido aplicadas à equipe profissional de adultos operando um navio multimilionário.

Você já deve ter ido a um brainstorming de um workshop, no qual o facilitador ou líder anunciou que "não haveria classificação"; que todos seriam chamados por seus primeiros nomes e que as ideias seriam avaliadas com base em seus méritos e não pelos recursos. Essas práticas são um reconhecimento de que um declive acentuado no gradiente de poder é prejudicial para a parte pensante do trabalho e se destina a neutralizar a distância hierárquica que pode ter se acumulado.

Mas essas abordagens não passam de um mero curativo, uma solução artificial e temporária. Uma abordagem melhor é nivelar consistentemente o gradiente de poder durante os processos de rotina.

Ele é, muitas vezes, aplicado sem rodeios, lembrando às pessoas (como se precisassem) de que os chefes estão em uma posição muito mais poderosa do que elas. São frases assim:

- "Eu sou o chefe aqui."
- "Essa é a minha decisão."
- "Essa é a minha companhia."

Enfatizar suas qualificações ou tempo de experiência também é uma maneira de reforçar o gradiente de poder.

- "Eu faço isso há muito mais tempo que você."

- "Eu me formei em uma instituição de prestígio."
- "Eu sou técnico certificado."

Tais declarações têm o efeito de reduzir a diversidade de pensamento e, consequentemente, a variabilidade, uma aliada do bluework. Minimizá-la prejudica a capacidade da nossa equipe de executar o bluework.

Outra forma de ressaltar o gradiente de poder é mencionando outra autoridade. São alguns exemplos:

- "Foi o chefe que disse para fazer. Sou apenas o mensageiro."
- "Estou apenas reforçando as regras aqui."
- "Essa é a nossa política."

Mais uma vez, a intenção é reduzir a variabilidade de opiniões, pensamentos, tomadas de decisão, responsabilidade e sentimento de propriedade. Isso nos desumaniza.

Em vez de reforçar o gradiente de poder, diminua-o. Aqui estão algumas maneiras de fazer isso:

- Em vez de criar separação, seja física ou emocional, crie conexão.
- Em vez de fazer as coisas *para* alguém, faça *com* alguém.
- Em vez de reforçar a autoridade, reduza-a.
- Em vez de julgar, observe e descreva.

Por exemplo, em vez de dizer:

- "Preciso que você tome uma decisão." (decisão atribuída *a*.)
- "Preciso que você faça isso." (decisão tomada *para*.)

Tente:

- "Precisamos decidir isso." (tomada de decisão *com*.)

Outro exemplo vem da relação entre pais e filhos. Em vez de dizer:

A JOGADA DA HABILITAÇÃO: CONEXÃO

- "Se você não amarrar seus sapatos…" (ameaçando fazer *para*.)
- "Venha, vou amarrar seus sapatos." (fazendo *por*.)

Tente:

- "Vamos amarrar seus sapatos para podermos ir." (fazendo *com*.)

Momentos de celebração são horas em que vejo pessoas, mesmo pais, caindo no padrão *para* ou *por* e reforçando o gradiente de poder. Em vez de dizer:

- "Estou tão orgulhoso de você." (esse é um padrão *para*.)

Tente:

- "Vi que você não foi a festa para se dedicar bem a esse projeto."
- "Aposto que você está se sentindo bem por ter terminado essa prova!"

Veja alguns exemplos em que tentamos reduzir a autoridade em vez de reforçá-la. Em vez de:

- "Veja, sou mestre faixa preta. Qual a sua graduação?"
- "Faço isso há 25 anos. Há quanto tempo você faz isso?"

Tente:

- "Sua opinião importa aqui."
- "Seus novos olhos ajudarão com novas perspectivas."
- "Você tem experiências diferentes que ajudarão a informar nossa decisão."

Acho que é difícil para um funcionário júnior reduzir o gradiente de poder em relação ao grupo sênior. As pessoas atingiram tal nível por uma razão, e parecerá "arrogante" ou socialmente inadequado para o mais abaixo na hierarquia adotar medidas unilaterais para tentar diminuir isso. Entrar no escritório do chefe sem ser convidado? Dar um tapinha nas costas dele? (Deve ser evitado na maioria dos casos.) Entrar na sala de refeições executiva sem permissão? Aparecer para uma reunião de executivos seniores? As chances são de que esse comportamento só mostre aos seus superiores que eles precisam reforçar o gradiente de poder acentuado.

Se você é o funcionário júnior em uma dessas situações, quais são as suas opções? Cuidado ao desafiar o gradiente de poder diretamente. Mais do que tentar influenciar a tomada de decisão de forma direta, comece conquistando o direito de ser ouvido, se torne seguro para que os seniores ouçam suas palavras. Escolher e fazer pequenas mudanças são duas formas disso.

Pense no caso em que o chefe, tipicamente, toma sozinho a decisão sobre o momento de lançar um produto. Em vez de "realmente acho que nós precisamos adiar o lançamento", o que afeta a decisão diretamente, tente: "Chefe, eu sei que você precisa tomar uma decisão sobre o momento do lançamento do produto. O quão útil seria se eu lhe mostrasse o que a equipe pensa sobre isso?" É um pequeno passo. Você deu ao chefe uma escolha ao reafirmar que é uma decisão dele, você não contestou sua autoridade.

Também adicionaria: "E a equipe apoiará qualquer decisão que você tomar" Isso tira o sentimento de desafiar a autoridade e reafirma a lealdade do time. Você está ajudando a trazer segurança para o seu chefe.

Ainda assim, a principal responsabilidade pela redução do gradiente de poder é do membro sênior, a pessoa mais poderosa na relação. Isso é difícil porque o júnior sentirá mais o gradiente de poder e o sênior talvez nem esteja incomodado ou pensando nisso. Porém, eles podem se incomodar com o gradiente de poder entre eles e o chefe. Se você é um funcionário sênior em uma relação hierárquica, então a melhor forma de entender o gradiente de poder é perguntar às pessoas abaixo da sua posição quanto de gradiente de poder elas sentem em relação a você.

Observar x Julgar

O Oscar, o *Deepwater Horizon*, o *El Faro*: o "medo" no local de trabalho diz respeito a ser julgado, interpretado e avaliado pelos outros, especialmente em um contexto social. O julgamento coloca uma pessoa em posição superior à outra, o que explica por que muitos comentários não ajudam e, na verdade, têm um impacto negativo. O julgamento é um subconjunto especial de imposição do gradiente de poder porque a capacidade de julgar é a prova de estar em uma posição mais poderosa.

Além disso, o julgamento funciona contra os nossos objetivos, geralmente.

Julgamento soa como:

- "Você deveria ter..."
- "Gostaria que você..."
- "Você precisa..."
- "Você teve um desempenho ruim..."

Usar substantivos em vez de verbos pode tirar um pouco da dor do comentário. Compare "você teve um desempenho ruim" com "o seu desempenho foi ruim". Quão crítico cada um parece? Se você sentiu que o primeiro colocou mais ênfase e julgamento no indivíduo, está no caminho certo. Uma forma de substituir o julgamento pela observação é optar por substantivos no lugar dos verbos ("o seu desempenho" em vez de "você teve um desempenho") ao discutir qualquer assunto arriscado. Essa pequena mudança na linguagem pode ser crucial quando a tensão está alta.

Veja Jerusalém, uma cidade em conflito por mais de cinco décadas — ou alguns milênios, dependendo do seu ponto de vista. Linhas políticas são traçadas profunda e rigidamente. Como a cidade é sagrada tanto para o Islã assim como para o Judaísmo (e para o Cristianismo), alguns acreditam que o único caminho para a paz entre árabes e israelenses inclui a divisão do local entre esses dois mundos. Esse é exatamente o tipo de tópico em que a linguagem pode desempenhar um papel decisivo.

Em uma experiência, 129 estudantes judeus israelenses foram solicitados a classificar seu nível de apoio às afirmativas: "Eu apoio a divisão de Jerusalém" e "Eu apoio dividir Jerusalém". Quando a afirmativa usa o substantivo (divisão), os participantes relataram menor raiva e maior apoio a concessões. Além disso, quando perguntados o quanto ficariam irritados se a política fosse adotada, a raiva foi moderada quando a pergunta foi baseada em substantivos. Medidas de retaliação também foram silenciadas quando as políticas foram formuladas com substantivos.

Então, se você precisar fazer uma análise, concentre-se em usar mais substantivos do que verbos. Mas é melhor tentar se afastar na posição de julgador, fazendo apenas observações. Veja alguns exemplos:

Julgando a pessoa: Você escreveu mal aquele relatório.

Julgando o trabalho: Esse relatório está mal escrito.

Observando: Notei três erros de ortografia nesse relatório.

Julgando a pessoa: Você precisa intensificar o seu jogo e fazer acontecer.

Julgando o trabalho: Os resultados não são o que deveriam ser.

Observando: Vi que o percentual de negócios fechados nesse trimestre foi o mesmo que no trimestre do ano passado.

Digamos que alguém chega atrasado para uma reunião. Isso atrapalhou e você tem enfatizado a pontualidade na entrega e nas reuniões. Então alguém da equipe chega atrasado de novo! O seu instinto é dizer: "Reparei que você esteve atrasado para a reunião e isso é antiprofissional." Um funcionário se atrasar para uma reunião é um fato. Se é antiprofissional, é um julgamento, porque você ainda não sabe o que o levou a se atrasar.

É muito melhor a pessoa que se atrasou fazer o julgamento. Talvez tenha sido por uma razão convincente e pouco frequente: "Tive dificuldades com uma ligação de um cliente, que se tornou mais demorada do que planejei", "Tive que arrumar alguém para cuidar do meu filho doente" ou, talvez, "Outro gerente me convidou inesperadamente para participar de uma reunião".

Talvez não houvesse nenhum motivo razoável ou, mais provável, a razão apresentada não parece a você mais importante do que chegar a tempo. Se você quer criar propriedade e desenvolver o pensamento, você ainda quer que o outro reflita sobre a situação.

Uma pergunta que você pode fazer nesse momento é: "O que estava no caminho de chegar na hora da reunião?" Você quer dizer isso de uma forma que permita que algumas das barreiras para chegar na hora possam ser legítimas. Talvez sim, talvez não.

Fazer julgamentos para (ou sobre) outras pessoas significa que você está pensando pelos outros e afastando da sua empresa a cultura de pensar, tornando-a uma firma "poder-fazer" da Revolução Industrial. Você pode fazer isso, mas reconheça depois, se houve uma escassez de pensamento, foi o resultado de suas ações.

2. Admita que Você Não Sabe

É difícil se conectar com uma pessoa que acha que sabe tudo; ela não irá se preocupar com o que você pensa. Em vez disso, temos a sensação que tudo o que importa é o que ela acha. Por muito tempo, ganhei a vida sendo assim. Eu deveria saber todas as respostas e todas as minhas decisões deviam ser corretas. Não era recompensado por dizer "eu não sei", mas descobri que líderes que conseguem expressar essas palavras comandam times melhores.

Quando líderes admitem que não sabem, permitem à equipe também admitir que não sabem. Isso é particularmente importante quando decisões são discutidas, porque não há forma de saber se uma decisão é melhor do que a outra até mais tarde — às vezes, muito tempo depois. Ironicamente, um líder admitir que não sabe também permite à equipe ou ao funcionário admitir que ele *sabe*. Se um chefe diz "Eu não sei", isso permitirá a algum subordinado dizer "Eu sei..." ou "Que tal isso?".

Outra coisa a se lembrar é que todo aprendizado começa com "Eu não sei...". Agora, isso não é o fim da conversa. É um "Eu não sei, ...".

"... vamos procurar."

"... como podemos testar isso?"

"... vamos fazer uma experiência."

Mas ninguém jamais começou uma jornada de aprendizado e descoberta com "Já sei disso tudo".

Veja como um líder pode expressar incerteza no conhecimento ou decisão, evitando a arrogância da certeza.

- "Ainda não tenho experiência com isso."
- "Estamos navegando em águas desconhecidas."
- "Devo dizer que tenho apenas 60% de certeza sobre isso. O que significa que há 40% de chance de eu estar errado."
- "Consigo ver argumentos de ambos os lados."
- "Aqui está o contra-argumento a esta posição, e eu gostaria que todos ficassem atentos a quaisquer sinais disso."

Admitir, como líder, que você não sabe ou tem menos de 100% de certeza requer ser vulnerável. Na Revolução Industrial, vulnerabilidade era uma fraqueza por causa da natureza fundamentalmente coercitiva da liderança. Porque dividimos o mundo entre tomadores de decisão e executores, e nós (os tomadores de decisões) precisamos fazer com que os executores cumprissem o que eles deveriam, admitindo que podemos estar pedindo a você que faça algo que talvez possa não estar certo enfraqueceria o poder coercitivo do que estávamos tentando fazer. Por isso, fomos programados para sermos invulneráveis e nunca expressarmos incerteza. Isso nos leva à nossa próxima opção para executar a jogada da conexão.

3. Seja Vulnerável

Outra ferramenta para reduzir o gradiente de poder é a vulnerabilidade. Teoricamente, estar no posto mais alto da hierarquia torna menos necessário ficar na defensiva. Ironicamente, aqueles no comando tendem a se apegar ainda mais a uma aura de invulnerabilidade. Veja algumas das declarações de invulnerabilidade que o capitão do *El Faro* faz na transcrição:

- "Então nós temos que resolver apenas isso."

A JOGADA DA HABILITAÇÃO: CONEXÃO

- "Tudo deve ficar bem. Nós vamos ficar bem — não devemos — nós vamos ficar bem."
- "Nós estamos entrando na tempestade. Eu não teria feito isso de outra forma."
- "(Tudo) deve ficar OK."
- "Ah! Não, não, não. Nós não vamos virar — nós não vamos virar."

Foi somente após o capitão deixar a ponte de comando que a segunda oficial revelou sua ansiedade, após a disparidade óbvia entre as declarações do capitão e as condições atuais. Ela não devia se sentir segura para expressar suas preocupações ao capitão. Ele poderia ter estabelecido um ambiente em que era seguro aos outros expressarem sua vulnerabilidade, ao demonstrarem suas genuínas emoções:

- "Nós poderíamos enfrentar isso, mas, cara, eu não sei sobre essas condições. O que você acha?"
- "Tudo deve ficar bem, mas vamos nos manter alertas às condições. Talvez precisemos alterar o plano e pegar a rota mais longa."
- "Estamos indo em direção a um grande furacão. Estou um pouco assustado."
- "Como todos se sentem a respeito disso? Eu acho que estou passando de animado para preocupado."
- "Quanta certeza temos de que deveríamos persistir na rota do Atlântico?"

Tivesse o capitão demonstrado vulnerabilidade, os outros membros da tripulação teriam se sentido capacitados para conversarem e expressarem suas preocupações sobre o perigo em questão.

Na Copa do Mundo de Críquete de 2019, o time favorito, a Inglaterra, sofreu duas derrotas sucessivas, ficando à beira da eliminação. A equipe se reuniu e conversou sobre o que estava acontecendo. Para isso, foi fundamental que os veteranos demonstrassem vulnerabilidade, sendo abertos e honestos sobre seus medos, coragem e emoções. Isso permitiu que todos compartilhassem suas angústias, reduzindo o medo do fracasso e, por sua vez, criando um poderoso senso de conexão. O fast bowler Mark Wood disse que aquele foi o momento da virada, a equipe venceu o próximo jogo vital contra a Índia e, posteriormente, a Copa do Mundo.

Vulnerabilidade diz respeito a tudo, menos fraqueza. Na verdade, é uma ferramenta incrivelmente poderosa para criar conexão.

Eu tinha um cliente que usava muito a palavra "exposto" e de maneira negativa. Ele queria garantir que ninguém se sentisse "exposto". Essa relutância escancarada é um sinal de baixa confiança e vulnerabilidade, além de alto nível de julgamento. Essas pessoas estão condenadas à mediocridade porque infantilizaram seus funcionários e, agora, ninguém arriscará uma nova ideia. A chave é criar uma cultura em que estar vulnerável e exposto seja perfeitamente seguro.

4. Confie Primeiro

A jogada da Revolução Industrial sobre confiança precisa ser revertida de duas maneiras. Em primeiro lugar, fomos programados para fazer alguém provar que é confiável antes de confiarmos nele. Isso naturalmente cria condições de julgamento, não de observação, e serve para aumentar o grau de poder. Agora, os líderes devem confiar primeiro.

Em segundo lugar, confiar não significa que você está sempre certo. Quer dizer, simplesmente, que suas ações estão sendo guiadas para apoiar os melhores interesses da organização. Isso não significa que elas serão sempre 100% no melhor interesse da organização. Isso é importante porque, sem essa abordagem subjacente à confiança, a discordância é o mesmo que a desconfiança, e cometer um erro uma vez significa "não podemos confiar em você". Suponha boas intenções.

Quando uma pessoa cometer um erro, faça a seguinte pergunta: ela estava tentando fazer a coisa certa e cometeu um erro ou foi motivada por algo diferente do melhor interesse da organização?

Às vezes descobrimos que as motivações estavam desalinhadas com a empresa. Se não formos claros sobre o que estamos tentando alcançar, nossa intenção, e eles tomarem decisões com base no melhor palpite de nossa intenção, esse erro será nosso. Um exemplo simples disso é observar o horizonte de tempo em que uma decisão é projetada para ser otimizada. Se for para uma conquista em curto prazo, mas incorrerá em custos significativos no longo prazo, e isso for inconsistente com os valores da firma, então essa é uma questão de clareza organizacional.

Às vezes, as pessoas tomam decisões tecnicamente incorretas. Essas são questões de competência.

Mas se a pessoa está tentando tomar uma decisão que se alinha aos objetivos da organização, então devemos confiar nela. Confie nas pessoas primeiro, porque isso afetará seu comportamento. Trabalharão mais, permanecerão mais tempo e liberarão mais esforços discricionários quando se sentirem confiáveis.

Costumamos dizer "arrisque nas pessoas, não na Mãe Natureza" porque o ato de arriscar (confiar) convidará uma mudança no comportamento da pessoa, mas não causará o menor impacto nas leis da física.

Como confiança significa "confio que você está tentando tomar a decisão certa", não há problema (e é apropriado) seguir com um "agora me diga seu pensamento sobre essa decisão". Como a decisão em si foi separada do peso emocional da confiança, a discussão acontece mais livremente.

O PACIENTE ELLIOT

Em *O Erro de Descartes: Emoção, Razão e o Cérebro Humano*, o neurologista português António Damásio destaca a relação entre emoções e tomada de decisão por meio da história de Elliot, um de seus pacientes.

Elliot era um homem inteligente, diligente, socialmente hábil e capaz, com um emprego bem remunerado. Mas um tumor atingiu as áreas adjacentes do córtex pré-frontal de seu cérebro, ligadas à formação dos estados emocionais. Após a cirurgia, pessoas próximas notaram que ele desenvolveu uma tendência a ficar preso em uma tarefa, persistindo muito tempo depois do apropriado para passar para outra. Ou então, ele se esquivaria para trabalhar em algo sem importância em vez de enfrentar algo urgente.

Quando falou sobre a luta contra os problemas de saúde, a descrição de Elliot era plana, sem qualquer senso de tristeza ou frustração, o que era apropriado por conta da sua condição. O dano ao seu cérebro afetou o núcleo emocional, deixando-o incapaz de se engajar adequadamente no trabalho ou se conectar com outras pessoas. Isso parece colocar em risco a felicidade e o bem-estar futuros de Elliot, mas embora ele pudesse contar a sua própria história com precisão, ele não pareceu se emocionar com isso.

Conforme Damásio continuava a cuidar de Elliot, ele desenvolveu uma hipótese segundo a qual as emoções são cruciais para uma tomada de decisão eficaz. Alguém poderia supor que ela se resume a algum tipo de lógica pura, mas Damásio sugere outra coisa: precisamos saber o que sentimos para pesar as variáveis e decidir o que fazer com elas.

Desde o estudo do "Paciente Elliot", a tese de Damásio foi validada por pesquisas posteriores. Seu trabalho com o neurocientista Antoine Bechara e outros colegas mostraram que nossas emoções estão complexamente entrelaçadas com nossas capacidades de tomada de decisão. De fato, se tentarmos, de alguma forma, remover nossas emoções do processo de escolha, ficaremos mentalmente paralisados, como Elliot. A conexão diz respeito a trazer a intuição para o trabalho, reconhecendo a importância das emoções e da segurança psicológica na tomada de decisão. A ideia de que a emoção não pertence a um local de trabalho é uma relíquia de uma época em que não precisávamos que as pessoas exercessem bom senso ou tomassem decisões importantes.

Toda vez que você usa seus cinco sentidos, pulsos elétricos viajam por meio do nosso corpo rumo ao cérebro, reunindo-se em seu lobo frontal (logo atrás da testa) para formar uma percepção sobre o mundo à sua frente. Esses sinais sensoriais passam pelo centro límbico que cria emoções antes de chegar à área racional do seu lobo frontal, proporcionando uma imagem emocional e intuitiva do mundo ao seu redor. Acompanhando essas intuições estão as respostas físicas: um nó na garganta por tristeza, o rubor de calor por raiva, a paralisia por medo, a aceleração nos batimentos cardíacos e o suor por ansiedade e antecipação. Essas emoções são ferramentas sofisticadas e afinadas, que evoluíram ao longo de milhões de anos — ignore-as por sua conta e risco.

À medida que aumenta a necessidade de envolver todos na incerteza do bluework, também cresce a necessidade da emoção no local de trabalho.

APOSTANDO EM IOWA

Na Tarefa de Aposta de Iowa (*Iowa Gambling Test* ou IGT, em inglês), desenvolvida pela Universidade de Iowa, nos Estados Unidos, foi dada uma cota de dinheiro para cada participante e eles tinham que aumentar a quantia em um jogo de cartas. Os jogadores, um por vez, pegavam uma carta de um dos quatro baralhos disponíveis. Cada carta trazia uma vitória (ganho financeiro) ou uma penalidade (perda financeira).

Havia uma reviravolta, naturalmente. Os baralhos estavam empilhados, sendo que o A e o B eram bons (as vitórias e penalidades eram de US$50), e o C e o D, ruins (as vitórias eram de US$100 e as penalidades, de US$250). Inevitavelmente, pegar cartas de qualquer um dos baralhos ruins por muito tempo inevitavelmente acabará com seu dinheiro.

Para medir as reações físicas naturais desencadeadas por emoções positivas e negativas, os participantes tinham sensores, conectados para medir os níveis mínimos de suor na pele. Há uma razão para ficarmos com as mãos suadas quando estamos nervosos e o suor pode ser medido como um indicador para a angústia.

A maioria dos participantes com funções cerebrais saudáveis alternava entre vários baralhos até estarem aptos a concluir que A e B ofereciam melhores resultados do que C e D. Aqui está a parte interessante. O nível de estresse deles começou a aumentar quando buscavam os baralhos C e D *antes* de descobrirem, conscientemente, a diferença. Em outras palavras, eles desenvolveram um senso intuitivo de que C e D eram ruins antes de chegarem à conclusão consciente.

Esta descoberta intrigante não deve ser interpretada como significando que podemos confiar no sentimento e na intuição em vez da razão e do pensamento crítico. Por exemplo, se você incluir um baralho com muitas pequenas vitórias e várias grandes derrotas, os jogadores responderão intuitivamente a ele como bom, mesmo que seja ruim em termos financeiros. Nossa intuição não pesa, adequadamente, a gravidade de algumas grandes perdas. Ficamos empolgados com a frequência dessas pequenas vitórias, por mais triviais que sejam para o cenário geral. É preciso o poder cognitivo do jogador para identificar conscientemente o que realmente está acontecendo. Essa fraqueza é bem conhecida pelos operadores de cassino, cujas máquinas estão programadas para desembolsar vários pequenos ganhos — nossas emoções nos recompensam por apostar nosso dinheiro, mesmo quando nossa mente consciente pode ver o desaparecimento total.

Então, sim, a lógica é essencial na tomada de decisão. As emoções podem ser manipuladas. Dito isso, fazer escolhas completas sem o benefício da emoção é desastroso. A emoção é uma ferramenta crítica para a tomada de decisão. Isso é especialmente verdadeiro quando não é possível chegar a uma conclusão lógica definitiva e completa para um problema, ao escolher entre resultados imediatos e tardios ou quando envolve subjetividade. Isso torna as emoções recursos críticos de informação para questões sociais e pessoais, bem como cenários em que as informações disponíveis para a tomada de decisão são incompletas.

À medida que aumenta a necessidade de pensar e tomar decisões (o bluework), cresce a necessidade de uma cultura emocional positiva, segura e vulnerável.

Antes de qualquer uma dessas formas de comunicação funcionar, os membros de uma equipe precisam se sentir suficientemente seguros para falar. Quando você opera com uma mentalidade de "seja melhor", corre o risco de expor inadequações de competência ou perda total de conexão social. É aqui que a compreensão dos gradientes de poder é crucial. Esse gradiente em uma organização não é um obstáculo pequeno para a jogada da conexão e para as estratégias deste livro em geral.

Por causa da importância do gradiente de poder, gostaria de revisitá-lo aqui primeiro no contexto da confiança.

Certa vez, trabalhei com uma importante multinacional com sede na Suíça. Seus executivos seniores ocupavam uma parte especial de um andar especial, tinham vagas de garagem especiais e uma sala de jantar especial. Até o carpete era especial, visivelmente mais grosso e exuberante do que em outras partes do edifício. Eles gastaram muito dinheiro para mostrarem o quanto eram especiais. E isso teve seu efeito.

Outros funcionários, que precisavam ir de um lado a outro do prédio, davam a volta ou até pegavam o elevador para não terem que passar por aquela zona executiva. Não havia regra contra passar por ali, mas as escolhas de arquitetura fizeram o gradiente de poder se tornar quase que um obstáculo físico. Eles desciam um andar, contornavam e depois voltavam quando chegavam ao outro lado.

Os principais documentos financeiros descreveram a empresa como lenta, que não acompanha os concorrentes mais ágeis. Suas ações estagnaram por cinco anos, enquanto o amplo mercado aumentou 50% nesse período. Muitos funcionários importantes saíram. Esses problemas têm ligação com o carpete fofo.

É provável que cada um de nós esteja mais ciente do gradiente de poder subindo do que descendo. Os seus subordinados estão muito mais conscientes desses sinais e, se você não tiver decidido suavizar essa distância, estará inconscientemente prejudicando a capacidade da sua equipe de inovar e aprender. Independentemente de perceber ou não o gradiente de poder abaixo de você, ele está lá.

Aprendi isso da pior forma. Às vezes faço experiências mentais para explorar cenários hipotéticos. Nesse caso, estávamos negociando um novo relacionamento com um importante parceiro de treinamento. Discutimos estabelecer uma relação de longo prazo com os orientadores para estimular um investimento profundo e níveis mais altos de confiança. Isso fazia sentido, então decidi testar a ideia bancando de advogado do diabo. Como experiência mental, propus adotar uma abordagem de contratação em vez disso, facilitando relacionamentos rápidos e de curto prazo; uma espécie de abordagem da Uber ou Airbnb. Quais poderiam ser os benefícios dela em comparação?

Infelizmente, o parceiro de treinamento interpretou esse experimento mental como minha intenção real e reformulou a proposta inteira. Isso resultou em muito tempo e esforço desperdiçados, além de prejudicar nossa própria relação. A equipe do parceiro de treinamento interpretou isso essencialmente como renegar a intenção original em vez de uma simples falta de comunicação. Se o gradiente de poder tivesse sido diminuído, eles teriam esclarecido minha intenção imediatamente em vez de ir diretamente para a execução.

Existem gradientes de poder em *todas* as relações, dentro e fora das organizações tradicionais. Fingir que eles não existem pode matar pessoas. Um exemplo bem estudado dessa relação é o que existe entre piloto e copiloto a bordo de uma aeronave. Um relatório de 1994 do Conselho Nacional de Segurança nos Transportes (*National Transportation Safety Board* ou NTSB, em inglês), que estudou 37 acidentes entre 1978 e 1990, descobriu que eles ocorreram com o piloto no comando em mais de 80% dos casos. Por que isso aconteceu? Afinal, o piloto deveria ser o operador mais experiente.

A pesquisa indicou que isso se deu por causa do gradiente de poder. A despeito das práticas do Gerenciamento de Recursos de Tripulação (*Crew Resource Management* ou CRM, em inglês) incorporadas há muito tempo, que afetaram positivamente a comunicação e a segurança, pilotos derrubam aviões com muito mais frequência porque os copilotos estão menos dispostos a corrigir os erros do piloto do que o contrário. Além disso, o piloto está menos disposto a ouvir uma correção do copiloto. Isso mostra o poderoso fascínio da natureza humana pela hierarquia.

HUMANOS E A HIERARQUIA

Há vários tipos diferentes de gradiente de poder que os humanos experimentam automaticamente. Uma hierarquia "padrão" surge entre os membros mais novos e os mais antigos de um grupo. Quando funcionários antigos falam de sua "experiência", estão invocando o grau de poder social do "estava aqui primeiro". Os trotes e ritos de iniciação servem para reforçar essa distância. Tudo está conectado e é difícil de resolver. E, é claro, também existe entre as outras espécies primatas, como os chimpanzés.

Nos grupos de chimpanzés, o gradiente de poder segue a ordem em que os chimpanzés são introduzidos no grupo. A razão infeliz pela qual primatologistas podem estudar isso é a de que, simplesmente, o status social mais baixo resulta em mais estresse, que pode ser medido por certos marcadores no sangue. Quando os chimpanzés foram introduzidos em uma certa ordem, os que entraram no grupo mais tarde mostraram maiores indicações de estresse. Quando o bando foi desfeito e um novo foi formado, os pesquisadores introduziram os mesmos chimpanzés em uma ordem diferente. Como esperado, os estressados se acalmavam se fossem introduzidos em um novo grupo mais cedo, ou seja, em um status mais alto. E eram propensos a viverem mais.

Os piores resultados estavam reservados aos animais que pegaram o caminho oposto, de serem introduzidos antes no primeiro grupo e por último no seguinte, o que corresponde a um status mais baixo. Esses chimpanzés "rebaixados" sofreram um impacto severamente negativo em termos de marcadores de estresse, prevendo resultados terríveis para a saúde.

Novamente, enquanto o próprio gradiente de poder é invisível além de sinais externos, como em carpetes melhores ou associação a clubes, seus efeitos — na tomada de decisão, inovação e até na saúde — são muito reais e muito poderosos.

Veja exemplos da linguagem que aumentam o gradiente de poder e impedem a participação:

232 A LINGUAGEM DA LIDERANÇA

- "Eu tenho mais experiência."
- "Eu já fiz isso antes."
- "Eu estava na reunião."
- "O chefe me disse que quer..."
- "Bem, você nunca fez isso antes."

Por outro lado, veja exemplos da linguagem que diminuem o gradiente de poder e melhoram a participação:

- "Seus novos olhos serão valiosos aqui."
- "Só porque estamos fazendo isso há muito tempo não significa que não podemos melhorar."
- "Quando trata-se de melhorar as coisas, perspectivas diferentes são úteis."
- "Você é a única pessoa que vê o que você vê."
- "Eu já fiz isso muitas vezes, então é difícil para mim ver objetivamente."
- "Todo esse projeto foi ideia minha, então é mais provável que eu fique na defensiva do que aqueles entre vocês que ficaram mais afastados emocionalmente."

Ao mesmo tempo, há outras decisões que desempenham um papel em estabelecer ou mudar o gradiente de poder. Decisões que aumentam a distância e impedem a participação incluem:

- Estabelecer escritórios, salas de refeição, banheiros e estacionamento separados.
- Criar uma separação física, como usar uma mesa grande ou colocar divisórias de vidro dentro de um piso de plano aberto.
- O uso de guardiões, como assistentes administrativos ou seguranças, para reduzir a acessibilidade.
- Colocar pôsteres e fotografias que tenham apenas o CEO.
- Publicação da literatura da empresa "de autoria" do CEO, embora tenha sido escrito pelos funcionários.

Já decisões que reduzem o gradiente de poder e melhoram a participação incluem:

- Aumentar a proximidade, sentando-se próximo do outro, saindo de trás de uma mesa ou indo ao escritório do subordinado em vez de ter o relatório entregue no escritório do chefe.
- Aprimorar a acessibilidade, como com o uso de endereço direto em e-mails, estar no mesmo espaço da equipe, seja visitando frequentemente ou de forma mais fixa em uma mesa aberta, localizada no centro.
- Imprimir pôsteres e fotografias em que a equipe apareça.
- Publicar a literatura da firma dando crédito ao verdadeiro autor.

Se você quer um ótimo modelo para o aumento do gradiente de poder, observe as práticas de um líder extremamente autoritário como Kim Jong-un, da Coreia do Norte. Você pensaria que ele, o pai e o avô construíram o país sozinhos.

A regra do gradiente de poder é que, quanto mais acentuado, maior a dificuldade da sua informação (pensamento, verdade) fluir para cima. Amy Edmondson, da Escola de Negócios de Harvard, fez uma pesquisa com base em equipes cirúrgicas que estavam adotando uma nova tecnologia e mostrou que equipes com menos distância de poder entre cirurgiões, enfermeiros e outros atendentes tinham maior comunicação entre si, melhor correção de erros e mais aprendizado. Isso levou a uma implementação mais bem-sucedida da nova tecnologia em relação às equipes que mantinham uma hierarquia tradicional.

Seria difícil, senão impossível, achatar totalmente o gradiente de poder. Mesmo que pudéssemos, provavelmente não deveríamos. Um gradiente perfeitamente plano confunde as pessoas, deixa as decisões no ar e torna as pessoas infelizes. Como líderes, no entanto, devemos fazer o possível para achatar o gradiente de poder ao máximo, especialmente na jogada da conexão. Usar a linguagem correta no começo de qualquer sessão de brainstorming serve para achatar a curva apenas o suficiente para incentivar o livre fluxo de ideias.

CONECTAR-SE É CUIDAR. QUATRO MANEIRAS DE FAZER ISSO SÃO:

1. Achate o gradiente de poder.
2. Admita que você não sabe.
3. Seja vulnerável.
4. Confie primeiro.

CONEXÃO

Conexão é a jogada que permite que todas as outras jogadas funcionem melhor. Na Revolução Industrial, a jogada era a conformidade. Conexão diz respeito a se preocupar: com o que as pessoas pensam, como elas se sentem, e com seus objetivos pessoais.

A conexão não é uma "amizade" superficial, mas se preocupar com alguém e desejar o melhor a ela. Conexão é amor.

O conceito-chave da conexão é o gradiente de poder. É como nos sentimos hierarquicamente nas relações humanas. Um declive acentuado significa que meu chefe parece muito mais importante do que eu. Salário, tamanho do escritório e acessibilidade são indicadores do gradiente de poder.

Queremos um gradiente de poder baixo e suave. Se a curva for muito inclinada, ficará difícil para as equipes falarem a verdade sobre o poder. Se ele for plano, a equipe perderá tempo e energia entendendo os direitos de decisão.

Parte do achatamento do gradiente de poder envolve os líderes demonstrarem vulnerabilidade e terem a capacidade de admitir que não sabem de tudo.

A confiança é o resultado de praticar a transparência ao longo do tempo. Confiança significa que eu acredito que você almeja o bem. Se você vai ou não se sair bem, depende de muitos fatores além de simplesmente querer se sair bem.

CAPÍTULO 9

Aplicando os Princípios de Redwork-Bluework em Situações no Local de Trabalho

Faltavam seis horas para o jogo no Citizens Bank Park, na Filadélfia, e as coisas não estavam indo bem para a equipe de desenvolvimento da Assist.

A alguns quilômetros do estádio, eu estava almoçando com Shane Mac, CEO da Assist, quando ele recebeu uma mensagem da líder do projeto falando que eles estavam tendo problemas.

Shane e eu trabalhamos juntos em vários projetos no passado; fiquei pessoalmente impressionado pela forma esclarecida e fortalecedora com que ele dirigia sua empresa. Shane havia me explicado que esse projeto era particularmente complicado. Eles planejavam um teste de campo de um novo produto que permitiria às pessoas lerem um código de barras em seus assentos com seus iPhones, selecionarem a comida ou a cerveja que quisessem, digitarem o número do assento e, momentos depois, um atendente apareceria com o pedido. O pagamento seria feito pelo Apple Pay. Para isso, era necessária a interface entre vários sistemas de software da empresa, a organização de serviços do estádio que lidaria com a entrega física dos pedidos, do estádio e de um intermediário. Esse teste era importante para a Assist. Uma demonstração bem-sucedida aumentaria seu valor e provaria não só que a tecnologia funcionava, mas que atendia com sucesso a uma demanda real do cliente. Várias outras grandes empresas de tecnologia estavam avaliando se unir à Assist em projetos similares e esperando para ver como esse experimento funcionava.

As coisas pareciam correr bem, até que ele recebeu a mensagem de que não estavam.

Shane ligou para a sua chefe de projetos, uma mulher com forte reputação na indústria da tecnologia, e que estava no estádio trabalhando no assunto. Naquele momento, algumas firmas envolvidas estavam entrando no modo defensivo, preparando as desculpas para culpar alguém se o teste falhasse.

Ao final de uma conversa curta, Shane disse: "Diga-me se você quer que eu vá aí." Ele disse isso enfaticamente, tipo *você me diria se precisasse de mim*. Houve uma pausa, então ele disse "ok", desligou e olhou para onde o menu estava, em cima da mesa.

Só tinha ouvido o lado de Shane na conversa, mas tenho uma ideia sobre como ele formulou suas respostas à líder do projeto. Sugeri que ele voltasse a chamá-la e refizesse a última pergunta, mas desta forma: "Quão útil seria se eu fosse ao estádio, de 0 a 5?" Ele ligou e a resposta foi "5". Fiquei chocado; Shane arregalou os olhos. Ele desligou, se levantou, jogou uma nota de US$5 na mesa e chamou um Uber para nos levar ao estádio.

A história teve um final feliz: as equipes resolveram o problema antes de o Philadelphia Phillies entrar em campo e a demonstração funcionou. Acho que fui a primeira pessoa a pedir uma cerveja no sistema deles.

Faça uma declaração de uma forma e você terá uma resposta que trará um resultado. Diga a frase novamente, mas um pouco diferente, e você terá uma resposta e um resultado diferente.

Quando Shane disse "Diga se você quer que eu vá aí", seria necessário à chefe de projetos assumir que precisava de ajuda e desse instruções ao seu CEO. As duas coisas são difíceis de fazer mesmo para uma excelente e renomada chefe de projetos, como a mulher à frente dessa equipe de desenvolvimento. Se ela fosse alguém menos relevante, poderíamos atribuir a isso sua relutância em pedir ajuda a Shane, mas ela não era.

Quando ele perguntou "O quão útil seria se eu fosse ao estádio?", isso se tornou um pedido de informações. Repare como ele fez a pergunta. Ele não perguntou "Seria útil...?", porque seria uma pergunta binária que, novamente, tornaria um pouco mais difícil de responder que "Sim".

Gostaria de dizer que essas alterações na linguagem são certas como acender a luz apertando o interruptor. Elas não são, mas qualquer passo que você dá que torna um pouco mais fácil para os outros se sentirem seguros para falar resultará em uma probabilidade maior de que o façam. E essas pequenas probabilidades, com o tempo, por meio de reuniões e interações repetidas, resultarão em uma grande mudança.

UMA PEQUENA RECAPITULAÇÃO DO NOSSO NOVO MANUAL

Temos dois modos de trabalho diferentes. O redwork é o trabalho ativo de produção, que se beneficia ao reduzir a variabilidade e tem a mentalidade de provar, enquanto o bluework abrange o processo de pensamento reflexivo, colaborativo, que se beneficia ao adotar a variabilidade e tem a mentalidade de melhorar. Com esses dois modos, há seis jogadas de liderança:

Começando no redwork...

Transição do redwork para o bluework com:

CONTROLAR O RELÓGIO, não obedecê-lo.

CONCLUIR, não continuar.

Enquanto no bluework...

APLICANDO OS PRINCÍPIOS DE REDWORK-BLUEWORK EM SITUAÇÕES   239

COLABORAR, não coagir, visando a:

MELHORAR, não provar.

Transição do bluework de volta para o redwork com:

COMPROMETER-SE, não cumprir.

E usando a jogada da ativação:

CONECTAR, não conformar.

Essas jogadas seguem a dança entre o bluework e o redwork, pensar e fazer, abraçar e reduzir a variabilidade, melhorar e provar. Quando você está em uma situação de trabalho que parece levar a um impasse, você tem de ler os padrões, identificar onde está na dança e fazer a jogada apropriada.

A primeira questão é: "Estamos no redwork ou no bluework?" Lembre-se de que o redwork é fazer, executar e provar. Tipicamente, é o trabalho da organização: operar máquinas, fazer produtos, servir clientes. O bluework é pensar, decidir e melhorar. Se você não tem certeza se está no redwork ou no bluework, pense se a atividade que você está fazendo será mais beneficiada se você abraçar ou reduzir a variabilidade. Se quer mais variabilidade (mais ideias, opções diferentes e decisões tomadas em tempos incertos), então você está no bluework. Se quer menos variabilidade (consistência no processo, produção de partes idênticas), então você está no redwork.

Agora pense em quanto tempo você quer permanecer naquele modo de atividade e quando você quer mudar para o outro.

Digamos que você está na situação de Sue. Há muito pensamento, discussão e ruminação. Você está no bluework, mas precisa começar a agir. Você deseja encerrar a jogada colaborativa e avançar para o compromisso, com um plano de controlar o relógio que inclui a conclusão e a melhoria. Perca muito tempo no bluework e você ficará frustrado ao perceber sua falta de habilidade em começar a agir; no pior dos cenários, pode até levar à ansiedade e à depressão. Expressões comuns que refletem a sensação de estar preso ao bluework incluem "faça alguma coisa", "não pense demais" e "estamos em paralisia de análise!".

Quando você acorda no meio da noite, pensando em uma situação, incapaz de voltar a dormir, você está preso no bluework. Como sair disso? Se comprometendo com uma parte da ação pequena, bem pequena, que o levará ao redwork. Aja, se mexa, faça qualquer coisa. Escreva seus pensamentos em um bloco de notas ou em um diário. Se isso não funcionar, levante e comece a trabalhar no projeto (na verdade, não enviaria nenhum e-mail nesse estado, mas você pode escrever um e vê-lo novamente pela manhã). Normalmente, isso funciona comigo; após 10 a 15 minutos, descarreguei a parte principal da minha ideia e posso voltar a dormir.

Por outro lado, você pode sentir que está gastando muito tempo no redwork, como Fred. Se você começa a estagnar no redwork e precisa repensar ou melhorar seu processo, tem que controlar o relógio e tomar atitudes para colaborar e melhorar. Muito redwork parece uma atividade irracional, muito movimento e barulho que, na verdade, não o aproximam de realizar seus objetivos. Expressões comuns que refletem essa condição incluem "estamos andando em círculos", "estamos desmatando a floresta errada" e "estou no piloto automático".

(Talvez você jamais tenha ouvido algumas dessas frases antes, tudo bem. São expressões que ouvi pelas minhas experiências em vários locais de trabalho. Sua experiência será diferente, as pessoas serão diferentes, suas normas culturais serão diferentes e a sua linguagem pode ser diferente. Mas se essas frases capturam algo que você está vivenciando, isso pode sugerir que você está preso no redwork.)

Aprender a girar entre o redwork e o bluework (ou vice-versa) demanda treino. Comece devagar, bem devagar e consigo mesmo. Uma boa ideia é começar evitando perguntas binárias; em vez de fazer as pessoas te responderem um "sim" ou "não", pergunte a elas "o quê?" ou "como?". Tente e veja como as coisas mudam à sua volta.

Isso demanda treino porque a programação mental para seguir as regras padronizadas na Revolução Industrial foi profunda, e eu não sou uma exceção. Em uma conferência recente, falava sobre a importância de, como líder, não ancorar o grupo (veja o Capítulo 2) e evitar perguntas autoafirmativas (veja o Capítulo 4). Após colocar a equipe em uma pequena atividade, fui até o gerente de palco e perguntei: "Posso ir às 10h, certo?" Eu violei duas das regras que havia acabado de estabelecer!

Seja uma conversa com um chefe, um amigo ou um colega que se reporta a você, toda conversa é uma oportunidade para reconstruir a forma como interagimos. Você pode passar para um estado temporário de bluework, depois parar e refletir sobre a situação para obter uma resposta que é pensada, e não automática. Apenas pergunte a si mesmo: Que padrão estou vendo? Que jogada é apropriada para agora?

Vamos ver como isso pode parecer em alguns locais de trabalho comuns. Esses exemplos são baseados em nossas experiências com clientes ao longo dos últimos anos. Primeiro, temos várias situações em que abordamos isso da perspectiva da pessoa sênior e, depois, da perspectiva da pessoa júnior.

INTERFERÊNCIA OU CONTROLE DO RELÓGIO: QUANDO SAIR DO REDWORK

Situação: cientistas de uma multinacional de pesquisa não sabem ao certo se devem interromper um teste mais cedo.

Mia é supervisora de pesquisa em uma multinacional farmacêutica que faz muitos testes com novos medicamentos. A maioria deles jamais chega às avaliações posteriores ou ao mercado em si. Equipes de cientistas projetam os testes e submetem os remédios a rigorosos padrões científicos para se certificar de que são eficazes e seguros. Uma vez que os lotes-piloto são feitos, começa a fase de experimentação. Frequentemente, no início do processo, os cientistas têm uma "sensação instintiva" de que o produto não passará, mas eles parecem presos ao processo de todo o teste, "só por precaução".

Mia está frustrada com a ineficiência de um processo em que ela sempre costuma ouvir "sabíamos que não ia dar certo" e recursos são desperdiçados com produtos falhos, mas ela teme interromper o teste. Muitas vezes, várias triagens são associadas às ideias de certas pessoas e há uma carga emocional para continuar, e resistência dentro da empresa para interrompê-las. O que está acontecendo e o que Mia deve fazer?

Conduzir os testes é o redwork. Projetar, avaliar e decidir se eles devem continuar faz parte do bluework.

Mia e sua equipe estão presas na escalada de compromisso, porque continuam os testes mesmo com a sensação de que eles falharão. Uma das raízes do problema é que eles veem o teste como um longo período sem a jogada da conclusão — realizando todo o caminho até o final do teste, na esperança de conseguir resultados positivos. Como o ônus da prova de um teste positivo é alto, isso exige um longo período de experimentação.

Mas a empresa é um negócio e existe um ônus assimétrico de prova. Não deve levar muito tempo para "provar" que aquilo não funcionará. O senso razoável de cientistas experientes de que aquilo não dará certo deveria ser o suficiente. Mas provar que um medicamento funciona com poucos efeitos colaterais requer um alto ônus de prova.

A equipe deve projetar os testes com um ponto de decisão "precoce". Aqui, os testes começam (o redwork) e, digamos, estão programados para rolar em seis meses. Normalmente, os cientistas podem prever em um mês se o teste falhará. Então, uma reunião "precoce" de bluework acontece com um mês. A decisão a ser tomada é: continuar os testes ou cortar as perdas e destinar recursos para um potencial produto diferente.

Numa reunião "precoce", Mia poderia usar os cartões de probabilidade (veja o Capítulo 4). Os membros da equipe trabalharam juntos no passado e há uma alta confiança entre eles, então ela opta pelo método simultâneo dos cartões de probabilidade abertos. A pergunta que ela faz é: "Com que força você acha que devemos parar o teste agora?" Todo mundo dá seus palpites com os cartões (de 1 a 99). Agora que eles sabem como o grupo pensa, Mia pode tomar uma decisão sobre a continuidade do teste.

É provável que as pessoas desejem conhecer a lógica por trás do voto de alguém que é fortemente a favor ou contra a interrupção do teste. Essa pode ser uma discussão útil.

Pode ser que as pessoas fiquem desconfortáveis comprometendo-se a dar esse nível de conselho. Nesse caso, ela poderia perguntar: "Qual é a probabilidade desse teste falhar?" Nas primeiras vezes em que fizer isso, pode ser necessário que ela ajuste sua compreensão dos votos com questões como: "Jon, vi que você votou 95. Diga-nos o que isso significa para você." Então, ela poderia transmitir quanto risco acha que o grupo deveria adotar para continuar ou interromper o teste. Eles podem achar que, embora as pessoas pensem que o teste tem baixa probabilidade de sucesso, deveriam continuar porque os benefícios podem ser enormes.

É uma decisão de baixo risco, porque o teste sempre pode ser reiniciado.

Com prática, a equipe achará cada vez mais fácil sinalizar a alta probabilidade de falha e os riscos do negócio, para interromper esse teste e começar outro.

CHEGA DE CONVERSA:
GERENCIANDO UMA MUDANÇA DE INICIATIVA

Situação: A CEO/fundadora quer anunciar uma nova iniciativa de mudança. Como ela fará isso?

Jen é fundadora e CEO de uma empresa desenvolvedora de softwares, de 25 pessoas, em Austin, no Texas. A empresa teve sucesso porque ela deu a seus engenheiros um alto grau de liberdade para seus relacionamentos com os clientes, agenda de trabalho e tipos de soluções de software que eles desenvolvem. No entanto, Jen percebe que, enquanto sua empresa cresce, há uma quantidade crescente de ineficiência e atrito interno, por que a liberdade que os engenheiros têm em seus processos de trabalho também leva à falta de comunicação e dificuldades de programação. Ela sabe que, no próximo ano, terá que introduzir processos mais padronizados e que seu time se irritará com o que perceberá ser uma restrição à sua liberdade.

Os engenheiros de software de Jen estão no redwork, cada um fazendo suas próprias coisas, mas estão começando a perder a sincronia uns com os outros. Ela precisa controlar o relógio e, então, se comprometer. Se ela apresentar à sua equipe uma "iniciativa de mudança", provavelmente provocará temor e estresse neles, porque isso soa como um câmbio permanente sob o qual eles não têm controle. Em vez de trabalhar em seus próprios ritmos, eles se sentirão pressionados a realizar as tarefas.

Se Jen quer convencer a equipe a mudar a forma de trabalho, deve discutir com eles as razões da sua mudança, permitindo-os dar opinião nos passos que darão juntos para reduzir a ineficiência da empresa. Em vez de "iniciativa de mudança", ela pode chamar isso de "experimento" ou "teste beta" e fazer planos de rever os resultados com seus funcionários dentro de, mais ou menos, um mês (data de vencimento). Feito isso, ela estará colaborando, não coagindo.

Se a equipe sabe que isso é um experimento e que eles serão incluídos no processo de refinar os novos processos de trabalho, serão menos resistentes às propostas de mudança de Jen. Estarão engajados no modo de aprendizado, coletando informações que os ajudarão a relatar, quando a sessão de revisão chegar, se as mudanças estão ajudando ou dificultando sua habilidade em fazer o trabalho.

(Porém, este deve ser um esforço colaborativo *real*, e o processo de revisão deve ser significativo, com a contribuição dos engenheiros de software sendo levada a sério. Caso contrário, Jen só estará seguindo as velhas práticas da Revolução Industrial de coerção e conformidade, e, se ela pretende ouvi-los e então descartar todas as suas sugestões, será tão ruim quanto, talvez até pior, do que se ela tivesse lançado uma "iniciativa de mudança" desde o início.)

Quando chegar a hora da revisão, Jen deve chamar um pequeno grupo para trabalhar no problema. A participação no time deve ser aberta e autosselecionável. E se Jen acabar liderando a discussão, tem que tomar cuidado para não impor suas próprias ideias ao grupo antes de eles começarem a ver possíveis soluções. Conforme a CEO usa a jogada colaborativa, ela deve perguntar o que as pessoas viram durante o período experimental, o que elas achavam que estava acontecendo e o que deveriam fazer a respeito. Eventualmente, chegará a hora de se comprometer e Jen estará apta a tomar a decisão sobre os futuros processos de trabalho da empresa, fundamentados no que seus engenheiros de software relataram, com base em suas experiências.

Eis uma situação similar que acontece em nossas empresas. Quando começamos a usar o Slack, algumas pessoas o utilizavam para comunicação interna, mas também usavam o e-mail e, com isso, acabamos com múltiplos meios de comunicação. Para melhorar a eficiência, parecia fazer sentido que a comunicação interna normal deveria ser feita com o Slack, deixando o e-mail para comunicação externa, com clientes. Acreditávamos que essa mudança levaria a mais conversas colaborativas entre nossos funcionários, e menos comunicações perdidas.

Em vez de dar um ultimato, anunciamos um período de experiência: "Ei, vamos fazer isso por um mês e, então, conversar sobre o que aprendemos e o que gostamos nisso. Se percebermos que não ajudou, podemos mudar a política em um mês."[*]

Embora nem todas as alterações sejam facilmente reversíveis, quanto mais próximo você estiver do modelo de execução de um experimento, melhor será. Faça ajustes no seu redwork, estabeleça um rápido período de bluework para avaliar, com um ponto final firme, então finalize as mudanças que considerar mais efetivas no seu redwork.

NÃO PODEMOS PARAR, ESTAMOS INDO MUITO RÁPIDO: UMA PAUSA PARA MELHORAR

---

[*] Aprendemos que as pessoas checavam suas mensagens do Slack regularmente e parecia que internamente tínhamos uma boa visão comum da realidade e da colaboração. Poucas coisas se perderam e os funcionários remotos se sentiram melhor conectados à equipe do que antes. Mas, mesmo assim, o problema só piorou: acabou que as mensagens do LinkedIn eram outro canal que os clientes costumavam usar, e eu até recebi uma consulta por voz (e a reservei) via Twitter!

Situação: O líder de uma multinacional de reparo de motores gostaria de fazer mais para melhorar os processos de trabalho da empresa.

Henrik é o supervisor de produção de uma unidade de reparo de motores na Europa. A instalação está ligada a uma das principais companhias aéreas europeias, mas aproximadamente metade da carga de trabalho é gerada pelo conserto de motores de outras linhas aéreas (geralmente companhias pequenas, que não têm sua própria instalação de reparos). Quando Henrik assumiu, a instalação de reparo estava ficando para trás na aquisição de novos clientes, mesmo que o número de aviões no setor global de aviação, com motores precisando de consertos, estivesse crescendo. Henrik incentivou sua equipe a ser mais ousada ao apresentar novas ideias para otimizar o trabalho e melhorar a qualidade. Mas as poucas ideias expostas foram extremamente irrelevantes ou muito impraticáveis de implementar.

A empresa de Henrik parecia estar presa na mentalidade geral de provar e executar, que abrange os ciclos de redwork e bluework. O problema é que essa mentalidade coloca um fardo em nós e na nossa equipe de que devemos estar certos o tempo todo. E isso suprime o compartilhamento de ideias por medo de errar. Além disso, a jogada de se comprometer é, provavelmente, muito grande; a empresa está tentando executar grandes iniciativas de uma só vez, em vez de gerar pequenas hipóteses para testar, com foco no aprendizado dos resultados.

As jogadas necessárias aqui são controlar o relógio, colaborar, se comprometer e, acima de tudo, melhorar. Henrik precisa programar uma pausa na produção para criar uma oportunidade para o bluework. Isso deve gerar várias ideias e, depois, ele poderá determinar como escolher uma ou duas das novas iniciativas para serem implementadas e testadas quando o time voltar ao redwork.

Por exemplo, quando os motores estão sendo reparados, são suspensos por guindastes e os trabalhadores sobem nas escadas para substituir as pás da turbina. Mas isso significa que eles precisam de equipamentos de segurança sempre que sobem nas escadas, atrasando o processo. Se eles

APLICANDO OS PRINCÍPIOS DE REDWORK-BLUEWORK EM SITUAÇÕES   247

pudessem baixar o motor, então os funcionários poderiam trabalhar no solo, substituindo cada fileira de pás da turbina a uma altura ergonomicamente ideal. Mas abrir grandes buracos no chão da fábrica para criar essas áreas de reparo seria uma grande despesa. Como eles podem testar se isso realmente melhoraria o fluxo de trabalho?

Uma forma seria comprar uma plataforma circular, que poderia ser erguida ao redor do motor, em vez de usar escadas individuais. Isso permitirá à equipe testar os benefícios ergonômicos e de otimização do tempo sem abrir buracos no chão. Eles poderiam fazer uma experiência por sessenta dias e deixar equipes diferentes testarem a plataforma elevada. E, com o que aprenderam durante esses dois meses, tomar uma decisão em seguida sobre se valeria a pena abrir um buraco.

Acabou que foi uma boa ideia. Agora, os trabalhadores permanecem no chão enquanto o motor se move na vertical, mantendo o local de trabalho na mesma altura. O trabalho é mais seguro, mais rápido e a equipe praticou a criação de protótipos de novas ideias.

TUDO QUIETO NO CAMPO DAS IDEIAS: USANDO A CONEXÃO PARA FAZÊ-LA DE FORMA SEGURA

Situação: Um gerente assistente de uma fábrica se sente diferente dos seus colegas, mas reluta em falar.

Tomás é um dos oito gerentes assistentes de uma grande fábrica de papel no Brasil. A instalação opera 24 horas por dia, em três turnos. Gerenciar a grande máquina de fazer papel — com mais de 150 metros de comprimento e três andares de altura — é uma de suas principais responsabilidades.

A máquina, apelidada pelos funcionários de "O Bastardo", foi projetada para rodar a 30 metros por segundo, mas a fábrica de Tomás estava rodando a 18 por conta da qualidade inconsistente e de rasgar papel quando roda a toda velocidade. Pequenos desalinhamentos nos rolamentos e variações na temperatura na seção de secagem resultaram em pequenas variações na qualidade do papel, medidas principalmente como espessura.

Na etapa final do processo, o papel é enrolado em carretéis de 6 metros de largura. Se o papel rasgar, mais de 360 metros quadrados de papel são despejados no chão a cada segundo até que a máquina seja parada.

A empresa pressiona a fábrica a melhorar a produtividade e os membros da equipe estão discutindo como isso pode ser feito. Tomás não acha que a discussão seja útil, porque eles estão focando detalhes como quantos rasgos houve no turno de Miguel em comparação com o de Francisco, e assim por diante. Tomás acredita que, embora alguns supervisores de turno consigam ajustar a máquina de forma um tanto eficaz, os rasgamentos ocorrem mais ou menos aleatoriamente. Para ele, é preciso desligar "O Bastardo" por um tempo para resolver alguns problemas fundamentais: reparar rolamentos gastos, alinhar ventiladores e limpar as correias.

Tomás percebe que a maioria dos seus colegas está acompanhando a opinião da gerência da fábrica na forma de lidar com o problema, e ele não acha que eles gostariam de ouvi-lo ou acha que ele perderia status social e correria o risco de perda de afinidade dentro do grupo se falasse.

Os gerentes deveriam estar executando a jogada da colaboração em seu estágio de bluework, mas não é o que acontece. Em vez de buscar observações e ideias de dentro do grupo, o gerente da fábrica revelou seu viés. Essas reuniões deveriam começar com um processo de pausa, uma revisão e um avanço rápido. Os supervisores precisavam identificar a situação atual, analisar como as coisas chegaram a este ponto e, então, determinar o que devia ser feito a respeito.

Tomás precisa controlar o relógio e colaborar. Se ele espera avançar em uma agenda diferente, precisará fazê-lo delicadamente, para não perturbar o grupo. Ele pode fazer uma observação, tentando evitar julgamento: "Eu vi outra opção que não foi discutida ainda. Percebi que os supervisores de turno perdem muito tempo fazendo pequenos ajustes nos rolamentos e ventiladores enquanto a máquina roda. Sei que isso é difícil de fazer. Quando a máquina quebra, temos pressa em fazê-la voltar a funcionar e não temos tempo para analisar e corrigir a causa desses problemas. Talvez pudéssemos colocar a máquina a 20 metros por segundo ou até mais. Então, poderíamos programar desligamentos e controlar a máquina em vez de deixar que ela nos controle."

Na transição para o compromisso, Tomás e o grupo gostariam de encontrar um objetivo específico dentro da sua ideia que pudesse ser testado em "O Bastardo". Talvez os supervisores de turno pudessem identificar os dez rolos que exigem ajuste mais frequente, permitindo que a fábrica planeje uma parada para revisar apenas aqueles e não todos os 150 rolos.

ESTOU COMEÇANDO A PENSAR QUE É VOCÊ, NÃO EU: COLABORAÇÃO MAIS EFICAZ

Situação: Uma funcionária responsável por um produto em um banco está frustrada porque um dos membros de sua equipe está cheio de ideias, mas elas parecem erradas.

Jessica trabalha como responsável por um produto em um banco. Ela tem uma pequena equipe multifuncional, incluindo codificadores, designers e especialistas em privacidade e *compliance*, que desenvolve a espinha dorsal e a interface de tecnologias para clientes. A equipe trabalha conjuntamente, usando processos ágeis e, geralmente, é bem-sucedida.

No entanto, Jessica está frustrada porque Jens, um dos codificadores, sugere com frequência formas de implementar *user stories* (uma especificação de uma ou mais sentenças) que, para ela, parecem "fora do eixo". Por exemplo, um dos objetivos recentes era permitir que os usuários pagassem com o aplicativo, e Jens sugeriu um anel que as pessoas poderiam usar em leitores de cartões.

Jessica está tentando fazer a jogada da colaboração, mas em vez de depositar seus problemas em Jens, ela deveria reconsiderar sua própria atitude. Primeiro, ela deveria reconhecer e celebrar o pensamento divergente trazido por Jens para o processo. Essa divergência pode ser a fonte de inovação e melhora. Quando Jens faz uma sugestão, Jessica deveria guardar para si suas opiniões e, em vez disso, explorar a ideia com curiosidade. E se ele realmente estiver certo?

Jessica deveria assumir que Jens está mais próximo do problema do que ela, uma vez que ele está no código e, também, tem algo a oferecer. Perguntar "o quê?" e "como?" a ajudaria a descobrir o que Jens vê que ela não consegue. Ela poderia perguntar:

- "Como seria o próximo passo?"
- "Como isso se alinha com o que o usuário possa precisar?"
- "Como isso simplifica o processo para o cliente?"
- "Em que suposições isso se baseia?"

Mas e se as sugestões de Jens realmente estiverem "fora do eixo"? Talvez ele tenha os critérios de desenvolvimento incorretos. Se é só isso, então é uma questão de clareza. Pense, por exemplo, que o banco quer produtos que sejam simples de usar e excelentes na coleta de dados, e Jens sempre apresenta ideias que permitiriam que os dados fossem coletados de maneira eficaz, mas que também complicariam a interface dos usuários com o produto. Jessica precisaria ser mais clara a respeito do critério de desenvolvimento para que Jens possa trabalhar em maior sintonia com os demais.

Ao final do processo, Jessica pode ter que aprovar uma ou outra abordagem. Pode ser que a proposta de Jens ofereça a melhor solução ou que sua ideia não funcione. Se não aprovar a proposta de Jens, Jessica pode explicar por que escolheu a solução alternativa, mas isso não significa que ela deveria tentar convencê-lo de que suas propostas estavam "erradas". Tudo o que ela precisa é conseguir que Jens se comprometa a apoiar a decisão feita por ela sobre o curso de ação da equipe.

OBTENDO COMPROMISSO EM VEZ DE CONFORMIDADE

Situação: Um vice-presidente sênior está pronto para responder às perguntas em uma reunião de gerenciamento de mudanças.

APLICANDO OS PRINCÍPIOS DE REDWORK-BLUEWORK EM SITUAÇÕES   251

Matthew trabalha como vice-presidente sênior de uma multinacional fabricante de automóveis na Europa. Sua divisão é responsável pela tecnologia de consumo, programando os robôs usados para montar os veículos, assim como a eletrônica nos próprios carros. Um ano antes, seu antecessor efetivou uma transformação ágil e levou a divisão inteira a formas mais rápidas de trabalho, mas falhou em criar quaisquer alterações duradouras.

O CEO e a gerência sênior sabem que a firma precisa mudar a forma de trabalhar se quiser sobreviver no futuro. Eles veem os desafios dos carros autônomos, veículos elétricos e sistemas de entrega sem motorista mudando a indústria; eles sabem que devem ser mais inovadores, e isso significa que todos os funcionários precisam pensar sobre inovação também.

Matthew e o núcleo de sua equipe reiniciaram o processo de transformação com o objetivo de serem mais adaptativos e ágeis, além de levar novos produtos ao mercado mais rapidamente. Como parte disso, o departamento de Matthew será reorganizado e adotará novas práticas. Foram seis meses de workshops, envolvendo funcionários de todos os níveis para trabalhar na forma como a reorganização acontecerá e como será o novo processo.

Matthew acredita que o amplo envolvimento e engajamento são essenciais para uma transformação bem-sucedida, mas a abertura da mudança pretendida permitiu que alguns que resistiam sabotassem verbalmente o plano antes de começar. Matthew sabe que não conseguirá consenso sobre o lançamento do programa tão cedo, mas agora está ouvindo as mesmas reclamações diversas vezes e sente que é hora de ir adiante, apesar das objeções.

Um dos grupos que resiste é, ironicamente, formado pelos *agile coaches* (treinadores de práticas ágeis). Para eles, a nova abordagem (ou "sistema operacional") não vai longe o suficiente para incorporar processos efetivos e estruturas de governança. Eles dizem que apenas uma transformação completa, irreversível, produzirá mudanças reais dentro da empresa.

Um grande segmento dos gerentes de nível médio também resiste. Eles fizeram a Matthew uma série de questionamentos que, em sua cabeça, são impossíveis de responder até que o processo de transformação comece realmente.

Por fim, os atuais membros da equipe de gerenciamento de mudanças acham que seu status foi ameaçado porque, no novo sistema operacional, todos precisam ser agentes de mudança. Eles querem saber quais serão seus novos papéis.

O grupo de Matthew está preso no bluework. Ele sente que gastou muito tempo conversando sobre as coisas. Nenhuma ideia nova surgiu, só reiterações das antigas. Então, ele convocou uma reunião e disse a todos os gerentes que eles iniciariam a primeira fase da transformação. Ele começou sua reunião com a seguinte declaração:

"É hora de lançar nosso novo sistema operacional, baseado nos últimos seis meses de discussões e workshops com vocês e pessoas de todos os níveis em nosso departamento. Nós sabemos que o plano não é perfeito e que iremos aprender e ajustar conforme avançamos. Estou pedindo a vocês o compromisso com o que temos agora como ponto de partida por três meses, após o qual teremos uma série de retrospectivas e correções de curso." Ele colocou uma data de validade na mudança.

Matthew abriu para perguntas: "Sabendo que estamos avançando, o que está os deixando desconfortáveis e como posso ajudar?" Em um pequeno grupo, uma discussão verbal deve ser confortável o bastante para que todos possam falar livremente. Se Matthew sente que muitos gerentes têm medo de falar suas preocupações em voz alta, ele deve pedir que escrevam suas preocupações em cartões e passem para a frente da sala.

Ele também poderia perguntar: "Com que questões você acha que sua equipe irá se preocupar mais quando você voltar e contar a eles que estamos avançando com esta mudança?" Isso muda a perspectiva para a de Matthew ajudando os seus gerentes a transmitirem uma mensagem.

Um dos *agile coaches* respondeu: "Vejo que este novo sistema operacional não é ágil. Ele não vai longe e eu não apoio essa prática."

Se ele quisesse saber mais, Matthew poderia perguntar: "De que forma você acha que não vai longe?" Mas o seu ponto principal era: "Gostaria de fazer uma mágica e todos nos tornarmos instantaneamente ágeis e inovadores, operando com intenção e atingindo o perfeito equilíbrio entre o redwork e o bluework, mas não sei o que é isso agora. Vejo isso como o primeiro passo em um processo para nos ajudar a sermos melhores.

APLICANDO OS PRINCÍPIOS DE REDWORK-BLUEWORK EM SITUAÇÕES

Ficará tudo bem comigo se você continuar a ter suas reservas a respeito dessa mudança, mas espero que se comprometa a tentar isso e usar seus pensamentos e experiências pelos próximos três meses para nos ajudar a avançar rumo a uma empresa mais ágil e responsável, focada no aprendizado, enquanto produzimos excelentes carros."

Um gerente de nível médio perguntou: "Esta é a melhor forma de reorganizar?"

Matthew respondeu: "Não, definitivamente essa *não* é a melhor forma de reorganizar, mas é o mais próximo do que precisamos em relação ao ponto em que estamos agora. E farei observações conforme a implementamos e usarei a retrospectiva de daqui a três meses para melhorar e trabalhar nosso caminho para o melhor. Nossa abordagem não é estudar para sempre até encontrarmos alguma solução infalível, mas criar um sistema em que podemos experimentar de forma segura e melhorar. Estamos entrando em um longo período de fazer redwork, e vamos parar em três meses, refletir e colaborar em sessões de bluework. Estou pedindo a todos que tomem notas sobre como tudo está fluindo — por isso demos um diário para todos — e participem ativamente na retrospectiva."

Outro gerente perguntou: "Essa não é outra daquelas grandes reorganizações, como a que tentamos no ano passado? Qual a diferença?"

"Parece que você está frustrado com as repetidas mudanças sem resultados. Eu também estou", disse Matthew, "mas posso lhe dizer que não, não será a mesma coisa. Incorporamos um novo processo, progredindo dos erros que cometemos antes. Essas falhas tornarão a nova transição ainda melhor, de fato, porque teremos aprimorado o nosso aprendizado. Eu aprecio a participação de todos nos últimos seis meses, dizendo no que erramos e como fazer melhor".

Uma pessoa da equipe de gerenciamento de mudanças falou: "Nossa equipe foi excluída da condução desse tipo de mudança", disse ela. "Eu ouvi você dizer que todo mundo é um agente de mudança nesse novo sistema operacional, mas isso também me parece dizer que não temos um papel. E, a propósito, você não sabe como gerenciar uma mudança."

"Parece que você está preocupado em ser irrelevante e quer deixar claro que tem um lugar na futura organização", Matthew respondeu: "Em conversas com o CEO e a liderança sênior, nós vimos que essa mudança — a capacidade de aprender, adaptar-se e operar com agilidade — se tornará cada vez mais importante. Já que entender como os humanos lidam com a mudança é a principal competência da sua equipe, não vejo como você poderia ser irrelevante. Precisamos da sua contribuição durante todo o processo e na próxima retrospectiva de bluework, daqui a três meses. Você e a sua equipe foram convidados para os workshops assim como todo mundo no departamento. Mas você está certo, se parece que não estamos 'executando' a mudança da maneira como costumávamos fazer."

Após o encerramento da reunião, os gerentes de Matthew podem ainda estar desconfortáveis e preocupados em não poderem responder a todas as perguntas que viesse de suas equipes. Eles podiam treinar o "eu não sei". Eles ainda podem ter ansiedade sobre como será a nova organização e qual será o seu papel nela. Mas, com a liderança de Matthew, eles se comprometeram a tentar uma linguagem em que possam se comunicar com as próprias equipes.

COLOQUE A SUA PRÓPRIA MÁSCARA ANTES DE AJUDAR OS OUTROS

Recentemente, estive em uma conversa que envolveu uma diferença de opinião. Acabei falando cada vez mais alto. Comecei a fazer acusações. Perdi a calma. O que tinha de fazer era usar a jogada de controlar o relógio em mim mesmo, pedindo minha própria pausa.

Como posso me prevenir de cair na mesma armadilha novamente?

Quais foram os sinais que levaram a essa gafe? Após rever, reparei no seguinte:

- O ritmo das nossas palavras começou a ficar cada vez mais rápido.

- Parei de ouvir. Comecei a formular minha resposta antes que a outra pessoa terminasse; até comecei a cortar a declaração da outra pessoa, falando antes que ela terminasse.

- Minha perspectiva se tornou estritamente interna: senti que estava olhando através dos meus próprios olhos para a outra pessoa em vez de observar a cena de fora. Perdi a capacidade de desapego e observação.

- Meu foco se restringiu à outra pessoa, com a exclusão de outros estímulos: não conseguia mais reparar o que estava acontecendo no resto do ambiente e não ouvia mais os pássaros do lado de fora da janela. A conversa ficou barulhenta, mas o mundo ficou quieto.

Esses são os sintomas típicos da mentalidade de provar e executar, à qual somos empurrados com frequência durante o redwork. Embora essa mentalidade seja apropriada em uma corrida de 400 metros (isso é o redwork), não é a melhor em uma conversa de negócios (isso é o bluework).

Se tivesse outra pessoa comigo, agindo como observador ou orientador, teria me ajudado a controlar o relógio. Mas não havia, e existirão outros momentos no futuro em que estarei por minha conta. Eu precisava — e precisarei — impor mecanismos de autorregulação em mim mesmo. Sei o que procurar e posso guardar uma parte dos meus recursos cognitivos para monitorar a situação caso esses sintomas surjam. Para mim, um dos sintomas mais fáceis de detectar é o meu discurso acelerado, então tento contar, pelo menos até um, antes de começar a falar.

EVITANDO AS ARMADILHAS DO ANTIGO MANUAL

Situação: Declarações públicas de uma empresa revelam falta de conexão.

Em 2017, o Dr. David Dao foi arrastado de um voo da United Airlines quando a companhia decidiu tirar passageiros do avião lotado para levar quatro de seus funcionários de Louisville para Chicago. O incidente foi gravado e se tornou viral.

O CEO da United, Oscar Munoz, divulgou a seguinte declaração: "Esse é um evento desconcertante para todos nós da United. Peço desculpas por ter reacomodado esses consumidores. Nossa equipe está agindo com um senso de urgência para trabalhar com as autoridades e conduzir sua própria investigação do que aconteceu. Também estamos entrando em contato com esse passageiro, para conversar diretamente e resolver esta situação."

Essa é uma afirmação fora do tom. Ele se desculpou por "reacomodar" esses consumidores e não pelo comportamento violento. Depois, referiu-se ao Dr. Dao como "passageiro", não pelo nome. Entrevistado semanas depois, Munoz disse ter se sentido "envergonhado" quando viu o vídeo, mas essa reação humana e emocional não estava em sua declaração.

Por quê? Munoz estava usando o manual da Revolução Industrial e tentava seguir o modelo — o CEO de uma grande corporação — e, suspeito que, orientado por advogados motivados a reduzir o risco.

Primeiro, ele usou da conformidade e não da conexão, que poderia colocá-lo em um estado vulnerável. Em vez disso, ele mostrou uma hierarquia tradicional e distante: ele é o CEO, enquanto os outros são só "consumidores" e "passageiros", cujos nomes nem precisam ser mencionados.

A seguir, ele fez a jogada de provar, não a de melhorar. Ele defendeu sua companhia e não deixou espaço para mais discussão. Munoz mandou uma carta aos funcionários da United mais tarde naquele dia, afirmando: "Nossos empregados seguiram os procedimentos estabelecidos para lidar com situações como aquela." Ele pretendia expressar apoio aos funcionários, mas seu tom era igual ao de "seguir procedimentos estabelecidos", algo que o vídeo mostrou ser uma reação exagerada desnecessária.

Viajo muito pela United. Posso dizer, por experiência própria, que há centenas de profissionais dedicados, bem-intencionados, profissionais e atenciosos, mas infelizmente os comentários do CEO pioraram a situação.

Mais tarde, após um protesto público, ele fez uma declaração melhor, com referência ao evento "verdadeiramente horrível" e afirmando que a

United faria melhor. Esses são exemplos das jogadas de conexão e melhoria que ele devia ter feito desde o início.

USANDO O PENSAMENTO RED-BLUE PARA CONTROLAR MELHOR AS SITUAÇÕES

Situação: Um colega está encurralado com excesso de compromissos.

Andy é cenógrafo de um pequeno estúdio de cinema em Londres, que cria conteúdo de vídeo por meio de equipes multidisciplinares de projetos reunidas para atender às necessidades do cliente. Essas equipes variam de quatro a sete pessoas e não são fixos. É uma organização multifuncional e matricial, sem uma definição clara das unidades funcionais.

Andy tende a dizer sim com muita facilidade e o excesso de compromissos o leva ao estresse. Quando vários conflitos de agenda resultam em um trabalho que não é tão bom quanto ele sabe que é capaz de fazer, ele se sente mal. Algumas vezes, chega ao ponto de se sentir fisicamente doente e ficar em casa.

No entanto, ele não quer dizer não, porque tem medo de ficar com a reputação de não ser útil, e que as pessoas se recusem a ajudá-lo quando ele precisar da assistência delas em seus próprios projetos.

Uma situação que tende a levar Andy para o compromisso excessivo é a "emboscada". Eis um exemplo: uma colega convidou Andy para tomar um café para contar sobre "seu novo projeto" e pronto! Ela perguntou se ele estaria disposto a ser o cenógrafo. Mesmo que Andy já estivesse muito ocupado, ouviu a si mesmo aceitando ajudá-la e quase imediatamente se arrependeu, sentindo ainda mais estresse ao sair da cafeteria.

O problema de Andy é ser atraído para o modo de ação do redwork sem ter tempo para uma reflexão, bluework. Na verdade, ele é vítima da jogada da coerção por parte de sua colega. Ele aceita e acaba se conformando com o papel de assistente prestativo. As jogadas que ele quer executar contra a atitude manipulativa dela são controlar o relógio, colaborar e se comprometer.

Como Andy pode controlar o relógio? Mesmo que ele sinta que tem de responder imediatamente, não precisa se comprometer com sua colega na hora. É perfeitamente apropriado que ele diga: "Gostaria de ouvir mais sobre o que você está esperando de mim no seu projeto. Quantas horas você acha que precisará de mim, e para quando é esse trabalho?"

Além disso, ele também poderia falar algo como: "Não posso dizer sim agora. Deixe-me pensar sobre isso por um dia antes de me comprometer." (Não acho que ele precise de uma desculpa ou uma razão para fazer uma consideração antes da decisão, nem mesmo dizer "deixe-me conferir minha agenda". Tudo o que ele tem de dizer à colega é que pensará no projeto.)

Se a pessoa pressioná-lo por uma resposta imediata, ele pode simplesmente dizer: "Parece que você precisa de um compromisso agora e isso não é possível para mim. Acho que você tem de procurar outra pessoa."

Se a colega espera um compromisso claro e imediato de Andy, eu o aconselharia a ser particularmente cauteloso em trabalhar com alguém que opera assim, pois o modo de se comportar é, geralmente, consistente. Em outras palavras, esperaria falta de transparência ou planejamento antecipado ao longo do projeto. Em vez disso, você pode esperar mais coerção, com uma expectativa de cumprimento e conformidade. Provavelmente não seria um projeto divertido para se trabalhar.

Dependendo da sua relação com a pessoa, seria apropriado apontar o comportamento de emboscada. Se Andy for capaz, deve confrontar sua colega e explicar como ele se sente com ela tentando manipulá-lo. Pode soar assim:

"Quando você me convidou para um café, disse que iria me atualizar e contar sobre o seu projeto. Você não disse nada a respeito de eu trabalhar nele. Senti-me encurralado, como se tivesse sido pressionado a um compromisso, e agora estou em dúvida. Preciso pensar nisso antes de decidir."

Se Andy quiser colaborar no projeto, ele ainda pode fazer com que seu compromisso seja limitado pelo tempo. Por exemplo, ele pode dizer:

APLICANDO OS PRINCÍPIOS DE REDWORK-BLUEWORK EM SITUAÇÕES 259

"Baseado no que você está me dizendo, parece que você precisa de quatro a seis horas nas próximas duas semanas. Posso me comprometer com três horas na próxima semana e três na seguinte. O resto do meu tempo já está comprometido com outros projetos e, além disso, tenho compromisso *full--time* com mais alguns trabalhos. Então, se o seu projeto se estender, você terá que arrumar outro cenógrafo. Quão bem isso funciona para você?"

Com isso, caso Andy aceite, será em seus termos, e não nos da colega.

TORNANDO-O SEGURO PARA O MEU CHEFE

Situação: O chefe diz à equipe de manutenção o que fazer. E ele está errado.

Sarah trabalha como supervisora de manutenção em uma usina nuclear no meio-oeste dos Estados Unidos. Seu chefe é 15 anos mais velho que ela e trabalha na usina há quase 30 anos. O local é fechado periodicamente, para inspeção e manutenção, e cada paralisação leva em torno de duas semanas. A maioria do maquinário vem com recomendações do fabricante sobre quando deve haver o reparo, assim como o fabricante recomenda trocar regularmente o óleo do seu carro. O chefe de Sarah segue à risca esses reparos; se o fabricante recomenda trocar o óleo a cada 8 mil quilômetros, ele o faz exatamente naquele número. Afinal, é uma usina nuclear.

Entretanto, existem novas formas de medir o desempenho do equipamento, tornando possível estimar a necessidade de "trocar o óleo" com mais precisão. Em muitos casos, isso significa que os equipamentos podem funcionar adequadamente por mais tempo sem reparos. Isso economizaria dinheiro em peças e prestadores de serviços, e manteria a usina offline por períodos mais curtos porque as paradas programadas poderiam ser concluídas mais rapidamente.

É claro que, se o equipamento quebrar ou precisar de conserto antes da próxima parada agendada, causará a redução da capacidade da usina, ou pior, obrigará uma parada não programada. Em ambos os casos, seria extremamente caro em termos de perda de receita.

Para o próximo desligamento, Sarah e sua equipe acreditam que uma bomba específica pode passar sem a revisão recomendada, embora o ato de baixo risco a fazer seja repará-la dessa vez. Sarah está preocupada que seu chefe reagirá mal à recomendação. Ela precisa das jogadas de: controlar o relógio, colaboração, conexão e, com sorte, COMPROMETER-SE.

Sarah e sua equipe estão presas em muito redwork, fazendo o que sempre fizeram, porque é assim que sempre fizeram, sem o bluework que os permitiria encontrar processos mais eficientes. A jogada de Sarah começa em controlar o relógio. Ela vai querer escolher o momento certo para discutir a proposta da equipe. Se ela confrontar diretamente o seu chefe com a recomendação que contradiz o que ele já aprovou, seja específica ou politicamente, ele provavelmente *irá* reagir negativamente. Ela tem que evitar um confronto de vontade e ego que viria do seu ato de desafiar a autoridade. Ela precisa encontrar um bom momento para discutir a questão com seu chefe e trabalhar para ganhar influência com ele, fazendo-se ouvir antes de tentar fazer com que ele mude de ideia.

Uma vez que Sarah tenha encontrado um bom momento para discutir o plano de manutenção, ela precisa ir para a colaboração — deve começar falando sobre o que ela e a equipe concluíram, de uma forma que não prejudique seu chefe. Ela pode começar dizendo: "Vejo que o plano de parada inclui a revisão da bomba de alimentação secundária. Minha equipe tem alguns pensamentos sobre isso e gostaria de falar com você, mas, se quiser manter o plano, os avisarei e iremos fazê-lo da maneira mais favorável e efetiva." Isso afasta qualquer disputa possível sobre vontade e autoridade, assegurando ao chefe que ela é uma apoiadora leal.

Sarah então pode falar sobre as observações da equipe, lembrando-se de pausar, retroceder e avançar. Ela deve ter certeza de dar ao chefe uma escolha primeiro. A mais básica é se o chefe quer realmente ouvir o que ela tem a dizer: "Você gostaria de ouvir o que a equipe vê aqui?"

(Algumas vezes, é melhor formular a pergunta de uma forma que permita à pessoa que você está perguntando dizer não. Dar a alguém tal opção lhe traz um sentimento de segurança e controle da situação.)

Então, Sarah pode descrever o que ela e a equipe aprenderam sobre a operação da bomba agora e como analisaram os dados coletados para

APLICANDO OS PRINCÍPIOS DE REDWORK-BLUEWORK EM SITUAÇÕES

determinar que, embora esteja agendada para um reparo recomendado, na verdade está funcionando bem agora e deve continuar funcionando eficientemente até o próximo período de desligamento programado.

A partir daí, Sarah poderia dizer: "Então, o que você gostaria que fizéssemos?" ou ela poderia fazer uma sugestão: "Portanto, recomendamos adiar a manutenção até o próximo desligamento". Ela pode, inclusive, dizer isso como se já estivesse tudo certo: "Portanto, pretendemos adiar a manutenção até o próximo desligamento."

Sua opção mais segura, se ela quiser se conectar com seu chefe, é simplesmente perguntar o que ele quer que a equipe faça. Sarah está jogando em longo prazo e conquistando o direito de ser ouvida. Somente quando isso acontecer, ela poderá influenciar as decisões sem ameaçar o seu chefe.

É claro que não há garantias de que o chefe se comprometerá a seguir suas recomendações, não importa o quanto não ameaçadoramente seja a forma dela expressar isso. Caso aconteça, Sarah eventualmente precisará decidir se quer continuar trabalhando na usina. Lembre-se: estresse crônico de trabalhar em um lugar onde você não se sente totalmente apreciado terá impacto negativo na sua saúde.

DESCRIÇÃO DO TRABALHO, ADMISSÃO E AVALIAÇÃO

Rosario é a chefe de enfermaria de um hospital na Califórnia. A instituição faz parte de uma grande rede de assistência à saúde, com contratação centralizada e ofertas de emprego. Ela reparou que até mesmo alguns de seus supervisores de turno esperam para saber o que fazer ou para receber autorização para ações simples, ficando presos no redwork. Eles não veem a tomada de decisão como parte da descrição de seus empregos.

O anúncio de emprego padronizado usado pela rede de assistência médica parece uma lista de tarefas a ser executadas.

Veja as atividades principais do trabalho, concentrando-se nos verbos. Aqui está uma amostra de algumas delas:

1. Compilar dados...

2. Colaborar com o diretor médico em...

3. Completar as tarefas diárias da equipe...

4. Monitorar os relatórios diários e identificar os problemas...

5. Resolver agravamentos...

E assim vai... até...

14. Desempenhar outras funções, conforme designado.

Os verbos na lista de responsabilidades incluem compilar, colaborar, completar, monitorar, resolver, conduzir, gerenciar, dirigir, vigiar, criar, administrar, assistir, providenciar e supervisionar. Esses são verbos predominantes da Revolução Industrial, em que a visão era a de que o supervisor fazia estas coisas para sua equipe subordinada. Há uma escassez de verbos sobre pensamento, crescimento e tomada de decisão.

"Criar" pode ser um verbo "blue" porque sugere a necessidade de determinar e iniciar alguma coisa. Neste caso, é usado para descrever a responsabilidade da liderança em criar uma cultura de trabalho em equipe e propriedade. Isso é positivo, mas não há verbos "blue" sobre o trabalho em si.

Já que o bluework tanto precede o redwork em termos de tomada de decisão quanto o sucede em termos de reflexão e aprendizado, a descrição deve conter verbos que descrevam o bluework e o redwork. As palavras frontais do bluework sobre tomada de decisão incluem decidir, determinar, propor, iniciar, comprometer, recomendar e escolher. Os verbos de bluework que capturam a função de reflexão e aprendizado incluem refletir, aprender, formular, testar e experimentar.

Rosario também gostaria de descrever responsabilidades em termos de resultados, não como tarefas. Embora a tarefa possa ser a compilação de um relatório, o resultado é prover transparência de dados, medidores de performance e dados de tendência que, eventualmente, seriam usados para melhorias incrementais.

A tarefa de "administrar performance e revisão salarial" perde uma oportunidade de enfatizar a tomada de decisão e o desenvolvimento da equipe. "Administrar" parece deliberadamente escolhido para garantir que pensar não esteja incluso. As alternativas dos verbos "blue" seriam determinar, recomendar ou consultar as análises de desempenho e salário.

Outra forma pela qual a descrição do trabalho revela nossa tendência estrutural inerente para gerenciar o redwork em uma forma de comando e controle é o predomínio de verbos fundamentalmente reativos, passivos e coercitivos. Estes incluem gerenciar, guiar, vigiar e supervisionar. Rosario poderia substituir a última linha passiva padrão de "executar outras tarefas e projetos especiais, conforme designado" por "executar outras tarefas, conforme for necessário" para trazer um nível mais alto de proatividade, propriedade e engajamento.

Verbos como iniciar, propor, pretender, originar, lançar e começar ajudam aqui.

APLICAÇÃO DAS JOGADAS

Quando pensar sobre aplicação das jogadas, tente ler a situação e, premeditadamente, faça a jogada que você deseja. Se você está no redwork, então abrir a possibilidade de colaboração exigirá que você CONTROLE O RELÓGIO.

Se a equipe está no modo bluework, você poderá observar pessoas que ainda estão seguindo as jogadas antigas: coagir, cumprir, continuar, provar e se conformar. Nestes casos, convém deliberadamente adotar as jogadas do novo manual: COLABORAR, COMPROMETER-SE, COMPLETAR, MELHORAR E CONECTAR.

Algumas vezes, ajuda pensar em termos de papéis: o papel do gerente no redwork (o que a maioria de nós foi programado para fazer), o de gerente no bluework e o de estruturar a oscilação rítmica entre o redwork e o bluework.

O Sistema Operacional Red-Blue

Em 1972, uma mulher chamada de Sandra Gillespie pela imprensa entrou em uma rodovia de Minneapolis com seu Ford Pinto. No banco do passageiro estava "Robbie Carlton", de 13 anos. Quando o carro entrou na pista, ele parou e foi acertado na traseira por outro veículo. A velocidade de impacto foi de menos de 50 quilômetros por hora.

O tanque de combustível se rompeu e o carro foi engolfado pelas chamas. Sandra queimou até a morte e Robbie sobreviveu com queimaduras debilitantes por grande parte do seu corpo. Infelizmente, Sandra e Robbie foram vítimas não de variáveis desconhecidas da engenharia, mas de uma análise de custo-benefício conduzida pela Ford.

Mais cedo, vimos como, nos anos 1960, os fabricantes de automóveis norte-americanos foram ameaçados pela entrada do Volkswagen *Beetle* (chamado de Fusca no Brasil) e das montadoras japonesas no mercado de carros pequenos dos Estados Unidos. Na Ford, o CEO à época, Lee Iacocca, decidiu que sua empresa precisava responder com um carro pequeno e econômico em combustível. Ele estabeleceu uma meta de projetar e levar ao mercado carros de menos de mil quilos, por menos de US$2 mil. Ele deu à equipe de projetos 25 meses, o que os levou ao Ford Pinto.

Assim como para muitos, o Ford Pinto foi o meu primeiro carro; na cor azul, com câmbio manual de quatro marchas. A primeira marcha parou de funcionar e a maçaneta da porta direita caiu. Eventualmente, a prática em Massachusetts de jogar sal nas ruas durante o inverno corroeu o piso do lado do carona, então o carpete servia como chão. Apesar dos problemas mecânicos, lembro-me com carinho da nova liberdade que um veículo me trouxe. Felizmente, nunca me acidentei com ele.

A estratégia da Ford para competir no mercado de carros pequenos, definida pelo CEO, se baseava na meta específica de fabricar carros de menos de mil quilos e por menos de US$2 mil, mas isso era difícil de cumprir, e os engenheiros e projetistas tomaram uma série de decisões de comprometimento no início do processo de design para atingi-la. Uma delas envolveu o tanque de combustível. Para cumprir os requisitos de peso e espaço, os projetistas tiraram o tanque de combustível de sua localização usual, acima do eixo traseiro, para atrás dele. Agora, em vez de o eixo traseiro dar proteção ao tanque, se tornou o objeto de metal afiado e quente que o esmagaria em caso de colisão traseira.

Quando o Ford Pinto foi lançado no mercado, os engenheiros da Ford começaram a destacar os problemas de segurança com o tanque de combustível. A empresa fez uma análise de custo-benefício, estimando que o defeito nos tanques custaria 180 mortes e outras 180 vítimas de queimaduras sérias por ano. Os custos anuais projetados pela Ford para liquidar as possíveis ações de responsabilidade e morte foram estimados em US$49,5 milhões por ano.

Do outro lado da equação, o custo estimado para melhorar a segurança dos tanques era de US$11 por unidade. Vender mais de 10 milhões de carros e algumas caminhonetes com essa mudança custaria à empresa US$137 milhões anualmente. O custo para tornar o tanque mais seguro era maior do que o prejuízo estimado pelas mortes e lesões. A decisão foi tomada: não consertar o tanque.

O problema da Ford aqui não era único. A estratégia, que então era operacionalizada ou declarada como meta específica, é frequentemente vista como o modelo pelo qual se pode obter uma visão em longo prazo. Mas qual é o impacto na definição de metas dentro da organização, quando apresentado dessa forma?

Metas específicas em nível estratégico colocam em movimento uma mentalidade de provar e executar em cascata — prendendo as pessoas no redwork e erguendo barreiras para o bluework. Eles cumprem todas as jogadas tradicionais da Revolução Industrial: coagir as pessoas a cumprir e continuar o trabalho até que a meta seja atingida. Pausar, controlar o relógio, gastar tempo colaborando, alcançar um senso de conclusão e celebração — esses são vistos como desperdício de tempo, que devem ser tirados do caminho. O aprendizado é suprimido, assim como a agilidade e a adaptação. A probabilidade de uma sobrevivência em longo prazo é reduzida.

Criar uma organização adaptativa e de aprendizado requer a implementação de uma operação redwork-bluework no topo — em um nível estratégico, depois no operacional e, por fim, no tático.

OS PERIGOS DA DEFINIÇÃO DE METAS

Em 2009, em um artigo intitulado "Objetivos Descontrolados" (*Goals Gone Wild*, em inglês), publicado pela Escola de Negócios de Harvard, os autores, Lisa D. Odóñez, Maurice Schweiter, Adam Galinsky e Max Bazerman exploraram o papel de objetivos, como o da Ford (menos de mil quilos e abaixo de US$2 mil), em comportamento organizacional e especificamente a propensão ao comportamento antiético.

Diversos estudos afirmaram que estabelecer metas específicas e desafiadoras aumenta o desempenho em curto prazo. Objetivos específicos concentram a atenção e reduzem a distração. Eles são aliados naturais do redwork: foco na atenção e a adoção de uma mentalidade de provar e executar. Mas, como o bluework se beneficia de uma visão mais ampla e adota a variabilidade, traçar metas pode ter consequências negativas não intencionais.

Lembre-se de que uma das chaves para se aprofundar em um redwork forte é pegar uma fatia fina, além oferecer a oportunidade de controlar o relógio. Esse controle pode vir da liderança, mas também ser sinalizado pelos empregados da empresa. Sem algum tipo de proteção contra esse foco, a organização permanecerá no redwork, apesar dos sinais de que está fora de curso.

Metas específicas e desafiadoras funcionam restringindo o foco das pessoas em uma tarefa, mas esse foco restrito resulta em uma exclusão do que é percebido como informação não relacionada à tarefa. Isso abre amplos pontos cegos nos quais podem estar presentes informações que questionam a direção original da estratégia ou objetivo, mas essas informações são perdidas.

Uma forma divertida de demonstrar isso nos workshops de liderança é com o vídeo do gorila. Os participantes devem assistir a um curto vídeo de pessoas jogando basquetebol, em que lhes é pedido que contem o número de passes feito pela equipe de branco e pela equipe de preto. A tarefa é cognitivamente exigente e requer foco. No meio do vídeo, uma pessoa vestida de gorila atravessa a quadra, algo que é captado pela câmera. Na primeira vez que assistem ao vídeo, muitos participantes não reparam no gorila.

Os objetivos não apenas causam um foco que pode resultar em ações errôneas, mas os autores de "Objetivos Descontrolados" defendem que a presença de objetivos específicos pode realmente induzir um comportamento antiético.

Quando as empresas definem metas estratégicas específicas, a mentalidade de executar se torna a predominante e, muitas vezes, a variante inútil de proteção. Sem mecanismos específicos para permitir aos empregados que controlem o relógio, eles se sentem incapazes de controlar o resultado e mais propensos a recorrer a meios antiéticos para alcançar a meta. Por isso acabamos com um comportamento ruim, até mesmo maléfico.

É essa combinação de metas e hierarquia de cima para baixo que isenta as pessoas de tomarem suas decisões, e é por isso que temos engenheiros da VW conspirando em uma fraude de emissão de diesel, o Departamento de Assuntos de Veteranos dos Estados Unidos (*Veterans Affairs* ou VA, em inglês) falsificando listas de espera em hospitais e a empresa Theranos forjando resultados de exames de sangue.

Uma única pessoa má, antiética ou simplesmente fazendo a coisa errada pode tirar do rumo uma empresa inteira apenas em hierarquias descendentes, porque é essa natureza descendente que isenta todos os demais da empresa de qualquer responsabilidade por suas decisões.

Os autores do artigo da Escola de Negócios de Harvard vinculam as metas à propensão ao comportamento antiético na hierarquia de uma organização. As pessoas falsificam os números ou o processo para alcançá-los. Os autores pensam que "o estabelecimento agressivo de metas em uma empresa promoverá um clima organizacional propício para o comportamento antiético".

Há muitos casos de desonestidade corporativa. Por que eles continuam acontecendo?

Em 2014, o Departamento de Assuntos de Veteranos dos Estados Unidos foi alvo de uma série de escândalos por conta da manipulação feita por administradores de hospitais com listas de espera mostrando tempos mais curtos que o real, de modo a receberem bônus. Em 2011, o setor de saúde do departamento reduziu o tempo desejado de espera para 14 dias e anexou bônus financeiros para alcançar essa meta, em resposta às longas filas. O atendimento a veteranos foi reduzido para a meta do tempo de espera de 14 dias e, em 2012, o prazo se reduziu para a meta adicional de apenas 7 dias. Como o processo e os recursos de VA permaneceram praticamente os mesmos, os tempos de espera não mudaram, mas pareciam mudar. Em um hospital de Phoenix, no Arizona, descobriu-se que a meta de 14 dias foi alcançada por meio de fraude. Os veteranos eram colocados em uma lista não oficial, muitas vezes de mais de um ano de espera. Então, duas semanas antes da consulta, eles eram transferidos para a espera oficial. Os registros oficiais indicaram alta conformidade com a meta de 14 dias de espera, e bônus em dinheiro foram pagos aos executivos. Uma investigação do canal de televisão CNN mostrou que 40 veteranos morreram aguardando consulta.

Em 2015, a Agência de Proteção Ambiental dos Estados Unidos (*US Environmental Protection Agency* ou US EPA, em inglês) fez uma denúncia de que a Volkswagen havia violado a Lei do Ar Limpo (*Clean Air Act*), programando intencionalmente seus motores a diesel para desativar seu controle de emissões, a menos que o carro estivesse sendo testado. O nível de emissão de óxido nitroso era 40 vezes acima do limite durante a condução real, mas os veículos passavam artificialmente no teste de emissões.

Na década seguinte à crise financeira, o Wells Fargo atiçou os funcionários a atingir a meta de vender ao menos oito produtos para cada cliente que já pertencia ao banco. Em resposta, os funcionários começaram a criar contas falsas sem a permissão dos clientes — ao menos 2 milhões foram feitas.

Durante a invasão norte-americana ao Iraque, foi elaborado um plano estratégico com metas a serem alcançadas pelas unidades, com base em certas premissas. Uma das principais era a de que a população "nos receberia de braços abertos". Havia evidências iniciais de que essa premissa não era válida. No entanto, enquanto os comandantes da linha de frente sabiam disso, a organização como um todo adotou uma mentalidade de provar e executar. O surgimento de informações contrárias ou inesperadas foi estruturalmente impedido de chegar ao topo. O resultado foi um curso de ação ineficaz, que persistiu por um longo tempo.

Em todos esses casos, as violações generalizadas tornam implausível culpar alguns indivíduos corruptos, mas deve haver causas subjacentes mais sintomáticas.

METAS ESTRITAS + HIERARQUIA VERTICAL = COMPORTAMENTO ANTIÉTICO

Nesses e em outros casos, surge outro parâmetro que, aliado à definição de metas, fornece uma receita para comportamentos antiéticos: culturas com alto gradiente de poder e "me diga o que fazer" como a interação padrão entre funcionários. Relatórios de dentro do Departamento de Assuntos de Veteranos, da Volkswagen e do Wells Fargo, durante o tempo de seus escândalos, mostraram altos níveis de uma cultura de conformidade, medo e pressão para atingir as metas.

De onde vem a ideia de que metas específicas vão melhorar o desempenho? Estudos sobre isso têm sido, por necessidade, de curto prazo e, geralmente, de poucas repetições. Não pedimos à pessoa no estudo para conversar com alguém e repetir isso cem vezes, vendo se o centésimo papo é melhor do que o primeiro. Se a meta for bem escolhida, o desempenho aprimora em relação a ela, mas isso ocorre com a exclusão das outras.

Em um estudo, dois grupos de pessoas foram convidados a revisar um artigo com erros de gramática e conteúdo, mas a um grupo foi solicitado apenas encontrar os erros gramaticais. Ao segundo grupo, simplesmente foi dito "faça o seu melhor". Esse grupo teve o melhor resultado em encontrar os dois tipos de erro.

Lembre-se de que o redwork e sua mentalidade de provar e executar são superiores em curto prazo para alcançar resultados. Mas o bluework e seu pensamento de aprender e crescer são mais adaptativos em longo prazo. Sendo um esforço de longo prazo, a estratégia se beneficiaria mais frequentemente de períodos de bluework de colaboração, e da mentalidade de aprendizado e crescimento. Desenvolver e executar a estratégia da empresa deveria ser formulado como aprendizado. Em outras palavras, não é uma declaração "aqui está a nossa estratégia", vinda do CEO, mas uma "nossa hipótese é de que a estratégia ABC resultará em XYZ", colocando uma data de validade nisso.

O problema com metas desafiadoras é que a estratégia usada pelas pessoas para alcançá-las vai geralmente contra o aprendizado. Ou seja, os objetivos específicos impedem o aprendizado e a adaptação.

Além disso, as metas que são cumpridas dão às pessoas permissão para parar de trabalhar. Os objetivos servem como um limite para o desempenho. Um estudo com motoristas de Uber analisou o efeito dos preços dos picos na disponibilidade dos veículos. O comportamento lógico de um motorista de Uber é trabalhar mais durante dias de demanda alta e corridas mais caras, mas acaba ocorrendo o contrário. Eles parecem ter uma meta diária implícita. Nos dias de alta demanda, com aumento de preços, eles atingem essa meta mais rápido. Depois de consegui-la, eles tendem a encerrar o dia de trabalho. Em outras palavras, o objetivo pode ser algo que buscamos, mas também limita o desempenho.

Aplicar o ritmo operacional redwork-bluework à estratégia significaria vê-la como um aprendizado. A direção estratégica seria definida e a organização se comprometeria com isso, mas o compromisso seria apenas uma pequena fatia do todo, e não iria muito longe. Enquanto engajados na estratégia, os objetivos operacionais seriam definidos tanto para os objetivos de aprendizado quanto para os de execução. A empresa se concentraria em aprender sendo sensível às indicações de que sua estratégia está no caminho certo ou não.

A empresa forneceria mecanismos para que os funcionários controlassem o relógio pedindo uma pausa. Eles teriam estratégias equivalentes ao cabo de *Andon*, do sistema Toyota, em que trabalhadores podem puxar o cabo e pedir um tempo para que os problemas possam ser efetivamente resolvidos em vez de apenas gerenciados.

Lembre-se de que a resposta dos gerentes aos trabalhadores que puxam o cabo de *Andon* é primeiro dizer "obrigado". Da mesma forma, gerentes e líderes devem reagir a informações inesperadas e de reprovação sobre suas estratégias com gratidão, em vez de se esquivar, e ouvir em vez de tentar passar uma imagem positiva das coisas.

Além disso, fazer a jogada da conexão sustentaria a cultura da organização com o benefício de um gradiente de poder mais plano. Informações desaprovadoras, desconfortáveis ou indesejáveis são notadas, as empresas que praticam a conexão para achatar suas hierarquias têm uma melhor chance de avaliar e reagir a isso e seriam surpreendidas menos vezes. Pense em um executivo sênior sobre o qual todos já ouvimos falar, que desconhecia, ou fingia desconhecer, o que acontecia em sua empresa.

Em primeiro lugar, os funcionários notariam mais as informações de reprovação porque eles traziam uma perspectiva mais ampla para o trabalho, sem bloqueios por conta da mentalidade de provar e executar. Segundo, quando percebessem esse tipo de dado, a cultura com uma menor diferença de poder e a mentalidade generalizada de conexão facilitariam a obtenção de informações. Por fim, os mecanismos para controlar o relógio, como a estratégia do cabo de *Andon*, tornariam mais fácil para a empresa interromper o redwork e mudar para o modo colaborativo, para avaliar totalmente o que a nova informação significou em termos de suas decisões estratégicas.

Em um mundo complexo, em rápida mudança, a sobrevivência em longo prazo se refere muito mais à adaptação do que a uma conquista.

Em nosso sistema, os experimentos são projetados para terem variações naturais, a fim de descobrir o impacto de várias características. O problema com os objetivos é que eles fazem exatamente o oposto. Eles reduzem a variabilidade. Isso é a característica marcante do redwork, e é por isso que as metas funcionam para melhorar o seu desempenho.

Mas, ao mesmo tempo, a redução da variabilidade comprime a variabilidade natural necessária para testar se pode não haver opções melhores, e se a atual será realmente a melhor opção no futuro.

A Kodak focou câmeras de filme. Sua meta era ser a melhor na venda câmeras de filmes.

A Blockbuster focava DVDs. Seu objetivo era ser a melhor no aluguel de DVDs.

A definição da meta da Ford, de carros de menos de mil quilos e custando menos de US$2 mil deveria vir dos executores. Isso separa o tomador de decisão do avaliador de decisão.

O CICLO ANUAL RED-BLUE

Em nível operacional, muitas empresas traçam planejamentos anuais para o próximo ano. A ideia desses planos tem como base a visão da Revolução Industrial de que o futuro pode ser complicado, mas é reconhecível, e um planejamento suficientemente detalhado revelará o caminho certo. Em seguida, é criado um plano para o que será feito no próximo ano. Frequentemente, os planos carecem totalmente de objetivos de aprendizado ou são falhos em detalhá-los.

O que piora o planejamento anual é que isso geralmente acontece no momento em que as pessoas tendem a se concentrar mais no redwork, sem que a liderança solicite significativamente uma pausa para fazer a transição para o bluework. Além disso, esses planos são "implementados" para a equipe. Isso replica a divisão da Revolução Industrial em tomadores de decisão e executores, entre os blueworkers e os redworkers.

O CEO de uma organização pública na Escócia me disse como o ciclo de planejamento de negócios do grupo ocorreu durante o último trimestre do ano, que também era a sua época mais movimentada. Então não apenas foi difícil tirar as pessoas da execução durante esse período, mas nenhum redwork durante o último trimestre (o que pode equivaler à metade do trabalho de produção para todo o ano) foi utilizado para aprendizado, porque o plano para o próximo ano estava sendo formulado antes do final do período.

Há algumas opções para consertar isso. Uma seria adiar o planejamento para janeiro, quando as lições do último trimestre poderiam ser incorporadas. Outra seria mudar o ciclo de planejamento em um trimestre ou dois, assim não coincidiria com o calendário em trimestres. Por fim, pode ser muito melhor tratar cada trimestre como um plano de negócios e então revisar e aprender. Aqui, o ciclo redwork-bluework seria acelerado, assim como o aprendizado.

VENDA APENAS UM MOTOR

Veja um bom exemplo de uma firma que trouxe um especialista em bluework para ajudar a gerenciar o ritmo operacional redwork-bluework.

Eric Ries, autor de *A Startup Enxuta* e *O Estilo Startup*, foi contratado pela GE Aviation para ajudar na colocação de seu próximo motor no mercado. A GE desenvolvia um novo motor, eventualmente chamado de GEnx. A equipe estava concentrada em resolver problemas técnicos — perguntando como fabricar o motor. Essa é uma perspectiva do redwork. A equipe estava no processo de desenvolvimento do motor com a ideia de que poderia, em breve, evoluir para uma produção em larga escala. O que os membros da equipe precisavam saber não era somente se poderiam projetar e fabricar o motor, mas se eles deveriam. Isso os levaria ao pensamento do bluework.

Análises de mercado, entrevistas com consumidores e retorno de feiras de negócios dariam apenas uma parte da ajuda necessária para responder a essa pergunta. O que eles precisavam fazer era construir o motor e ver se alguém o compraria. Na época, o plano inicial era lançar o produto para cinco casos de uso diferentes, ou mercados, com a ideia de vender mecanismos. Ries explicou o que foi feito: reorientaram o lançamento inicial para um único uso, para saber se o motor teria futuro nesse mercado, e que mudanças deveriam ser feitas para adaptá-lo a outros.

A nova abordagem foi um sucesso e o GEnx se tornou o novo motor mais vendido, impulsionando os 747 e 787 com uma eficiência de combustível 15% melhor do que os motores que estava substituindo.

Embora Ries não chame isso de redwork e bluework, repare nas fases do ciclo bluework-redwork-bluework. Primeiro vem o controle do relógio. É o tempo pedido pela firma para desenvolver um plano e o compromisso do tempo que os executivos gastaram em sessões de brainstorming colaborando em vez de voltar às suas mesas de trabalho. Assim que a jogada da colaboração foi chamada, eles tinham uma hipótese a testar: que um motor com certas características de projeto teria um sinal de demanda do mercado, e que eles poderiam produzi-lo a um custo que geraria lucros à GE Aviation.

Era crucial determinar a fatia finíssima do produto com a qual eles poderiam se comprometer; uma que lhes desse um retorno inicial sobre sua hipótese. A resposta era: um motor.

Já vi empresas de tecnologia testarem um produto sem tê-lo feito. Eles criam imagens e descrições, o comercializam e, então, contam os cliques conforme os potenciais compradores demonstram interesse. Se alguém realmente tentar comprar o produto, eles dizem que está "esgotado" ou, mais honestamente, que não há "nenhum disponível". Dessa forma, as firmas podem reduzir a incerteza no desenvolvimento do produto porque eles avaliam o mercado antes de investir na fabricação real dele.

Imagine a diferença na interação do vendedor com um cliente entre os dois casos a seguir.

No caso 1, os executivos da GE Aviation definiram metas de desempenho claras para a venda dos novos motores. A fábrica foi reformada e os trabalhadores estão fabricando o produto. Os motores não vendidos estão se acumulando em um armazém. Ao conversar com os clientes, a vendedora quer *realmente* vender — e pode ser tentada a exagerar os benefícios ou minimizar as desvantagens. Provavelmente, com uma sensação de estresse e perspectiva reduzida, ela também pode se sentir tentada a recorrer a uma mentalidade em curto prazo, talvez fechando o negócio para atingir uma meta de vendas imediata, mas em termos que representam uma desvantagem em longo prazo. Ou a vendedora pode estar em uma posição de "tudo ou nada", em que uma contraoferta aceitável que favoreça ambas as partes precise ser rejeitada porque não atinge os objetivos da companhia. Por meio disso tudo, o cliente perceberá que está sendo vendido.

Agora no caso 2, o atual, a GE Aviation se compromete a construir apenas um motor. A vendedora que irá vendê-lo está encarregada de aprender o máximo possível de como um cliente percebe o motor. Na reunião de vendas, ela está curiosa e não tem nenhum benefício ou tentação de descrever o mecanismo com a maior precisão possível. Ela terá uma perspectiva de longo prazo, disposta a negociar com uma abordagem mais ampla sobre o que seria um acordo aceitável. Ela sabe que o resto da companhia confia que ela retornará da reunião com todas as informações possíveis e uma descrição precisa das reações do cliente.

O cliente perceberá novamente o estado de espírito da vendedora. Ele notará nela uma curiosidade autêntica e a forma calma e relaxada com que descreve o produto, sem fazer qualquer esforço para disfarçar as coisas. O cliente sentirá a mentalidade de aprendizado da vendedora, muito mais do que a de performance e não sentirá que está sendo vendido. Seria mais como duas pessoas trabalhando juntas para resolver um problema.

REVISITANDO O ÁGIL

Uma abordagem de aprendizado adaptativa e ágil para o desenvolvimento de produtos foi codificada em um movimento chamado de desenvolvimento de software "ágil". Isso começou com equipes pequenas e multifuncionais desenvolvendo produtos de tecnologia. Esses times, anteriormente, atuaram em gerenciamentos de projeto de uma forma mais tradicional, começando com requisitos detalhados de especificações, definidos pelos proprietários do produto. O problema é que esses planos eram muito rígidos e fechavam as opções no início do processo de desenvolvimento, quando a incerteza era maior.

O desenvolvimento ágil melhorou neste processo ao ter equipes trabalhando em pequenos impulsos chamados sprints. No começo do sprint, a equipe analisa a lista de pendências e trabalha com o proprietário do produto para selecionar o trabalho que irá se encaixar no próximo incremento. Eles se auto-organizam em torno do trabalho e se comprometem com ele. Esse é o planejamento.

Ao final de cada sprint, a equipe possui um produto funcional e testável. Eles celebram a conclusão, pedem comentários e refletem sobre o produto (isso é chamado de retrospectiva). Depois, se comprometem com os próximos passos. Assim, eles estão iniciando o desenvolvimento com a possibilidade de um ajuste significativo no início do ciclo de desenvolvimento do produto, quando os custos de mudança são mais baixos.

Conforme amadurece o desenvolvimento do produto, a mudança nos custos aumenta financeiramente e emocionalmente. Mesmo que possamos tolerar os custos financeiros e decorrentes, o fenômeno psicológico da escalada de compromisso pesa contra os tomadores de decisão. A adesão rígida às decisões herdadas pode resultar em produtos com desempenho insatisfatório, abandono ou excesso de custo e de cronograma.

A duração dos sprints e se eles terão variação fixa ou durável é uma das decisões que as equipes que estão trabalhando de forma ágil precisam tomar. Ciclos típicos de sprint começam com duas ou três semanas, mas podem ser tão curtos quanto algumas horas.

Repare como o ritmo ágil de planejamento-sprint-retrospectiva serve à jogada do ciclo redwork-bluework de colaborar-comprometer-concluir--celebrar. É assim que o ritmo operacional de redwork-bluework se parece quando aplicado ao desenvolvimento de produtos.

Os sprints incluem o redwork e têm o suporte do bluework. Enquanto está no período de produção, a equipe projeta e codifica o produto e está protegida de mudanças de direção. A liderança resiste ao desejo de inundar a equipe com novas ideias e usa a disciplina do acúmulo para permitir o registro e decidir sistematicamente sobre novas ideias e orientações.

BLUEWORK NO NÍVEL TÁTICO: AÇÃO DELIBERADA

No submarino *Santa Fe*, uma forma de tentarmos praticar o sistema operacional redwork-bluework era com o hábito da ação deliberada. Isso significava que faríamos uma pausa, vocalizávamos o que estávamos prestes a fazer e declararíamos isso como a coisa certa antes de ela ser feita. Fizemos isso com ações específicas, como ligar uma bomba ou fechar um disjuntor, implementando o redwork-bluework em um nível micro.

Primeiro, a pausa significa que estávamos controlando o relógio. A seguir, a vocalização da intenção convidava à colaboração. Os membros da equipe que estivessem próximos teriam uma chance de se manifestar. As palavras que usávamos como código eram "tire as mãos". Era o nosso cabo de *Andon* verbal. Se qualquer outro tripulante não estivesse convencido de que o que alguém havia acabado de vocalizar era a coisa certa a fazer, falava isso. Repare que o teste não era de que eles precisavam estar convencidos de que era errado, apenas que eles não estavam convencidos de que era certo.

Era só depois disso que poderíamos nos comprometer com a ação, ligando a bomba ou fechando o disjuntor.

Em seguida, poderíamos refletir se o sistema estava respondendo da forma que pensamos. Poderíamos comparar a resposta real com a desejada.

Quando trata-se de operar máquinas ou conduzir um procedimento operacional, o hábito da ação deliberada reduzirá dramaticamente os erros e a propagação deles.

Tentamos isso em escritórios, com menos sucesso. Nesse caso, uma ação deliberada significava uma pausa e uma reflexão final antes de assinar um papel, aprovar uma hipoteca, fazer uma oferta ou enviar um e-mail. Na maioria dos casos, ela soa como exagero e parece desnecessária. Isso acontece porque, nos negócios, a maioria dessas ações são reversíveis — podemos revisar contratos e pedir desculpas por e-mails. Ainda assim, acredito que o hábito da ação deliberada seria útil para coisas importantes que poderiam ter consequências irreversíveis ou deixar marcas.

AUTORREGULAÇÃO

Uma das características pessoais de apoio necessárias para que as equipes adotem o ritmo operacional de redwork-bluework é um bom grau de autorregulação. Quando nós não nos regulamos, estamos pedindo aos outros para fazê-lo. Como muitas das novas jogadas exigem que nós mudemos a forma como perguntamos, andamos e interagimos, precisamos nos comprometer com nós mesmos para promover essas mudanças. Ter um treinador nos lembrando é útil, mas somente quando estamos abertos a ser ajudados. Por fim, nos esforçamos para internalizar as mudanças na linguagem que reforçarão e reativarão nossos processos de pensamento de uma forma mais adaptativa, de aprendizado e orientada para o crescimento. Só depende de nós.

FORMAÇÃO CONTÍNUA

Além do nível estratégico, acredito que a ideia do pensamento red-blue tornará nossas vidas mais ricas, interessantes e bem-sucedidas.

Os sapateiros do século XV não tinham que se preocupar muito com uma mudança nos processos de fabricação, que exigiria o reaprendizado de seu ofício, durante suas vidas. O que eles assimilaram como aprendizes durante a adolescência seria o mesmo processo de trabalho que usariam como sapateiros aos 30 anos de idade, o que ensinariam a seus aprendizes aos 40 e que usariam como mestres sapateiros com 50 anos.

Os trabalhadores contratados pelo Sr. Ford para construir o modelo T em 1908 poderiam ter trabalhado essencialmente na mesma linha de montagem por 19 anos, construindo o mesmo modelo e usando as mesmas ferramentas. Eles não teriam que se preocupar em aprender fundamentalmente novos processos ou serem substituídos por um robô.

Nossos ritmos de vida adotaram esta estrutura: (1) ser educado, (2) aplicar sua educação, (3) se aposentar e ter a esperança de viver por mais alguns anos. A escola durava dos 5 aos 21 anos e, em seguida, íamos para o trabalho. Então, o padrão da nossa vida era começar com o bluework (cognitivo, reflexivo, aprendizado e melhoria) e mudar para o redwork (físico, ativo, fazer, provar). O ritmo não era tanto um vaivém entre o bluework e o redwork, mas um aprendizado único seguido por um contínuo fazer, fazer e fazer, para então morrer. Isso funcionou porque era provável que as condições de 40 anos em nossa vida profissional fossem as mesmas que existiam quando fomos educados.

Também vimos no sistema educacional o desejo de criar pessoas que pudessem se conformar com as seis jogadas da Revolução Industrial. A educação era sobre obedecer ao relógio, cumprir e executar. Esse legado continua forte nas salas de aula atuais.

Mas a situação, é claro, mudou. Seria improvável que alguém que se formasse no ensino médio ou na faculdade hoje pudesse aplicar suas habilidades específicas ou de negociação por duas a três décadas sem modificação ou reaprendizado significante.

Portanto, para manter-se em destaque no mundo moderno, precisamos usar o ritmo blue-red-blue em nossas vidas. O trabalho não é mais "aprenda uma vez, então faça até a aposentadoria". O que é necessário agora é reestruturar a perspectiva de acordo com o ritmo bluework-redwork estabelecido aqui. Devemos pensar em nossas carreiras em partes, talvez de 10 ou 20 anos de prática, seguidos por um período de aprendizado.

Durante o nosso período de ação, a ênfase geral é no redwork. Embora haja períodos curtos de bluework dentro do redwork (Bill Gates tirava uma semana de folga uma ou duas vezes por ano para se isolar em uma cabana sem distrações e com muita leitura), a ênfase está no fazer. Ganhamos dinheiro, praticamos nossas habilidades, provamos o nosso valor.

O SISTEMA OPERACIONAL RED-BLUE

Embora não seja dominante o tempo todo, o nosso "seja bom" desempenha um grande papel aqui.

Então paramos e mudamos para o bluework. Refletimos sobre como as nossas vidas estão indo. Damos tempo ao nosso cérebro para descansar. Observamos desapaixonadamente nossas carreiras e buscamos adotar uma mentalidade de melhoria. Nesse ponto, o "seja melhor" é dominante. Fazemos cursos, nos matriculamos na escola novamente, desenvolvemos novas habilidades ou uma nova linha de trabalho. Para ser mais eficaz, devemos engajar outros nesses períodos de reflexão.

Ao menos duas coisas tornam isso mais difícil. A primeira é que o sistema educacional não está projetado para essa abordagem. Cursos online e programas universitários especialmente para pessoas mais velhas certamente existem, mas a estrutura fundamental continua sendo aprender, se formar e executar!

A segunda coisa que torna isso mais difícil é que nossos cérebros parecem ter sido projetados para o modelo "(1) aprender, (2) fazer". Eles são mais elásticos quando somos jovens e é mais fácil desenvolver as novas conexões em nosso cérebro associadas a novas ideias e aprendizados. James Watt inventou o motor a vapor quando tinha 30 e poucos anos; Edison inventou a lâmpada aos 30 e poucos; os irmãos Wright também estavam na casa dos 30 quando voaram em seu avião. Existem algumas pessoas fora da curva: Marconi inventou o rádio em seus 20 e poucos anos, e Einstein desenvolveu a teoria da relatividade quando tinha 26. Por outro lado, Gutenberg estava na casa dos 50 quando desenvolveu a máquina de imprensa.

Parece que as invenções ocorrem cedo na vida, mas não muito cedo. Leva tempo para aplicar o aprendizado interagindo no mundo real, testando e mexendo. As invenções não acontecem no dia em que nos formamos na escola porque tudo o que a maioria de nós tem nesse momento é o bluework. Invenção e inovação requerem os dois: bluework e redwork.

Mas é rara a invenção que ocorre no final da vida. Por que é assim? Paramos de aprender? Nossos cérebros ficam cansados? Afinal, parece que, à medida que acumulamos conhecimentos sobre o mundo e experimentamos mais interações com ele, deveríamos nos tornar inovadores cada vez mais produtivos. Esse não é o caso (ainda).

O desenvolvimento cerebral diminui acentuadamente aos nossos 20 e poucos anos, e o volume do nosso córtex pré-frontal começa a encolher aos 40. Acontece que 40 anos sempre foi a expectativa de vida dos seres humanos até agora. Mas a chave é que o desenvolvimento cerebral diminui, não para. Portanto, não se desespere. Nossos cérebros têm a capacidade de aprender coisas novas por décadas.

Minha vida inteira seguiu principalmente o modelo de aprender e fazer. Entrei na Academia Naval, tive dois anos de aulas e, então, fui levado à esquadra para agir. Concluí dois mestrados após isso — um online e outro presencial. Em retrospectiva, nenhum dos dois parecia ser um período de pausa e reflexão. Talvez porque eu os vi estritamente no contexto de me ajudar a ser um oficial naval melhor. Talvez fosse porque era imaturo e não aproveitava bastante as oportunidades.

Depois de 28 anos, deixei a Marinha, escrevi um livro e me dediquei a dar palestras pelo mundo. São carreiras bem diferentes, que exigem habilidades notadamente distintas. Até mesmo as minhas duas atividades mais recentes são bem diferentes: estar no palco, em frente a uma plateia, e levar algo interessante, atraente, útil e divertido é o oposto de trabalhar como escritor. Sinto que tive um ciclo blue-red-blue em minha vida.

Agora eu me pergunto se não é hora de outro período de bluework na minha vida. Nada imposto ou casual, mas deliberado, planejado, uma mudança. Isso exigirá de mim que controle o relógio da minha vida (glup!). Sem mais desculpas, sem "muito ocupado", sem mais preocupação.

Afirmei que este livro era sobre aprendizado e que o ritmo correto do blue-red-blue poderia ajudar a aplicar o aprendizado não só no seu trabalho, mas também na vida. Isso não acontecerá apenas com o redwork. Você precisará invocar essas jogadas, começando com o controle do relógio. Comece pequeno, trabalhe em si mesmo. Faça experimentos no trabalho e na sua vida.

Estou interessado nas suas histórias — como você aplica o bluework na vida e no trabalho —, você aprendeu uma nova língua, se mudou para outro país, voltou a estudar e se formou? Compartilhe comigo em david@turntheshiparound.com ou em nossa página do LinkedIn Intent--Based Leadership.

Desejo o melhor na sua jornada.

O SISTEMA OPERACIONAL DE REDWORK-BLUEWORK

Existem dois modos de atividade humana: pensar e fazer.

Chamamos o pensar de bluework. É cognitivo, complexo, criativo e incerto. A variabilidade é uma aliada do bluework. Durante o bluework, nós colaboramos, invocamos o "seja melhor", buscamos melhorar, tomamos decisões e desenvolvemos hipóteses.

Chamamos o fazer de redwork. Geralmente é físico, baseado nas habilidades, focado e deliberado. A variabilidade é uma inimiga do redwork. Durante o redwork, nós trabalhamos, invocamos o "seja bom", buscamos provar e executar os nossos trabalhos.

Implementar um sistema operacional de redwork-bluework é praticar, deliberadamente, o ritmo de redwork seguido do bluework.

Os líderes têm três domínios para influenciarem o sistema. O primeiro é determinado pelo balanço geral entre o red e o blue — o bluework é mais frequente no início do projeto, quando há mais incerteza e o foco deve ser no aprendizado. Então, eles estendem os períodos de redwork, espaçando o bluework mais adiante no projeto, à medida que o foco muda para a produção e a maioria das principais decisões já foram tomadas.

O segundo domínio é durante os períodos de bluework — ter todos envolvidos no bluework, em vez de somente a liderança, gerenciando esses momentos com o objetivo de adotar a variabilidade.

O terceiro domínio é durante os períodos de redwork — definir objetivos e um foco para a equipe. Este é o domínio mais familiar aos líderes e que recebe a menor atenção nessas jogadas. Com frequência, vejo formas de fazer melhor o redwork. Há muitas ferramentas disponíveis, como a inclinação, para ajudar os líderes neste domínio.

A oscilação rítmica entre o redwork e o bluework pode ser aplicada nos níveis estratégico, operacional e tático. Ela se aplica às equipes e aos indivíduos, e também pode ser aplicada nas nossas vidas.

O resultado do ritmo redwork-bluework é o aprendizado no trabalho, em casa e na vida.

CAPÍTULO 11

Salvando o *El Faro*

A tripulação do *El Faro* teve um destino trágico e vidas foram perdidas. O desastre nos deixou uma ferramenta de aprendizado extremamente valiosa: a transcrição das conversas a bordo. Ao estudar aquelas conversas e considerando como eles poderiam ter agido diferente, não busco culpar ou atribuir más intenções a ninguém. Todas as pessoas a bordo certamente acreditavam que estavam fazendo o que era de melhor interesse para sua missão e sua equipe. No entanto, foram seus padrões de linguagem firmes, baseados em um manual ultrapassado, que transformaram suas melhores intenções em uma situação desastrosa.

Todos nós cometemos os mesmos erros. Os riscos podem não ser tão altos quando vamos trabalhar todos os dias, mas o efeito de nossas palavras no comportamento de nossos colegas de trabalho não é diferente.

Minha esperança para este livro é que possamos aprender com a tragédia do *El Faro* e tomar medidas para que tragédias como essa nunca mais ocorram. Imagino um mundo em que as empresas tenham mais consciência de como a linguagem afeta o nosso comportamento, em que os líderes tenham as habilidades necessárias para executar um novo manual que nos torne mais seguros e eficazes no trabalho.

Nesse capítulo, reimagino a história do *El Faro* com a mesma tripulação, o mesmo equipamento, os mesmos prazos, o mesmo treinamento profissional e as mesmas condições climáticas. A única diferença é que eles verão seu trabalho no ciclo rítmico do blue-red-blue, possibilitado pelo poder da conexão. Essa diferença se manifesta da forma mais simples: como eles conversam entre sim.

SEGUNDA-FEIRA

No porto, Jacksonville, Flórida
mais de 1.600 quilômetros do centro da tempestade

Antes do *El Faro* começar sua jornada a San Juan, a jogada é se conectar, não se conformar. Os oficiais estabelecem relacionamento com a tripulação, e o capitão, com os oficiais.

O capitão serve como filtro. Ele trabalha duro para não transmitir qualquer estresse que possa estar sentindo à tripulação. O estado mental dele é "importa, não importa". Ele se importa profunda e passionalmente com as pessoas e a carga confiadas aos seus cuidados, e não com as consequências burocráticas de qualquer escolha feita a bordo. A jogada da conexão permite que ele se sinta parte de uma equipe e atenue seu medo.

Na jogada da conexão, o capitão faz duas coisas importantes antes de começar. Primeiro, ele trabalha para diminuir o gradiente de poder. Isso é sentido pelos subordinados, mas precisa ser reduzido pelo pessoal sênior. Nesse caso, o capitão tem 53 anos de idade; o imediato, 44; e o terceiro oficial, 46. A idade estabelece um gradiente de poder natural, então esses homens têm um gradiente menor entre si. A segunda oficial — a navegadora, uma das duas mulheres a bordo — tem 34. Quase 20 anos mais jovem e minoria em gênero, ela é mais propensa a ser afetada pelo gradiente de poder e também é mais favorável a oferecer uma variabilidade intelectual que ajudará em qualquer situação de bluework vivida pela equipe. Isso torna ainda mais importante criar um ambiente em que ela se sinta segura em falar.

O capitão teve uma reunião a sós com ela. Ele disse: "Estou feliz por você estar em nossa equipe — sua diferença de idade e gênero significa que é provável que você tenha uma perspectiva diferente. Você pode ver coisas que o resto de nós deixa passar e sabe coisas que nós não sabemos. Você pode ter ideias ou preocupações que não encontrarão eco nos demais, mas isso não significa que esteja errada. Você pode ser a única a estar correta. Eu a encorajo a falar. Da minha parte, estou comprometido a ouvir o que você nos diz. Isso não significa que faremos sempre o que você quiser, mas estou me comprometendo a ouvir com curiosidade e interesse. Aqui está um cartão amarelo: se você perceber que não estou te escutando, mostre-me esse cartão, como um juiz. Ou se sinta livre para falar comigo separadamente, se preferir — lembre-se: você pode ser a única a estar certa."

À equipe, ele pode dizer: "Alguns de vocês já trabalharam com diferentes capitães, de diferentes estilos. Aqui está o meu compromisso sobre como eu opero. Sou responsável pela navegação segura dessa embarcação para Porto Rico, e acredito que todos estaremos melhor se cada um de nós souber o que todos sabemos e ver o que todos vemos. Minha intenção é que, como oficiais, todos discutiremos as decisões cruciais envolvidas nessa jornada. Se o grupo estiver dividido e eu precisar tomar a decisão, será após termos ouvido todos. Eu decidi, alguns meses atrás, pegar o Velho Canal das Bahamas. Isso custou seis horas do cronograma. Pode ou não ter sido necessário, jamais saberemos, e tive que explicar isso na sede da empresa. Isso é comigo; eu lidarei com a sede."

A segunda coisa importante que o capitão faz é começar a jogada de CONTROLAR O RELÓGIO. Isso inclui dar à pausa um nome.

Ao informar à equipe, o capitão diz: "Gostaria de lembrar a todos que estamos na temporada de furacões. É possível, até provável, que recebamos atualizações meteorológicas que devem nos levar a fazer uma pausa de planejamento e determinar que rota devemos seguir. Gostaria de nomear estas pausas, por qualquer razão que você ache necessário chamá-las, de 'minuto dos marinheiros'. Basta dizer: 'Estou convocando um minuto dos marinheiros'. E acontecerá o seguinte: todos os oficiais se reunirão na ponte e nós conversaremos sobre o que fazer. Gostaria que cada um de vocês fizesse isso uma vez durante seu primeiro turno de vigilância como treinamento, para que possamos entender a linguagem e a resposta, e ver que é fácil. Todos praticaremos ir à ponte para colaborar."

QUARTA-FEIRA

6H, 30 DE SETEMBRO DE 2015
APROXIMANDO-SE DA PARTE NORTE DAS BAHAMAS, 965 QUILÔMETROS DO CENTRO DA TEMPESTADE

Normalmente, o navio seguiria a rota do Atlântico, mais exposta, sem pensar muito. Seria difícil isso ser considerado um ponto de decisão, mas desta vez uma atualização meteorológica indicava que a tempestade tropical Joaquin tinha alcançado status de furacão. Isso desencadeou a necessidade de sair do redwork automático (ir para Porto Rico pela rota do Atlântico) e entrar no bluework (tomar uma decisão sobre a rota).

As jogadas necessárias a seguir são controlar o relógio, colaborar e se comprometer.

6H05, 30 DE SETEMBRO DE 2015

O oficial em turno aciona a jogada de controle do relógio. Nas organizações mais efetivas, a primeira pessoa a aprender a necessidade de controlar o relógio faz isso. Sabendo que um alerta por e-mail pode se perder, ele manda uma nota física a todos os oficiais de que uma reunião ocorrerá às 6h30 para discutir a rota para Porto Rico.

Uma resposta menos adequada teria sido o capitão perceber a necessidade de bluework e convocar a reunião, mas ele deve ser apenas o apoio do oficial em turno. Ainda assim, isso é melhor do que ninguém chamando a jogada e a equipe continuar marchando no redwork.

. . .

SALVANDO O *EL FARO*

6H10, 30 DE SETEMBRO DE 2015

O capitão recebe a mensagem junto com os outros oficiais.

6H15, 30 DE SETEMBRO DE 2015

A segunda oficial, navegadora da embarcação, chega à ponte e tem uma discussão com o oficial de turno sobre quem presidirá a reunião. Eles decidem que deve ser a segunda oficial, porque o tópico será a forma de seguir para Porto Rico com uma tempestade que se aproxima. Nenhum deles espera que o capitão presida a reunião.

Eles sabem que, durante as etapas de colaboração e compromisso do ciclo, as decisões da equipe serão mais fortes se eles agirem como tomadores de decisão e permitirem ao capitão ser um avaliador de decisão independente. Eles sabem que, quanto mais o capitão se envolver, mais a tripulação ficará sob a influência de uma escalada do compromisso e mais propensa a apoiar e seguir com o curso de ação predeterminado.

6H29, 30 DE SETEMBRO DE 2015

Todos chegam à ponte. Os oficiais se reúnem em torno da mesa, enquanto o capitão permanece um pouco atrás e de lado.

6H30, 30 DE SETEMBRO DE 2015, INÍCIO DA REUNIÃO

A segunda oficial começa a reunião sem esperar o capitão aprovar ou dizer nada. Ela nem sequer olha para ele em busca de aprovação. Ela fala e olha para os outros oficiais: "Como vocês sabem, temos uma decisão a tomar. Estamos nos aproximando de um ponto de decisão, que chamaremos de Ponto de Decisão 1. A decisão é se viramos à direita e pegamos o Velho Canal das Bahamas ou continuamos na rota padrão do Atlântico para Porto Rico. A razão pela qual precisamos colaborar nessa decisão é a de que a tempestade tropical Joaquin foi promovida a furacão."

A segunda oficial convoca uma votação de "zero a cinco": "Qual peso você dá a cada uma das opções? Um voto que pende fortemente para o Velho Canal das Bahamas é zero, enquanto um voto que pende fortemente para a rota padrão é cinco." A segunda oficial está usando o *vote primeiro, depois discuta*, e a ferramenta *zero a cinco*. Uma vez que o grupo é pequeno e a segurança psicológica é alta, o zero a cinco é uma ferramenta rápida e eficaz.

A maior variabilidade ocorre antes da discussão em grupo. Se a segunda oficial está preocupada que as pessoas não sejam honestas, ela pode pedir votação anônima, possivelmente usando cartões de probabilidade.

A segunda oficial começou a pergunta com "como", evitando a pergunta binária: "Devemos pegar o Velho Canal das Bahamas ou a rota do Atlântico?" Seu trabalho nesse momento é estabilizar pontos finais e perguntar de uma forma probabilística que convide a variações sutis de entusiasmo e variabilidade máxima.

"Um, dois, três, votem!"

O imediato, a segunda oficial, o terceiro oficial e o engenheiro-chefe levantam suas mãos. Os votos, foram 5, 3, 1 e 0, respectivamente. O imediato votou com veemência na eficiente rota pelo Atlântico, enquanto o engenheiro-chefe tendeu para o protegido Velho Canal das Bahamas. O capitão não votou porque não quer influenciar a discussão que acontecerá em seguida, e preferiu observar a dinâmica da equipe. Ele tem autoridade para vetar a votação final, então ele não precisa falar agora.

A segunda oficial adota a variabilidade e está sendo curiosa, não irrefutável.

Em um tom neutro, ela pergunta ao engenheiro-chefe: "Chefe, você mostrou um zero. Fale mais sobre isso." Mesmo sua escolha de palavras ("você mostrou um zero" em oposição a "você votou no zero") é deliberada. Isso ajuda a separar a posição da pessoa e convida à dissidência. A segunda oficial também evitou perguntar: "Por que você votou desse jeito?", o que indicaria desaprovação e colocaria o engenheiro-chefe na defensiva.

O engenheiro-chefe explica: "Temos um navio de 40 anos, movido a vapor. À medida que o navio entra em mares mais altos, a manutenção

SALVANDO O *EL FARO* 291

da propulsão será necessária para que ele continue na rota, e a produção de energia elétrica será vital para manter qualquer bomba no porão. O balanço pode causar interrupção nos sistemas de óleo lubrificante, o que pode resultar em desligamentos automáticos em nosso equipamento. Se desligar, será difícil religar."

O imediato, que votou com mais veemência para manter a rota padrão, busca primeiro entender: "Quantos graus de balanço você acha que vai ser necessário para interromper o sistema de óleo lubrificante?" Ele não está tentando convencer o engenheiro-chefe de que a embarcação "pode aguentar isso", mas responde com curiosidade.

O engenheiro-chefe diz: "A embarcação foi originalmente projetada para aguentar balanço de até 30 graus, mas com o desgaste das engrenagens e o fato de estarmos operando já no fim de nossas reservas de óleo lubrificante, acho que mais do que 20 ou 25 graus começaria a desencadear desligamentos. Eu estaria apenas 60% confiante de que podemos manter a propulsão com balanços de até 25 graus."

Embora o engenheiro-chefe não possa ter certeza, ele dá sua melhor estimativa usando uma resposta probabilística. Ele também inclui o potencial fato embaraçoso de que os níveis de óleo estão baixos — não tanto para solicitar uma reposição, mas na parte inferior da faixa operacional normal. Isso pode ser visto como um erro no planejamento operacional, mas o capitão permanece quieto.

A segunda oficial então convida o imediato (que votou 5) a explicar seus pensamentos. Ele fala da eficiência da rota do Atlântico, mais curta, e do benefício para os clientes e para a empresa do navio. O capitão nota que o terceiro oficial, o menos graduado do grupo, está quieto. "Terceiro oficial, você ficou quieto e mostrou somente um dedo. O que tem em mente?" O trabalho do líder na jogada de colaboração do bluework não é alcançar consenso, mas trazer a discussão, especialmente dos *outliers* quietos.

O terceiro oficial conta uma história curta: "Bem, eu vivi nas Bahamas durante dez anos e, não sei por que, mas essa tempestade me assusta. Fomos realmente massacrados pelo Andrew em 1992. Bem massacrados.

Estou preocupado de não termos uma rota de fuga quando tomarmos essa decisão. O quanto estamos nos comprometendo?"

O terceiro oficial sente que é seguro expressar sua ansiedade sobre navegar em direção a um furacão, baseado em uma experiência passada, e faz uma pergunta importante: uma vez tomada essa decisão, quais as chances de ela ser revista? Eles poderiam fazer um pequeno compromisso, com uma pausa pré-planejada para controlar o relógio?

A segunda oficial fala: "Acho que temos um ponto de decisão adicional, perto de Rum Cay. Vamos chamá-lo de Ponto de Decisão 2. Ali, há um canal que corta por dentro das Bahamas. Nesse ponto, se tomarmos a rota pelo Atlântico, será possível desviar ao sul e entrar no Velho Canal das Bahamas, ao norte de Cuba. Com a velocidade planejada de 20 nós, chegaremos a esse ponto de decisão por volta de 0h de hoje, ou seja, daqui a mais ou menos 18 horas. Mas entre agora e Rum Cay, teremos as Bahamas à nossa direita, com uma pequena chance de se esconder atrás delas."

O capitão pede a palavra: "Gostaria apenas de dizer uma coisa. Há alguns meses, escolhi pegar o Velho Canal das Bahamas por conta de uma ameaça de tempestade. Acabei indo para a corporação, para discutir a decisão, e ainda estou aqui, então não quero que os votos das pessoas sejam influenciados para proteger a minha reputação. Devemos fazer o que é certo, para nós e para a empresa." O capitão quer o voto das pessoas baseado no clima e na condição da embarcação, não nas consequências burocráticas. Ele quer a decisão certa pelas razões certas.

O imediato também tem mais informações a dar: "Vocês sabem que, no final da temporada, nós vamos para o Alasca e provavelmente encararemos muito mau tempo. Realmente gostaria de ver como a embarcação viaja em mar aberto para que saibamos se há mudanças materiais ou de procedimento que precisamos fazer antes do início das operações no Alasca." Gosto da ênfase no aprendizado aqui. A mentalidade durante o bluework deve ser inclinada ao crescimento, à maestria e ao aprendizado. A escolha de rota deve ser influenciada não apenas pelo melhor caminho para o valor de produção em curto prazo, mas também pelo que poderíamos aprender. Além disso, a afirmação é feita primeiro com fatos, e depois sentimentos. Não é uma declaração tentando obrigar ou convencer os outros a votarem em uma rota ou outra. Essa é uma boa declaração.

A segunda oficial sente que é hora de seguir para o compromisso: "Ok, vamos votar novamente."

O engenheiro-chefe pergunta: "Vamos votar em todo o caminho até San Juan ou somente daqui ao ponto de corte em Rum Cay?"

A segunda oficial diz: "Este voto é só até Rum Cay. Vamos pensar nisso como duas partes e dois pontos de decisão. Gostaria de dissociá-los." Ela sabe que será mais fácil se comprometer com um pequeno segmento do que com a rota inteira.

Os votos são 5, 5, 3 e 2. A equipe mudou para manter a rota do Atlântico. Saber que há um plano de fuga no meio do caminho para as Bahamas, em Rum Cay, torna mais seguro tomar uma pequena decisão, mesmo com os alertas do engenheiro-chefe. Compromissos mais curtos permitem maior aprendizado e um comportamento maior de abraçar riscos.

A segunda oficial fala: "Ok, ouçam o que proponho: pegar a rota do Atlântico agora. Minha hipótese é a de que estaremos aptos a monitorar o clima antes que ele fique muito ruim. Monitoraremos os relatórios meteorológicos, assim como nossas medições a bordo de ventos e ondas. À 0h, teremos outra reunião para decidir entre pegar o corte para o Velho Canal das Bahamas e continuar na rota do Atlântico."

A segunda oficial pede a todos que se comprometam, mas somente com a fatia mais fina possível. Ela está apresentando o período de redwork (navegar para o ponto de corte em Rum Cay) e o próximo ponto de decisão de bluework (à 0h). Por ter dito a todos que haverá uma decisão posterior e porque eles sabem que seus votos contarão, ela ativou uma mentalidade de aprendizado e crescimento. Eles estarão atentos às condições e terão uma perspectiva mais ampla para embasar seu próximo voto.

Ela poderia ter dito que ela pretendia seguir esse plano, o que teria sido uma afirmação mais assertiva. Em vez disso, escolhe a palavra "propor" para dar a qualquer membro do grupo uma chance de falar em sentido contrário.

A segunda oficial é a melhor pessoa para propor o plano ao grupo, porque isso se encaixa em seu papel de navegadora. Além disso, ela é mais nova e a pressão social para concordar será menor.

O capitão aprova o plano: "Tudo bem, esse é o nosso plano. Vamos ver o que acontece. Estou particularmente interessado no balanço do navio e em como a casa de máquinas está aguentando. Estamos indo para condições climáticas pesadas, então todos devem rever seus procedimentos para isso. Teremos outra reunião às 8h para apresentar os preparativos para as condições climáticas pesadas."

Uma decisão foi tomada. Além disso, uma vez que o navio vai operar sob condições climáticas pesadas, medidas adicionais (como trancar as portas de cima, amarrar a carga e monitorar os níveis de água no porão) devem ser implementadas. Essa é a parte do redwork que dá apoio à decisão de tomar a rota do Atlântico. Como é provável que o navio não entre em condições climáticas pesadas em algumas horas, há tempo para cada oficial rever seus procedimentos em vez de o capitão dizer a todos o que devem fazer. Isso os permite ter propriedade e iniciativa.

O imediato tem uma ideia: "Também acho que devemos avisar à sede operacional sobre o que estamos fazendo. Vou preparar uma mensagem." Ele está antecipando que a sede operacional redirecionará a rota ou questioná-la. Em vez de aguardar passivamente qualquer decisão, ele propõe que o *El Faro* se antecipe e notifique o plano. Podemos nos referir a isso como "alimentar a fera". Ele também está sendo proativo ao tomar a iniciativa de preparar (mas não mandar) a mensagem.

Durante os próximos turnos, ao longo do dia rumo à 0h, os oficiais anotaram as mudanças nos ventos, nas ondas e condições climáticas. Eles foram motivados a isso por saberem que participarão de uma reunião decisiva, e que seus dados importarão. Eles sabem que terão controle sobre seus destinos.

OH, 30 DE SETEMBRO DE 2015, INÍCIO DA REUNIÃO

Na reunião de 0h, os oficiais fizeram uma nova votação "zero a cinco". Dessa vez, como os ventos aumentaram para mais de 160 quilômetros por hora, o navio está balançando forte e não há outras opções de segurança, eles propõem pegar o ponto de corte para o canal mais seguro. O capitão sabe que isso atrasará a viagem em seis horas e quais serão os custos disso. Ele também sabe que há uma chance de pegarem a rota do Atlântico e, da mesma forma, as coisas darem certo. Ainda assim, ele aprova a decisão e eles notificam a sede operacional.

QUINTA-FEIRA

9H, 2 DE OUTUBRO DE 2015

O *El Faro* chega a San Juan. Há danos na parte superior de alguns instrumentos. Além disso, parte da carga se soltou e acabou danificada. A embarcação atrasou seis horas em relação ao previsto, mas acabou chegando, e todos os 33 membros da tripulação sobreviveram.

Pegar o Velho Canal das Bahamas salvou o navio.

SALVANDO O *EL FARO* AO USAR O NOVO MANUAL

Com a jogada da CONEXÃO, salvar o *El Faro* começa antes de o navio pegar seu caminho. O capitão estabelece uma segurança psicológica agora, sabendo que quando trata-se de bluework futuro, uma atmosfera de segurança psicológica convidará a uma maior diversidade de discussão, mais criatividade e resiliência para resolver os problemas.

Ele também estabelece a norma esperada de que a pessoa que vê a necessidade de CONTROLAR O RELÓGIO tem a autoridade para fazê-lo. A equipe está pensando dois ou três passos à frente, para que eles estejam prontos quando vier o próximo ponto de decisão.

Mesmo em um ambiente operacional exigente, a tripulação aplica uma mentalidade de aprendizado e crescimento, além de invocar a jogada de MELHORAR. Os membros da equipe trabalham para dominar o "seja bom" e colocar em destaque o seu traço "seja melhor".

Eles têm confiança de que serão ouvidos e terão o controle de suas vidas. Na ausência disso, eles não participariam.

Um membro júnior comanda as reuniões de tomada de decisão, permitindo ao capitão permanecer no papel de avaliador de decisões. Isso protege a equipe contra a tentação da escalada de compromisso.

Durante as reuniões, eles praticam o "votar primeiro, depois discutir" e se tornam curiosos em vez de irrefutáveis. Confiantes de que serão ouvidos, não precisarão clamar por atenção.

LEITURAS ADICIONAIS

O princípio do progresso: Como usar pequenas vitórias para estimular satisfação, empenho e criatividade no trabalho, de Teresa Amabile e Steven Kramer

The Art of Action, de Stephen Bungay

O Erro de Descartes, de António Damásio

Bringing Out the Best in People, de Aubrey C. Daniels

Mindset: A nova psicologia do sucesso, de Carol S. Dweck

The Fearless Organization, de Amy C. Edmondson

How to Talk So Kids Will Listen and Listen So Kids Will Talk, de Adele Faber e Elaine Mazlish

Sem Neura, de Liz Fosslien e Mollie West Duffy

Behemoth, de Joshua B. Freeman

Only the Paranoid Survive, de Andrew S. Grove

How Could This Happen?, editado por Jan U. Hagen

Rápido e devagar: Duas formas de pensar, de Daniel Kahneman

The One Best Way, de Robert Kanigel

Punished by Rewards, de Alfie Kohn

Fire on the Horizon, de John Konrad e Tom Shroder

Superminds, de Thomas W. Malone

A comunicação não violenta, de Marshall B. Rosenberg

Accounting for Slavery, de Caitlin Rosenthal

Humble Leadership, de Edgar H. Schein e Peter Schein

Líderes se servem por último, de Simon Sinek

Clean Language, de Wendy Sullivan e Judy Rees

A sabedoria das multidões, de James Surowiecki

O princípio da caixa-preta, de Matthew Syed

Misbehaving: A construção da economia comportamental, de Richard H. Thaler

Multiplicadores, de Liz Wiseman

GLOSSÁRIO

ANDON, CABO *Andon* é a palavra japonesa para lanterna. O cabo de *Andon* foi um sistema instalado nas fábricas da Toyota para permitir aos trabalhadores sinalizar que estavam com um problema e precisavam mudar do redwork para o bluework.

BLUEWORK O trabalho pensante, cognitivo, decisivo. O bluework se beneficia ao abraçar a variabilidade.

BLUEWORKERS A classe de pessoas designada para fazer o bluework na empresa da época da Revolução Industrial. Eram chamados de líderes e pensadores de escritório, não sindicalizados e assalariados.

CÉREBRO REPTILIANO A parte mais antiga do cérebro, que regula a respiração, o batimento cardíaco e os impulsos-base. Esse sistema é motivado para a autopreservação. O estresse leva os homens de volta para o seu cérebro reptiliano.

COAGIR A jogada da Revolução Industrial em que instigamos, manipulamos, ordenamos, motivamos, inspiramos ou ameaçamos as pessoas a fazerem o que queremos que façam.

COEFICIENTE DE LINGUAGEM DE EQUIPE (TLC, em inglês) O cálculo matemático que mede o desvio de uma fatia de voz perfeitamente balanceada. Uma fatia de voz perfeitamente balanceada resulta em um coeficiente 0,0. A situação em que uma pessoa diz todas as palavras e o resto permanece em silêncio é perfeitamente desbalanceado e resulta em um coeficiente 1,0. Em uma equipe de três pessoas em que duas falam e uma fica em silêncio, o resultado é 0,5.

COLABORAÇÃO Jogada em que aprendemos com os outros, tornando melhor nossos produtos, ideias e vidas.

COMPLETAR Jogada ao final do redwork em que paramos para refletir e vemos o que alcançamos, celebramos e convidamos os outros a contarem suas histórias.

COMPROMISSO Jogada em que decidimos o que pretendemos e nos dedicamos à ação.

CONEXÃO Jogada permissiva que torna todas as outras mais efetivas. Se conectar é se preocupar com os outros e nivelar o gradiente de poder. Significa ver você mesmo fazendo *com*, não *por* ou *para*.

CONFIANÇA Sentimento por meio do qual alinhamos nossos objetivos e em que você fala o que pensa. A confiança não inclui a ideia de competência. Não devemos falar "confio em você para tomar esta decisão" porque isso incluiria a competência de tomar decisões além do desejo de tomar a decisão certa. Isso contamina o conceito de confiança. Confiança é transparência o tempo todo.

CONFORMIDADE Jogada da Revolução Industrial em que as pessoas se escondem atrás de suas posições e negam a conexão com outras.

CONTINUAR Jogada da Revolução Industrial de continuar o redwork, ou se pausando-o, proceder diretamente para o próximo projeto.

CONTROLAR O RELÓGIO Nova jogada que nos permite pedir uma pausa ou tempo para sair da pressão do redwork e mudar para o pensamento do bluework.

CUMPRIR Jogada da Revolução Industrial de fazer o que nos foi pedido.

CURIOSIDADE O desejo de aprender mais sobre o que outros veem, pensam ou suas propostas como curso de ação.

ESCALADA DE COMPROMISSO Fenômeno psicológico em que humanos tendem a se prender a pequenos compromissos anteriores. "Gastar mais dinheiro na vã esperança de recuperar o mau investimento" ilustra esse efeito.

GLOSSÁRIO

FATIA DE VOZ É a proporção de palavras atribuídas a cada pessoa em uma conversa e é um indicador de excelência do gradiente de poder em uma organização.

GERENCIAMENTO DE RECURSOS DE TRIPULAÇÃO (CRM, em inglês) Sistema de conversas entre pilotos e copilotos que reduz o gradiente de poder ao dar ao copiloto as palavras para expressar seus receios e preparar os pilotos para prestar atenção às palavras de receio.

GRADIENTE DE PODER A quantidade de distância social hierárquica de uma pessoa para outra. Podem ser indicadores disso a escala salarial, o tamanho do escritório, patrimônio, idade, longevidade, nível de habilidade, aparência dos assistentes ou espessura do carpete. A informação flui inversamente à inclinação do gradiente de poder. Ele inibe as comunicações, a variabilidade de ideias e a criatividade. Na Psicologia, é próximo do termo "gradiente social".

LIDERANÇA BASEADA NA INTENÇÃO (IBL, em inglês) O sistema de liderança que transmite autoridade àqueles com as informações. O objetivo do IBL é criar organizações em que as pessoas são mais felizes e saudáveis porque têm maior controle sobre suas vidas. A história de origem do IBL é contada em meu livro *Turn the Ship Around!*.

MELHORIA Jogada que encerra o redwork, em que paramos para refletir o que aprendemos. A melhoria vem da reflexão sobre o passado e a modificação de planos, processos e projetos atuais para fazer algo melhor no futuro. Melhoria é o domínio do "seja melhor".

MENTALIDADE DE CRESCIMENTO Termo usado por Carol Dweck em seu livro *Mindset: A nova psicologia do sucesso* para descrever a crença de que podemos sempre crescer e melhorar.

MENTALIDADE DE PROVAR Mentalidade cujo motivo é alcançar algo, provar competência ou mostrar a habilidade para fazer alguma coisa. A mentalidade de provar é positivamente correlacionada com a execução nas tarefas de redwork.

MENTALIDADE FIXA Termo usado por Carol Dweck em seu livro *Mindset: A nova psicologia do sucesso* para descrever a crença de que estamos fixos a nossas habilidades.

MENTALIDADE PROTETIVA Mentalidade cujo motivo é evitar a exposição da própria incompetência.

OBEDECER AO RELÓGIO Jogada da Revolução Industrial em que sentimos o estresse de ter muito o que fazer em um período limitado de tempo.

PACIENTE ELLIOT O nome de um paciente que o Doutor António Damásio operou de um tumor no cérebro. O paciente Elliot perdeu todas as emoções e a habilidade de tomar decisões. Ele demonstrou um vínculo íntimo entre as emoções e a tomada de decisões.

PERÍODO SABÁTICO Uma pausa na carreira de alguém. Tradicionalmente, os períodos sabáticos eram vistos apenas nas carreiras acadêmicas, mas hoje qualquer um pode tirar um. É a aplicação do redwork-bluework no nível ao longo da vida.

PROVAR Jogada da Revolução Industrial em que a demonstração de competência ou evitar a exposição à incompetência é crucial. Provar é o domínio do eu "seja bom".

REDWORK O trabalho de fazer, agir, processar, produzir. O redwork se beneficia da redução da variabilidade.

REDWORKERS A classe de pessoas designadas a fazer o redwork na Revolução Industrial. Chamados de operários, eram sindicalizados, pagos por hora, executores e seguidores. Em organizações efetivas, não há redworkers; há pessoas que ora operam no redwork, ora no bluework.

REIVINDICAÇÃO EXCESSIVA Fenômeno psicológico em que humanos tendem a reivindicar mais crédito por tarefas compartilhadas do que eles realmente merecem. A razão para isso é o vício da disponibilidade. Quando tomamos decisões e respondemos a perguntas, o cérebro coloca mais peso na informação que é mais fácil de se obter. Somos naturalmente mais familiarizados com nossas próprias ações do que com as dos outros.

REVOLUÇÃO INDUSTRIAL Período durante o qual os humanos desenvolveram um amplo complexo de organizações baseado em máquinas. Fábricas, linhas de montagem, usinas e ferrovias eram predominantes durante a Revolução Industrial. O design organizacional foi otimizado para usar os homens com objetivo de reduzir a variabilidade e cumprir as instruções de seus mestres. Essa estrutura fundamental molda o design organizacional e a linguagem de hoje.

SEGURANÇA PSICOLÓGICA Termo cunhado por Amy Edmonson para descrever o quão confortável é para a pessoa compartilhar informações, em um grupo ou organização, que possam torná-la vulnerável.

"SEJA BOM" Sua parte interior que quer projetar (e proteger a imagem) de competência no mundo, merecendo elogios e reconhecimento. O "seja bom" precisa ser dominado para executar a jogada da melhoria.

"SEJA MELHOR" Sua parte interior que quer crescer e ser melhor; anseia por aprender e é pesquisador e curioso. O "seja melhor" precisa ser ativado para a jogada de melhoria.

SISTEMA OPERACIONAL REDWORK-BLUEWORK (RBOS) RBOS (se pronuncia "our-boss", "nosso chefe") é o sistema que estrutura, deliberadamente, o ritmo entre fazer e decidir, entre o redwork e o bluework. RBOS pode ser aplicado nos níveis estratégico, operacional e tático.

TEORIA DA AUTODETERMINAÇÃO Teoria psicológica formulada por Edward Deci e Richard Ryan para explicar a motivação intrínseca. A teoria defende que a competência, a afinidade e a autonomia formam o núcleo da motivação intrínseca humana.

VARIABILIDADE A propagação em uma característica. Variabilidade pode ocorrer pelo tempo e por diferentes membros da população. Ela pode ser pensada como diversidade. O propósito dos programas de diversidade é aumentar a chance de uma maior variabilidade na criatividade cognitiva. A variabilidade é inimiga do redwork e aliada do bluework.

NOTAS

CAPÍTULO 1: A PERDA DO EL FARO

18 o *El Faro* **zarpou:** Guarda Costeira dos Estados Unidos (2017). Steam Ship El Faro (O.N. 561732) Sinking and Loss of the Vessel with 33 Persons Missing and Presumed Deceased Northeast of Acklins and Crooked Island, Bahamas, on October 1, 2015. Disponível em: <media.defense.gov/2017/Oct/01/2001820187/-1/-1/0/FINAL%20PDF%20ROI%2024%20SEP%2017.pdf>.

21 **Olhando para a transcrição:** Essa referência e todas as citações da viagem e os dados sobre fatia de voz vieram da transcrição da caixa-preta do *El Faro*, a partir da investigação do NTBS. National Transportation Safety Board (2017). Group Chairman's Factual Report of Investigation. Attachment 1 to Addendum, Voyage Data Recorder — Audio Transcript. Revisado: 8 de agosto de 2017. Disponível em: <dms.ntsb.gov/public/58000-58499/58116/606566.pdf>.

33 **Em seu livro *Superminds*:** T. W. Malone (2018). *Superminds: The Surprising Power of People and Computers Thinking Together.* Nova York: Little, Brown and Company.

CAPÍTULO 2: O NOVO MANUAL

38 **a resposta correta é 130%:** M. Ross e F. Sicoly (1979). Egocentric biases in availability and attribution. *Journal of Personality and Social Psychology* 37(3), 322–36. Disponível em: <dx.doi.org/10.1037/0022-3514.37.3.322>.

39 **em seu livro, esclarecedor:** J. Surowieki (2004). *The Wisdom of Crowds: Why the Many Are Smarter Than the Few and How Collective Wisdom Shapes Business, Economies, Societies, and Nations.* Nova York: Doubleday.

43 **a cor da calma e da criatividade:** QSX Software Group (2015). Color Wheel Pro — Consulte Teoria das Cores em Ação. Significado da cor. Disponível em: <color-wheel-pro.com/color-meaning.html>.

46 ***Princípios de Administração Científica:*** F. W. Taylor (1911). *The Principles of Scientific Management.* Nova York: Harper & Brothers.

47 **"temos outros homens para pensar":** R. Kanigel (1997). *The One Best Way: Frederick Winslow Taylor and the Enigma of Efficiency.* Nova York: Viking.

49 **526 trabalhadores morreram por conta de acidentes de trabalho:** Centro de Controle e Prevenção de Doenças (1999). Achievements in Public Health, 1900–1999: Improvements in Workplace Safety — United States, 1900–1999. *MMWR Morbidity and Mortality Weekly Report* 48(22), 461–69. Disponível em: <cdc.gov/mmwr/preview/mmwrhtml/mm4822a1.htm>.

49 **o ambiente de trabalho afeta os valores dos trabalhadores:** M. Obschonka (2018). Pesquisa: The Industrial Revolution left psychological scars that can still be seen today. *Harvard Business Review* (26 de março). Disponí-

vel em: <hbr.org/2018/03/research-the-industrial-revolution-left-psycholo-gical-scars-that-can-still-be-seen-today>.

52 **o Japão produziu mais carros:** C. Lin (1994). The Japanese Automotive Industry: Recent Developments and Future Competitive Outlook. Office for the Study of Automotive Transportation. Relatório: UM-TRI-94-13. Disponível em: <deepblue.lib.umich.edu/bitstream/hand-le/2027.42/1064/87139.0001.001.pdf?sequence=2>.

62 **relação entre o estresse e o aprendizado:** R. M. Yerkes e J. D. Dodson (1908). The relation of strength of stimulus to rapidity of habit-formation. *Journal of Comparative Neurology and Psychology* 18(5), 459–82.

66 **A abordagem ágil:** Manifesto for Agile Software Development. Disponível em: <agilemanifesto.org>.

CAPÍTULO 3: SAINDO DO REDWORK: CONTROLANDO O RELÓGIO

72 **integridade do processo de votação:** ABC News (2017). Oscars 2017: War-ren Beatty not to blame for Moonlight–La La Land envelope stuff-up. Disponível em: <abc.net.au/news/2017-02-28/oscars-stuff-up-dont-bla-me-warren-beatty/8309160>.

74 **discordaram sobre quem iria ler o ganhador:** I. Mohr (2017). Warren Beatty and Faye Dunaway couldn't stop fighting before Oscars. Disponível em: <pagesix.com/2017/02/28/warren-beatty-and-faye-dunaway-couldnt-stop-fighting-before-oscars/>.

80 **"Meu Deus, quando você quer que lancemos?":** *Los Angeles Times* (1986). Challenger disaster: The 24 hours of pre-launch debate that could have prevented a tragedy. Disponível em: <latimes.com/science/la-sci-challen-ger-24-hours-pre-launch-debate-20160128-htmlstory.html>.

85 **cerimônia com a participação de 15 mil pessoas:** Boeing (2007). Comuni-cado de imprensa da Boeing celebrando o lançamento do 787 Dreamliner. Disponível em: <boeing.mediaroom.com/2007-07-08-Boeing-Celebrates-the-Premiere-of-the-787-Dreamliner>.

85 **"lançamento de maior sucesso da história da aviação comercial"**: Boeing (2006). Annual Report. Disponível em: <annualreports.com/HostedData/ AnnualReportAr chive/b/NYSE_BA_2006.pdf>.

86 **por um fator de 20**: Boeing (n.d.). Boeing 787 Commercial Transport Historical Snapshot. Disponível em: <boeing.com/history/products/787. page>.

88 **cabo de *Andon* deveria ser acionado**: C. Duhigg (2017). *Smarter Faster Better: The Transformative Power of Real Productivity*. Nova York: Random House.

89 **Ocioso e entediado, gritava "lobo"**: T. Simondi (n.d.). Fábulas de Ésopo: Coleção Completa. *Pedro e o Lobo*. Disponível em: <fablesofaesop.com/ the-boy-who-cried-wolf.html>.

89 **usam o código para forçar uma pausa e colaborarem**: NASA (1979). Resource Management on the Flight Deck. Proceedings of a NASA/Industry Workshop held at San Francisco, CA. Disponível em: <ntrs.nasa.gov/ search.jsp?R=19800013796>.

CAPÍTULO 4: PARA O BLUEWORK: COLABORAÇÃO

113 *Clean Language: Revealing Metaphors and Opening Minds*: W. Sullivan e J. Rees (2008). *Clean Language: Revealing Metaphors and Opening Minds*. Bancyfelin (País de Gales): Crown House.

CAPÍTULO 5: DEIXANDO O BLUEWORK PARA TRÁS: COMPROMISSO

133 **66% não estavam engajados ou estavam ativamente desengajados**: J. Harter (2018). Employee Engagement on the Rise in the U.S. Disponível em: <news.gallup.com/poll/241649/employee-engagement-rise.aspx>.

NOTAS   309

136 **"Espaço: a fronteira final":** D. C. Fontana e G. Roddenberry (1966). Charlie X. Segundo episódio da primeira temporada da série de TV *Jornada nas Estrelas*. Culver City, CA. Desilu Studios.

145 **"Depois de sofrermos grandes baixas":** G. Ball (1965). A Compromise Solution for South Vietnam. Relações Exteriores dos Estados Unidos, 1964–1968, III, Documento 40. Disponível em: <history.state.gov/historicaldocuments/frus1964-68v03/d40>.

146 **Quando o Professor Staw publicou:** B. M. Staw (1976). Knee-deep in the Big Muddy: A study of escalating commitment to a chosen course of action. *Organizational Behavior and Human Performance* 16(1), 27–44.

148 **separar o tomador de decisões:** A. Grant (2013). How to Escape from Bad Decisions: Four Key Steps to Avoid Throwing Good Money After Bad. Disponível em: <psychologytoday.com/us/blog/give-and-take/201307/how-escape-bad-decisions>.

CAPÍTULO 6: O FIM DO REDWORK: CONCLUIR

171 **Das que foram elogiadas:** Carol Dweck (2017). *Mindset*. Londres: Robinson.

173 **Infelizmente, a maioria deles:** Erin Fothergill, Juen Guo, Lilian Howard, Jennifer C. Kerns, Nicolas D. Knuth, Robert Brychta, Kong Y. Chen, Monica C. Skarulis, Mary Walter, Peter J. Walter e Kevin D. Hall. 'Persistent Metabolic Adaptation 6 Years after "The Biggest Loser" Competition, Fothergill, 2016, Obesity, Wiley Online Library.' *Obesity*. May 2, 2016. Disponível em: <onlinelibrary.wiley.com/doi/full/10.1002/oby.21538>.

174 **Em um estudo conduzido pela Escola de Negócios da Universidade de Stanford:** S. C. Huang e J. Aaker (2019). It's the Journey, Not the Destination: How Metaphor Drives Growth After Goal Attainment. *Journal of Personality and Social Psychology*, 14.

175 Em outro estudo: S. C. Huang e J. Aaker (2019). It's the Journey, Not the Destination: How Metaphor Drives Growth After Goal Attainment. *Journal of Personality and Social Psychology*, 11.

CAPÍTULO 7: COMPLETANDO O CICLO: MELHORAR

179 "Em vez de focar as": C. Duhigg (2017). *Smarter Faster Better: The Transformative Power of Real Productivity.* Nova York: Random House.

187 "Agir nessas situações": A. Edmondson (2003). Managing the risk of learning: Psychological safety in work teams. In M. A. West, D. Tjosvild e K. G. Smith, eds., *International Handbook of Organizational Teamwork and Cooperative Working.* West Sussex (Reino Unido): John Wiley & Sons.

187 Os dois processos, trabalhando em conjunto: A. Edmondson, R. M. J. Bohmer e G. Pisano (2001). Disrupted routines. *Administrative Science Quarterly* 46(4), 685–716.

187 como de aprendizado em vez de um de realização: C. S. Dweck e E. L. Leggett (1988). A social-cognitive approach to motivation and personality. *Psychological Review* 95(2), 256–73.

189 três componentes fundamentais da motivação intrínseca: R. M. Ryan e E. L. Deci (2000). Self-determination theory and the facilitation of intrinsic motivation, social development, and well-being. *American Psychologist* 55(1), 68–78. DOI: 10.1037//0003-066X.55.1.68.

193 depressão resultante do desamparo aprendido em uma e não na outra: L. Y. Abramson, M. E. Seligman e J. D. Teasdale (1978). Learned helplessness in humans: Critique and reformulation. *Journal of Abnormal Psychology* 87(1), 49–74. Disponível em: <dx.doi.org/10.1037/0021-843X.87.1.49>.

198 casos em que a multidão erra: J. Surowieki (2004). *The Wisdom of Crowds: Why the Many Are Smarter Than the Few and How Collective Wisdom Shapes Business, Economies, Societies, and Nations.* Nova York: Doubleday.

NOTAS

199 1.751 membros do cockpit e tripulação: J. U. Hagen, ed. (2018). *How Could This Happen? Managing Errors in Organizations*, 48. Cham, Switzerland: Palgrave Macmillan; veja também Bienefeld, N. e G. Grote (2012). Silence that may kill: When aircrew members don't speak up and why. *Aviation Psychology and Applied Human Factors* 2, 1–10.

CAPÍTULO 8: A JOGADA DA HABILITAÇÃO: CONEXÃO

219 "Eu apoio a divisão de Jerusalém": O. Idan, E. Halperin, B. Hameiri e R. Tagar (2018). A rose by any other name? A subtle linguistic cue impacts anger and corresponding policy support in intractable conflict. *Psychological Science* 29(6). Disponível em: <researchgate.net/publication/322150387_A_Rose_by_Any_Other_Name_A_Subtle_Linguistic_Cue_Impacts_Anger_and_Corresponding_Policy_Support_in_Intractable_Conflict>.

224 O fast bowler Mark Wood: Mark Wood (2019, 2 de julho). "Mark Wood on Cricket World Cup, Liam Plunkett & Northumberland's Beaches — BBC Sport." *BBC News*. Disponível em: <bbc.com/sport/cricket/48847826>.

225 A relação entre emoções e tomada de decisão: A. R. Damásio. *Descartes' Error: Emotion, Reason, and the Human Brain*. Nova York: Putnam's Sons. Disponível em português como *O Erro de Descartes*: Emoção, Razão e o Cérebro Humano. São Paulo: Companhia das Letras, 2012.

227 uma cota de dinheiro para cada participante: A. Bechara, H. Damasio, D. Tranel e A. R. Damasio (2005). The Iowa Gambling Task and the somatic marker hypothesis: Some questions and answers. *Trends in Cognitive Sciences* 9(4), 159–62. DOI: 10.1016/j.tics.2005.02.002.

230 ocorreram com o piloto no comando: Conselho Nacional de Segurança nos Transportes, Recomendações de Segurança (1994). A Review of Flightcrew-Involved, Major Accidents of U.S. Air Carriers, 1978 through 1990, Safety Study. Disponível em: <ntsb.gov/safety/safety-recs/recletters/A94_1_5.pdf>.

231 o gradiente de poder segue a ordem: J. Tunga, L. B. Barreiroa, Z. P. Johnson, et al. (2012). Social environment is associated with gene regulatory variation in the rhesus macaque immune system. *PNAS* 109(17). Disponível em: <pnas.org/cgi/doi/10.1073/pnas.1202734109>.

233 Isso levou a uma implementação mais bem-sucedida: A. Edmondson (2003). Managing the risk of learning: Psychological safety in work teams. In M. A. West, D. Tjosvild e K. G. Smith, eds., *International Handbook of Organizational Teamwork and Co-operative Working.* West Sussex (Reino Unido): John Wiley & Sons.

CAPÍTULO 9: APLICANDO OS PRINCÍPIOS DE REDWORK-BLUE-WORK EM SITUAÇÕES NO LOCAL DE TRABALHO

261 parece uma lista de tarefas a ser executadas: Utilization Review (UM) Nurse Supervisor (n.d.). LinkedIn, Cognizant, Job Description. Disponível em: <linkedin.com/jobs/view/963470952>.

CAPÍTULO 10: O SISTEMA OPERACIONAL RED-BLUE

265 O tanque de combustível se rompeu: M. Dowie (1977). Pinto madness. *Mother Jones* (setembro/outubro). Disponível em: <motherjones.com/politics/1977/09/pinto-madness>.

267 não consertar o tanque: B. Wojdyla (2011). The top automotive engineering failures: The Ford Pinto fuel tanks. *Popular Mechanics* (May 20). Disponível em: <popularmechanics.com/cars/a6700/top-automotive--engineering-failures-ford-pinto-fuel-tanks>.

NOTAS

267 propensão ao comportamento antiético: L. D. Ordóñez, M. Schweitzer, A. Galinsky e M. Bazerman (2009). Goals gone wild: The systematic side effects of over-prescribing goal setting. *Harvard Business Review*. Disponível em: <hbswk.hbs.edu/item/goals-gone-wild-the-systematic-side-effects-of-over-prescribing-goal-setting>.

271 Ao segundo grupo, simplesmente foi dito: B. M. Staw e R. D. Boettger (1990). Task revision: A neglected form of work performance. *Academy of Management Journal* 33(3), 534–59.

274 A GE desenvolvia um novo motor: E. Reis (2017, 17 de outubro). Teaching GE to think like a startup. *Fortune*. Disponível em: <fortune.com/2017/10/17/teaching-ge-the-startup-way-excerpt>.

Índice

A

ABC, forma 167
abordagem
  ágil 66
  red-blue 53–54
  red-blue real 54
ações, comprometa-se com 137–139
administração ágil 201
Airbnb 230
Alfred Sloan 153
Amy Edmondson 187
  tentativa e reflexão iterativas 187
Andon, cabo de 87–88
aplicação das jogadas 263
aposta de Iowa 227–230
aprender, a importância de 135–137
aprendizado
  começa com 221
  jornada de 222
aspiracional, forma 141
autopreservação 63
autorregulação 279
avaliador de decisão
  como separar do tomador
  de decisão 148
  versus tomador de decisão 147–151

B

blue-red-blue 282
  duração do ciclo 140
bluework 42–44, 98–129, 155
  cronograma interno de 198
  deixando o 130–151
  fim dos blueworkers 46–50
  no nível tático 278–279
  o que é 42
  variabilidade 303
  variabilidade aliada do 283
blueworkers 184
  fim dos 46–50
bluework-redwork-bluework
  ritmo de 188
Brexit, processo do 146

C

cabo de Andon 87
cartões de discordância 119
cérebro
  humano e o pensar 58–61
    modos de pensar 60
  reptiliano 62–63, 76
  resposta à motivação 62–65
  resposta ao estresse 62–65

challenger 80, 213
ciclo blue-red-blue, duração do 140
coeficiente de linguagem de equipe
    (TLC) 32–36, 45, 128
coerção 98
  conformidade 126
  jogada 121
colaboração 61, 124
  jogada da 248
  movimento de 127
  obter comprometimento 128
  saindo da coerção para a 126
comemoração 164, 168–169
  afeta o comportamento 167
  o que atrapalha 165–167
comportamento 167
  concentre-se no 170–171
comprometer, como se 134–140
  a aprender 135–137
  com ações 137–138
comprometimento 128
compromisso 130–151
  como líder 137
  declarações de 140–142
  em vez de conformidade 250–254
  escalada de 143–147
  jogada do 134–140
  significado 131
concluir
  a importância de 156–158
  como 161–177
  significado 155
conexão, jogada da 210–235, 296
conformidade 126, 130
  consequências da 132–134
  jogada 23
  para o compromisso 135
consequências, dimensões das 167
continuar, jogada 21
controlar o relógio 78–97
córtex pré-frontal 63
criatividade 180

cognitiva 303
críticas, falhas 182
cultura 87
  barreira cultural 89
  como mudar a 6
  lideres e criar uma 92
  no local de trabalho xiv
curioso, a importância de ser 109–111

D

Daniel Kahneman 59
decisores 14
declarações de compromisso 140–142
deliberação e a ação, equilibrando a
    10–13
depressão 193, 239
desamparo aprendido 192
desempenho
  mentalidade de 14, 63–64
discordância
  cartões de 119
  prática da 120
dissidência 120
divergência 117
  estimular a 117–121
diversidade, propósito dos programas
    de 303
duração do ciclo blue-red-blue 140

E

Edward Deci 189, 303
efeito da câmara de eco 45
El Faro
  afundou 78
  a perda do 17–36
  navio 15
  salvando o 285–296
Ella's Kitchen 138
  melty sticks 138
Elliot, paciente 225–227
engajamento 263

equipe, pensando como uma 198–199
era industrial 9, 14, 97, 127
escalada de comprometimento 21
escalada de compromisso 143–151,
    157, 242
estresse 62, 91
  a resposta do cérebro ao 62–65
  córtex pré-frontal 63
  e o aprendizado, relação entre o 62
ETHZ, Suíça, estudo 199–200
executores 14, 98

F

fatia de voz 31
Faye Dunaway 72, 98
fazer e pensar, diferença entre 13
Ford, Henry 47, 152, 279
  jogadas feitas por 154
  parceria com Taylor 47
Ford Pinto 52–53, 265–266
formação contínua 279–284
Frederick Winslow Taylor 46
  métodos de 48
  parceria com Henry Ford 47
  Princípios de Administração Científica 46
Frozen (Filme) 178
  e a jogada de melhorar 180

G

GE Aviation 274
General Motors Corporation 153
gerenciamento ágil 95
  lição 201–203
gerenciamento de recursos de tripulação (CRM) 53, 90, 230
gestão de qualidade total 50
gradiente de poder 211–222, 230
  acentuado 218
gradiente social 301
guerra civil americana 46

guerra do Vietnã 146
  the Big Muddy 146

H

habilidades interpessoais 34
Henry Ford 47, 152, 279
  jogadas feitas por 154
  parceria com Taylor 47
hierarquia
  em primeiro lugar 208–224
  horizontal 70
  vertical 70
hierarquia "padrão" 231
hipótese 124

I

informação, a importância de dar
    121–123
invulnerabilidade, linguagem da
    21–25

J

James McNerney 85
Japão 50, 52
Jerusalém 219
jogada da colaboração 98–129, 248
jogada da conclusão 152–177
  formas para executar a 161
jogada da conexão 209–235, 222, 296
jogada da habilitação 204–235
jogada da melhoria
  como melhorar 193–194
  melhoria descontínua 183–185
jogada de controlar o relógio
  formas de fazer a 78–97
jogada de melhoria 178–203
  quando melhorar 181–183
jogada do compromisso 130–151
jogadas, aplicação das 263
jogadas de liderança 10
Jon Gruden 9

jornada
  concentre-se na 172–173
  de aprendizado 222
julgamento
  como soa 219
  julgar versus observar 218–221

L

lei de Yerkes-Dodson 62
líder 171
liderança
  baseada na intenção 54
  de qualidade total 50
  jogadas de 10
  linguagem da 5–6, 8
  manual da 8–11
  o que é 5
linguagem
  coeficiente de linguagem de equipe
    32
  da invulnerabilidade 21–25
  da liderança 5–6, 8
  de equipe 32
  jogo de coerção 22
  programada 19
linha do tempo, como ferramenta
    196–199

M

Manifesto Ágil 66, 67
manual da liderança 8–11
marinha 2
  "SSDD" (Same stuff, different day)
    161
melhoria 180
  descontínua 183–185
  mentalidade de 64
memorando de Ball 145
mentalidade
  de desempenho 14, 63–64
  de melhoria 64

de proteção 63–64
metacognição 95
metas
  estritas 270–273
  perigos da definição de 267–270
Mihaly Csikszentmihalyi 92
missão
  significado 131
modelo T 152
motivação
  extrínseca 189
  interna, importância da 190
  intrínseca 189
  resposta do cérebro à 62–65
mudança de iniciativa 243–245

N

NASA 80
  desastre da Challenger 99

O

obedecer ao relógio, jogada 21
observar versus julgar 218–221
Oscar, premiação 72
outliers 103–104
  abrace os 108

P

paciente Elliot 225–227
padronização forçada de métodos 47
pensar e fazer, diferença entre 13
pensar e o cérebro humano 58–61
  modos de pensar 60
perguntas
  agressivas 116–117
  autoafirmativas 115–116
  binárias 114–115
  empilhadas 111–112
  "por que" 113
  principais 112
  sete formas de fazer melhores 117

sujas 113
poder, gradiente de 211–221, 230
  acentuado 218
princípios de redwork-bluework
  236–264
programas de diversidade, propósito
  dos 303
progresso , 177
proteção, mentalidade de 64

Q

questionamento, sete pecados do
  111–117
  perguntas agressivas 116–117
  perguntas autoafirmativas 115–116
  perguntas binárias 114–115
  perguntas empilhadas 111–112
  perguntas "por que" 113
  perguntas principais 112
  perguntas sujas 113–114

R

realização 177
recompensas 167
reconhecimento 168
red-blue
  abordagens 53–54
  ciclo anual 273–274
  sistema operacional 265–284
red-blue real, abordagem 54
reduzindo a variabilidade 40–42
redwork 42–44, 155
  fim do 152–177
  fim dos redworkers 46–50
  o que é 42
  quando sair do 241–243
  redworkers 184
  variabilidade 303
redwork-bluework 154
  estrutura de classes redworker-
    -blueworker 54–55

princípios de 236–264
ritmo do 54–57
redworkers, fim dos 46–50
reivindicação excessiva 37
resultados 172
retrospectiva 277
revolução industrial 9
  jogada de continuar da 160
  linguagem como jogo de coerção 22
  papel da liderança 79
Richard Ryan 189, 303
ritmo de bluework-redwork-bluework
  188
ritmo de redwork-bluework 54–57

S

sabedoria
  da multidão 39
  do barulhento 38
seja bom 185, 196, 281
  versus seja melhor 185–188
seja melhor 185, 194, 281
  versus seja bom 185–188
sentimentos de futilidade 200
sete pecados do questionamento
  111–117
  perguntas agressivas 116–117
  perguntas autoafirmativas 115–116
  perguntas binárias 114–115
  perguntas empilhadas 111–112
  perguntas "por que" 113
  perguntas principais 112
  perguntas sujas 113–114
sistema operacional red-blue 265–284
sistema Toyota de produção 52
Solomon Asch 118
  teste de visão 118–121
sprints 67, 95, 277
  duração dos 277

T

Taylor, Frederick Winslow 46
 métodos de 48
 parceria com Henry Ford 47
 Princípios de Administração Científica 46
tentativa e reflexão iterativas 187
teoria da autodeterminação 189–190
teste de visão 118–121
The Biggest Loser (programa de TV) 173–174
Thomas Malone 33
TLC. Veja coeficiente de linguagem de equipe (TLC)
tomada de decisão (bluework) 56
 emoções são necessárias 31
 sabedoria do barulhento 38
 tomador de decisão 98
  como separar do avaliador de decisão 148
  versus avaliador de decisões 147–151
Toyota 87
Toyotismo 52

U

Uber 237
 abordagem da 230
 estudo com motoristas de 271
United Airlines 255
USS Santa Fe, submarino nuclear 3

V

variabilidade 14, 40, 239, 283
 aliada do bluework e inimiga do redwork 303
 reduzindo a 40–42

vício
 de ancoragem 59
 do excesso de confiança 60
vulnerabilidade, ferramenta 222

W

Warren Beatty 72, 98
William Edwards Deming 50

Projetos corporativos e edições personalizadas
dentro da sua estratégia de negócio. Já pensou nisso?

Coordenação de Eventos
Viviane Paiva
viviane@altabooks.com.br

Assistente Comercial
Fillipe Amorim
vendas.corporativas@altabooks.com.br

A Alta Books tem criado experiências incríveis no meio corporativo. Com a crescente implementação da educação corporativa nas empresas, o livro entra como uma importante fonte de conhecimento. Com atendimento personalizado, conseguimos identificar as principais necessidades, e criar uma seleção de livros que podem ser utilizados de diversas maneiras, como por exemplo, para fortalecer relacionamento com suas equipes/ seus clientes. Você já utilizou o livro para alguma ação estratégica na sua empresa?

Entre em contato com nosso time para entender melhor as possibilidades de personalização e incentivo ao desenvolvimento pessoal e profissional.

PUBLIQUE SEU LIVRO

Publique seu livro com a Alta Books.
Para mais informações envie um e-mail para: autoria@altabooks.com.br

 /altabooks /alta-books /altabooks /altabooks

CONHEÇA OUTROS LIVROS DA **ALTA BOOKS**

Todas as imagens são meramente ilustrativas.

Este livro foi impresso nas oficinas gráficas da Editora Vozes Ltda.,
Rua Frei Luís, 100 – Petrópolis, RJ.